社会主义核心价值观培育丛书

五维契合：
社会主义核心价值观与
中国特色社会主义理论关系研究

CONSILIENCE OF FIVE DIMENSIONS: A STUDY ON THE RELATIONS
BETWEEN THE CORE VALUES OF SOCIALISM AND
THE SOCIALIST THEORY WITH CHINESE CHARACTERISTICS

郑文范◎著

社会科学文献出版社
SOCIAL SCIENCES ACADEMIC PRESS (CHINA)

《社会主义核心价值观培育丛书》总序

在人类的价值追求中，永恒的信念是找寻属于自己的精神家园。作为马克思主义理论工作者，我们耕耘在这个充满激情的伟大时代，走在中华民族迈向复兴的豪迈征途上，行在中国特色社会主义事业蒸蒸日上的航程中。朝着信仰的家的方向，我们的内心汹涌澎湃，思考着要做些什么，好让全身的血液能够有序流淌，于是《社会主义核心价值观培育丛书》问世了。循着回家之路，构筑我们共同的精神家园便成了一种责任与使命。

世界上没有两片完全相同的树叶，人与人更是千差万别。是什么将个性不同的"原子"凝聚成有序的整体，拥而不挤？又是什么让身处天涯的人们跨越时空，心意相通？恐怕都是源于价值观的力量。它超越了生存的需要，满足人向上向善的崇高追求；它超越了血浓于水的亲情，让整个社会到处有温暖。它为人生赋值、为社会定规、为国家塑形。有什么样的核心价值观，就有什么样的国家、社会和公民，就有什么样的价值取向和实践行动，就有什么样的中国声音和中国故事。诚如习近平总书记指出的那样："人类社会发展的历史表明，对一个民族、一个国家来说，最持久、最深层的力量是全社会共同认可的核心价值观。核心价值观，承载着一个民族、一个国家的精神追求，体现着一个社会评判是非曲直的价值标准。"① 每一个时代都有自己的时代精神，每一个时代都有自己的时代价值。在当代中国，我们的民族、国家应该坚守什么样的核心价值观？什么是凝聚当代中国的价值公约

① 习近平：《青年要自觉践行社会主义核心价值观——在北京大学师生座谈会上的讲话》，人民出版社，2014，第3页。

数？党的十八大提出"倡导富强、民主、文明、和谐，倡导自由、平等、公正、法治，倡导爱国、敬业、诚信、友善"①的社会主义核心价值观，勾勒出国家的价值内核、社会的共同理想、亿万人民的精神家园，成为彰显时代精神、凝结时代价值、汇聚社会共识的最大公约数。

党的十八大以来，习近平总书记高度重视培育和践行社会主义核心价值观，多次发表重要讲话。习近平总书记在主持中共中央政治局第十三次集体学习时强调："把培育和弘扬社会主义核心价值观作为凝魂聚气、强基固本的基础工程，继承和发扬中华优秀传统文化和传统美德，广泛开展社会主义核心价值观宣传教育，积极引导人们讲道德、尊道德、守道德，追求高尚的道德理想，不断夯实中国特色社会主义的思想道德基础。"② 这为我们的理论与实践指明了方向和思路。

人民有信仰，国家才有力量。建设中国特色社会主义是全新的事业，也是一个复杂的过程。发展起来的当代中国，更加向往美好的精神生活，更加需要强大的价值支撑，更加需要积极培育和践行社会主义核心价值观。习近平总书记指出："核心价值观是文化软实力的灵魂、文化软实力建设的重点。这是决定文化性质和方向的最深层次要素。一个国家的文化软实力，从根本上说，取决于其核心价值观的生命力、凝聚力、感召力。培育和弘扬核心价值观，有效整合社会意识，是社会系统得以正常运转、社会秩序得以有效维护的重要途径，也是国家治理体系和治理能力的重要方面。历史和现实都表明，构建具有强大感召力的核心价值观，关系社会和谐稳定，关系国家长治久安。"③ 社会主义核心价值观是中国人民安身立命、奋发进取的动力源泉，是人生奋斗的梦想之舵、中华民族的精神之钙、当代中国的兴国之魂。在新的历史条件下实现"两个一百年"奋斗目标和中华民族伟大复兴的中国梦，必须坚持用社会主义核心价值观构筑当代中国人共有的精神家园，巩固中华民族团结奋斗的共同思想基础，充分发挥核心价值观的基础性、决定性作用，不断振奋人们的精气神，凝聚社会共识，引领

---

① 胡锦涛：《坚定不移沿着中国特色社会主义道路前进　为全面建成小康社会而奋斗——在中国共产党第十八次全国代表大会上的报告》，人民出版社，2012，第31页。
② 习近平：《习近平谈治国理政》，外文出版社，2014，第163页。
③ 习近平：《习近平谈治国理政》，外文出版社，2014，第163页。

社会风尚，增强做中国人的骨气和底气，铸就自立于世界民族之林的中国精神和中国气魄。

国无德不兴，人无德不立。中华民族在5000多年文明发展进程中形成了讲仁爱、重民本、守诚信、崇正义、尚和合、求大同等价值传统，中华传统美德成为涵养社会主义核心价值观的宝贵资源。中华民族是自强不息、厚德载物的民族，每个人心底蕴藏的道德良知、道德情感，就是我们培育社会主义核心价值观最深厚的土壤。培育社会主义核心价值观是塑造人、培养人的过程。这就要求我们把增强全社会的价值判断力和道德责任感作为宣传教育的重要着力点，引导人们辨别什么是真善美、什么是假恶丑，自觉做到常修善德、常怀善念、常行善举。要树立正确导向、澄清模糊认识、匡正失范行为，形成激浊扬清、抑恶扬善的思想道德舆论场，引导人们自觉做良好道德风尚的建设者，做社会文明进步的推动者。

培育和弘扬社会主义核心价值观要做到内化于心，外化于行，知行合一。习近平总书记强调："于实处用力，从知行合一上下功夫，核心价值观才能内化为人们的精神追求。"① "知"是前提、是基础，内心认同才能自觉践行；"行"是根本、是目的，核心价值观的生命在于实践，其伟大力量也藏之于实践，只有不懈躬行，核心价值观才能于深厚的社会基础中植根。这就要求我们既要深刻领会和准确把握社会主义核心价值观的重大意义、科学内涵、本质要求和基本内容，把社会主义核心价值观转化为理想信念，又要通过实践养成、制度保障，使社会主义核心价值观外化为人们的自觉行动。

象征着东北大学精神的校训、校歌、校风等，折射了社会主义核心价值观的内涵。在"救国""强国"中一路走来的东北大学，以"自强不息，知行合一"作为校训，集中体现出东北大学的思想精神、文化传统和办学特色。"自强不息，知行合一"既是中国传统的哲学命题，又是中华文化的精髓，在中华民族的民族品格、文化心理的形成和精神构建的历史进程中，发挥过并且仍在发挥着巨大的作用，是先进文化前进方向的代表。其中，

---

① 习近平：《青年要自觉践行社会主义核心价值观——在北京大学师生座谈会上的讲话》，人民出版社，2014，第11页。

"知行合一"语出心学集大成者王守仁（王阳明），由东北大学第一任校长王永江在开学典礼上提出作为校训，强调道德意识和思想意念与道德践履和实际行动之间的关系。"自强不息"出自《易经》"天行健，君子以自强不息"一句。时任东北大学第三任校长的张学良，用"自强不息"精神激励学生，勤奋读书，力求上进，树立民族责任感和使命感。"自强不息，知行合一"已经成为东北大学师生内化于心、外化于行、薪火相传的永恒精神信仰。东北大学的校歌是1929年由张学良校长邀请刘半农作词、赵元任作曲的。歌词中说："沐春风时雨之德化，仰光天化日之昭昭。惟知行合一方为贵，惟自强不息方登高。爱校、爱乡、爱国、爱人类。斯终达于世界大同之目标。"这体现出东北大学爱国主义传统以及为世界大同谋德化的人文精神和价值理念。东北大学校风"献身、求实、团结、创新"也体现出传统与现代的精神力量。培育和弘扬社会主义核心价值观，无疑是东北大学的责任与使命。要使东北大学的人文精神发扬光大，使这个思想的世界、育人的世界，形成人人认同、人人实践、人人在场、人人笃行的氛围，使核心价值观的影响像空气一样无所不在、无时不有。

"功崇惟志，业广惟勤。"多年来，东北大学一直重视马克思主义理论建设和思想政治教育工作，注重理论与实践相结合；在时代赋予的使命面前，从来不敢懈怠，始终把激情化为行动，用理想标注价值的高度，用信仰耕耘思想的深度，用至善弘扬道德的良知，用奋斗诠释历史的担当。马克思主义学院这个富有生命力的新生力量，愿以朝阳如火般的热情，散发日出般灿烂的光辉，照亮前方回家的路，为构建我们共同的精神家园拓土开疆。虽学问浅陋，但心志虔诚，谨将这套丛书与学界同仁共勉。

是为序。

东北大学马克思主义学院　田鹏颖

2015 年 8 月 18 日

目 录

导　论

　　中国特色社会主义理论体系，是包括邓小平理论、"三个代表"重要思想、科学发展观在内的科学理论体系，是马克思主义中国化最新成果，是党最可宝贵的政治和精神财富，是全国各族人民团结奋斗的共同思想基础。社会主义核心价值观体现了社会主义意识形态的本质要求，是中国特色社会主义理论体系的有机组成部分。其所倡导的富强、民主、文明、和谐，自由、平等、公正、法治，爱国、敬业、诚信、友善24个字，是社会主义核心价值体系的内核，是对社会主义核心价值体系的高度凝练和集中表达，具有强大的感召力。社会主义核心价值观是社会主义意识形态的核心部分。中国特色社会主义理论体系是关于中国特色社会主义的社会经济形态、社会政治制度和社会生活方式的一种系统化了的思想观念体系，是中国现实社会存在的反映，和社会主义意识形态是一致的。由此决定社会主义核心价值观与中国特色社会主义理论存在内在的必然的一致性。

　　在本书中，这种一致性用"契合"来表示。契合在《辞海》中有投合、符合、相通、约定、约束、机缘等含义①，其中"投合"、"约定"强调由于存在内在的某种联系而使事物之间具有的"合"的内秉倾向性；"约束"则强调了"合"的限制的规定性；"契机"、"机缘"强调的是机会和转折、变化的偶然性。本书所用的契合概念强调两个事物既具有某种内在一致性，在现实中的一致又能呈现规律性的特点，特别强调社会主义核心价值观与中国特色社会主义内容与形式上的契合、本质和现象的契合、普遍性和特殊性的契合等。

---

　　① 《辞海》，上海辞书出版社，1979，第636页。

中国特色社会主义理论体系包括社会主义核心价值体系，社会主义核心价值体系是中国特色社会主义理论体系在思想文化上的展开。中国特色社会主义理论体系是中国特色社会主义道路的理论表现，所以中国特色社会主义理论体系与社会主义核心价值体系各自回答的问题，从总的方向、根本任务上说是一致的。

社会主义核心价值体系是当代中国的核心价值目标、价值取向和行为准则的总和。就其性质说，它既是社会主义意识形态的本质体现，也是中国特色社会主义理论体系的价值观表现。因此，它是中国特色社会主义理论体系这一总问题、全局性问题中的一个基本方面的问题。它是以中国特色社会主义理论体系为理论基础和灵魂，总结我们党的历史经验，为增强社会主义意识形态的吸引力和凝聚力，形成全民族奋发向上的精神力量和团结和睦的精神纽带而构建起来的价值体系。[①]

社会主义核心价值体系是根据中国特色社会主义理论体系的基本理论观点提出来的，体现了中国特色社会主义理论的基本原理，如社会存在与社会意识辩证关系原理、生产力与生产关系辩证关系原理、经济基础和上层建筑辩证关系原理、人类解放原理等。因此，在中国特色社会主义理论体系构建过程中，社会主义核心价值体系建设这一部分的地位十分重要。因为它不是普通的一部分，而是世界观的核心部分。它作为一种内部动力驱使、支配和调节着人们的一切社会行为，涉及社会生活的各个领域。由于社会主义核心价值体系作为社会主义意识形态的本质体现，是我国社会意识形态的主体和灵魂，在整个社会价值系统中处于主导和支配地位，对社会意识和社会思潮具有强大的引领和整合功能，所以必须在中国特色社会主义理论体系的指导下加强建设。[②]

中国特色社会主义理论体系是社会主义核心价值观的灵魂和理论核心。它决定社会主义核心价值观的根本性质、基本内容和发展方向。希望通过《五维契合：社会主义核心价值观与中国特色社会主义理论关系研究》一书

---

① 梅荣政：《用社会主义核心价值体系引领社会思潮的政策探索》，《毛泽东邓小平理论研究》2008 年第 10 期。

② 杨芳、梅荣政：《论中国特色社会主义理论体系与社会主义核心价值体系的内在关系》，《思想理论教育导刊》2011 年第 10 期。

的写作，能够加快中国特色社会主义理论体系的形成和完善，大力拓展它的理论联系实际功能，推动当代中国马克思主义大众化；还能够对社会主义价值观念作出清晰的界定，使人们对其理论来源、内部构成、发展路径有全面深入的理解，有利于进一步深入揭示社会主义核心价值体系的精神内核和根本理念，有利于推进社会主义核心价值体系的宣传教育和学习践行，有利于推动社会主义核心价值体系通俗化、大众化，更好地走进群众、引领群众，培育和践行社会主义核心价值观。全书的写作内容围绕社会主义核心价值观与中国特色社会主义理论展开，内容主要包括：

第一章是社会主义核心价值观与中国特色社会主义理论契合机理探析。本章首先是中国特色社会主义理论概论，内容有社会主义理论体系的形成与发展，社会主义理论体系内容等。其次是社会主义核心价值观解读，内容有社会主义核心价值观的内涵和意义，社会主义核心价值观的结构等，重点探究社会主义价值观的科学内涵以及内在逻辑。本章从社会主义核心价值观与中国特色社会主义理论的契合等方面进行了机理分析，从而为全书的写作奠定了基础。

第二章探讨社会主义核心价值观与社会存在和社会意识辩证关系原理的形成契合。本章首先探讨了空想社会主义的核心价值观，接着研究了列宁、斯大林对社会主义核心价值观的丰富与发展，最后通过对毛泽东、邓小平、江泽民、胡锦涛社会主义核心价值观的介绍与分析，着重探讨了中国特色社会主义核心价值观的形成和确立过程。

第三章探究社会主义核心价值观与生产力和生产关系辩证关系原理的基础契合。社会主义核心价值观属于社会主义意识形态。历史唯物主义认为，社会存在决定社会意识，人们必须先进行物质生产，才能进行精神生产。本章主要研究中国特色社会主义生产力和生产关系辩证关系原理，包括社会主义生产力与生产关系的内涵和特点、社会主义生产力与中国特色社会主义理论体系逻辑起点、社会主义生产力与社会主义的本质等；接着探讨了社会主义核心价值观与社会主义生产力和生产关系辩证关系原理的契合机理；最后分别从富强与社会主义生产力发展的目标价值、平等与社会主义生产关系的目标价值、敬业与社会主义生产力发展的主体价值、诚信与社会主义生产关系的约束价值、友善与社会主义生产关系的共有价值等方面探讨了社会主义核心价值观与社会主义生产力和生产关系辩证关系原理的契合形式。

第四章研究了社会主义核心价值观与社会主义经济基础和上层建筑辩证关系原理的核心契合。从社会结构层次上来看，意识形态属于上层建筑的范畴。社会主义核心价值观要体现社会主义经济基础与上层建筑的辩证统一。本章主要内容有中国特色社会主义经济基础与上层建筑辩证关系理论，社会主义核心价值观与社会主义上层建筑的契合机理，并分别从自由、民主与人类解放的价值追求，文明、和谐与社会发展的价值追求，法治与社会发展的理性和秩序追求，公正与社会主义社会的本质要求等方面探索了社会主义核心价值观与社会主义上层建筑的契合形式。

第五章研究了社会主义核心价值观与人类解放原理的内容契合。党的十八大以来，以习近平为总书记的党中央在新的历史条件下，提出"四个全面"，即全面建成小康社会、全面深化改革、全面依法治国、全面从严治党。"四个全面"对于坚持和完善中国特色社会主义理论体系具有重大现实意义和深远历史意义。为此本章首先探讨了"四个全面"与中国特色社会主义理论的发展，接着论述全面建设小康社会与社会主义核心价值观的基础契合、全面深化改革与社会主义核心价值观的动力契合、全面依法治国与社会主义核心价值观的保证契合、全面从严治党与社会主义核心价值观的方向契合等，最后从社会主义核心价值观与人的经济解放一致性、社会主义核心价值观与人的精神解放一致性、社会主义核心价值观与人的社会解放一致性等方面论证了人类解放原理与社会主义核心价值观的契合。

第六章探讨了社会主义核心价值观与中国特色社会主义理论的发展契合。首先提出"四个全面"与社会主义核心价值观的契合。该部分从坚持和发展中国特色社会主义全局出发，在新的历史起点上，深刻地回答了如何坚持和发展社会主义核心价值观的重大课题。其次探讨了"中国梦"与社会主义核心价值观的契合。该部分指出"中国梦"的主体，从宏观而言，是整个国家和民族，从微观而言，是每一个中国人。实现"中国梦"和每个中国人的前途命运紧密相连，是全体中华儿女的人生价值、社会理想、责任所在。最后探讨了创新驱动与社会主义核心价值观的契合。该部分指出，创新驱动鼓励自由探索，与社会主义核心价值观的自由观相契合；创新驱动加快技术人工物向产业制造物的转化，与社会主义核心价值观的富强观契合；创新驱动发展创新创业平台，与社会主义核心价值观的平等观相契合；创新驱动加强创新产权保护平台，与社会主义核心价值观的法治观相契合。

著者

2015 年 11 月于沈阳南湖

第一章　社会主义核心价值观与中国特色社会主义理论的契合机理

中国特色社会主义理论体系，是包括邓小平理论、"三个代表"重要思想、科学发展观在内的科学理论体系，是马克思主义中国化最新成果，是党最可宝贵的政治和精神财富，是全国各族人民团结奋斗的共同思想基础。社会主义核心价值观体现了社会主义意识形态的本质要求，是中国特色社会主义理论体系的有机组成部分。其所倡导的富强、民主、文明、和谐，自由、平等、公正、法治，爱国、敬业、诚信、友善 24 个字，是社会主义核心价值体系的内核，是对社会主义核心价值体系的高度凝练和集中表达，具有强大的感召力。社会主义核心价值观是社会主义意识形态的核心部分。中国特色社会主义理论体系是关于中国特色社会主义的社会经济形态、社会政治制度和社会生活方式的一种系统化了的思想观念体系，是中国现实社会存在的反映，和社会主义意识形态是一致的。由此决定社会主义核心价值观与中国特色社会主义理论存在内在的必然的一致性。在本书中，这种一致性用"契合"来表示。

中国特色社会主义理论体系包括社会主义核心价值体系，社会主义核心价值体系是中国特色社会主义理论体系在思想文化上的展开。中国特色社会主义理论体系是中国特色社会主义道路的理论表现，所以中国特色社会主义理论体系与社会主义核心价值体系各自回答的问题，从总的方向、根本任务上说是一致的。但是，两者回答的问题有范围、层级的区别。

1. 中国特色社会主义理论体系的内涵

中国特色社会主义理论体系是我们党把马列主义普遍真理同中国具体实际结合起来，实现第二次历史性飞跃所形成的马克思主义中国化最新成果，它是中国特色社会主义道路的理论表现。中国特色社会主义理论体系所要解决的问题，是在马列主义、毛泽东思想基础上，通过深化对人类社会发展规律、社会主义建设规律和共产党执政规律的认识，进一步创造性回答"什么是马克思主义、怎样对待马克思主义"，"什么是社会主义、怎样建设社会主义"，"建设什么样的党、怎样建设党"以及"实现什么样的发展、怎样发展"等重大问题。中国特色社会主义理论体系作为不断发展的开放的理论体系，是包括邓小平理论、"三个代表"重要思想以及科学发展观等重大战略思想在内的科学理论体系。

2. 社会主义核心价值体系是当代中国的核心价值目标、价值取向和行为准则的总和

就其性质来说，它既是社会主义意识形态的本质体现，也是中国特色社会主义理论体系的价值观表现。因此，它是中国特色社会主义理论体系这一总问题、全局性问题中一个基本方面的问题。它是以中国特色社会主义理论体系为理论基础和灵魂，总结我们党的历史经验，为增强社会主义意识形态的吸引力和凝聚力，形成全民族奋发向上的精神力量和团结和睦的精神纽带而构建起来的价值体系。此外，社会主义核心价值体系是根据中国特色社会主义理论体系的基本理论观点提出来的，体现了中国特色社会主义理论的基本原理，如社会存在与社会意识辩证关系原理，生产力与生产关系辩证关系原理，经济基础和上层建筑辩证关系原理，人类解放原理等。[1] 由此可以看出，中国特色社会主义理论体系与社会主义核心价值体系，是总体和分体、全局和局部的关系。中国特色社会主义理论体系是总体、全局，社会主义核心价值体系是分体和局部。中国特色社会主义理论体系是党和国家的根本指导思想，社会主义核心价值体系是中国特色社会主义理论体系在价值观方面的展开。中国特色社会主义理论体系是社会主义核心价值体系的灵魂和理论核心，它决定社会主义核心价值体系的根本性质、基本内容和发展方向。社会主义核心价值体系的建立和发展，丰富了中国特色社会主义理论体系。

① 梅荣政：《用社会主义核心价值体系引领社会思潮的政策探索》，《毛泽东邓小平理论研究》2008 年第 10 期。

强调社会主义核心价值体系只是中国特色社会主义理论体系中的一个重要方面，处于分体和局部的地位，绝不意味着可以忽略它的特殊地位。实际上，在中国特色社会主义理论体系构建过程中，社会主义核心价值体系建设这一部分的地位十分重要，因为它不是普通的一部分，而是世界观的核心部分。它作为一种内部动力驱使、支配和调节着人们的一切社会行为，涉及社会生活的各个领域。

由于社会主义核心价值体系作为社会主义意识形态的本质体现，是我国社会意识形态的主体和灵魂，在整个社会价值系统中处于主导和支配地位，对社会意识和社会思潮具有强大的引领和整合功能，所以必须在中国特色社会主义理论体系的指导下加强建设。

第一节 中国特色社会主义理论概论

党的十七大把包括邓小平理论、"三个代表"重要思想以及科学发展观等思想在内的科学理论体系概括为"中国特色社会主义理论体系"。这个理论体系是马克思主义中国化最新成果，是党最宝贵的政治和精神财富，是全国各族人民团结奋斗的共同思想基础。高举中国特色社会主义伟大旗帜，最根本的就是要坚持中国特色社会主义道路和中国特色社会主义理论体系。[①]

党的十八大报告指出，十多年来，在中国特色社会主义理论指导下，我国取得一系列新的历史性成就，为全面建成小康社会打下了坚实基础。我们能取得这样的历史性成就，靠的是中国特色社会主义理论的正确指引。

一 社会主义理论的形成和发展

中国特色社会主义理论是建立在马克思历史唯物主义基本原理特别是

---

① 《思想理论教育导刊》编写组：关于《毛泽东思想和中国特色社会主义理论体系概论》2010 年修订情况的说明，2010。

生产力和生产关系、经济基础和上层建筑辩证关系原理基础之上的。社会主义社会作为一种独立的社会形态，具有不同于以往社会形态的特殊的生产力和生产关系、经济基础和上层建筑。其形成和发展经历了一个很长的过程。

（一）马克思主义的两个"理论空间"

1. 第一个"理论空间"——社会主义的生产力基础

马克思创立了历史唯物主义，确立了生产力决定生产关系原理，指出任何社会都要建立在一定的生产力基础之上。对于原始社会而言，石器工具使人与动物有了根本的区别，形成了原始社会的生产力基础；对于奴隶社会而言，铜制劳动工具形成了奴隶社会的生产力基础；对于封建社会而言，铁制工具的广泛使用形成了封建社会的生产力基础；对于资本主义社会而言，以蒸汽机和电动机等机器的广泛应用为标志的机器大工业奠定了资本主义生产力基础。社会主义是一种新的社会制度，当然应该有自己新的生产力基础。但社会主义的生产力基础究竟是什么，马克思并没有给予明确具体的回答，这是马克思主义留给后来者的第一个"理论空间"。

对于什么是社会主义的生产力基础，马克思虽然没有给予明确的回答，但给出了以下一些重要的理论研究思路。

其一，非社会化生产力不是社会主义的物质基础。在马克思看来，非社会化生产力并不是什么"新生产力"。

其二，一般的社会化大生产也不是社会主义的物质基础。马克思认为，这是因为社会化生产力首先是资本主义的物质基础，虽然资本主义的私人占有制同社会化生产力有着一定的矛盾，但在相当长的时间内，二者毕竟是基本适应的。

其三，作为社会主义生产力基础的只能是某种特定的"新生产力"，这种"新生产力"本质上是为资本主义生产关系所无力容纳的生产力。这种不相容性表现在资本主义生产关系下生产力功能的发挥受到压抑和限制，而在社会主义生产关系下其功能可以充分发挥，创造出更高的劳动生产率。

2. 第二个"理论空间"——社会主义社会建立的阶级基础

马克思认为，奴隶社会建立的阶级基础是奴隶主和奴隶两大阶级，封建社会建立的阶级基础是地主和农民阶级，资本主义社会建立的阶级基础是资产阶级和无产阶级。在奴隶社会中奴隶主和奴隶之间的阶级斗争不会直接导致封建社会的建立，后者的建立需要有新的阶级——地主阶级和农民阶级的出现。在封建社会中，地主阶级和农民阶级之间的阶级斗争也不会直接导致资本主义社会的建立，后者的建立也需要有新的阶级——资产阶级和无产阶级的出现。根据矛盾同一性和斗争性学说，社会主义制度的完善和巩固也需要新的社会基础，这就是新型工人阶级队伍的出现。但是新型工人阶级队伍的产生和发展有哪些特点，马克思并没有具体的论述，这是马克思主义留给其继承者的第二个"理论空间"。

（二）经验和教训——苏联领导人对马克思"理论空间"的回答

经济文化比较落后的国家如何走向社会主义，是一个世纪性的重大课题。这个课题的上篇，即在经济文化比较落后的国家，无产阶级怎样领导广大群众夺取政权的问题，在 20 世纪已经由以列宁为代表的俄国共产党人和以毛泽东为代表的中国共产党人创造了比较成功的经验；但这个课题的下篇，经济文化比较落后的国家的无产阶级取得政权以后，怎样建设社会主义，怎样巩固和发展社会主义的问题，从苏东剧变可以看出，这个问题并没有解决好。[①] 毫无疑问，社会主义苏联的崛起和最终失败是 20 世纪世界历史上最重大的事件之一，但苏联社会主义的失败不能简单归咎于个别领导人的失误，它有着深刻的政治、经济、社会等多方面的原因，是对马克思主义留下的两个"理论空间"的不正确回答所致。因此，历史地考察列宁、斯大林及后来的苏共领导人对社会主义核心价值观的理论思考与实践探索，吸取其经验和教训，对今天建构中国特色社会主义核心价值观，发展中国特色社会主义，具有重大的启迪和借鉴意义。

1. 列宁对社会主义理论体系的丰富与发展

在帝国主义时代，紧密结合俄国的特殊国情，探索和开创落后国家走向社会主义的道路，是列宁在 20 世纪面临的时代课题和历史任务。在十月革命胜利后不过六年的艰苦实践中，列宁对这一课题先后多次提出过设想，

---

① 王计永：《毛泽东社会主义核心价值观研究》，河北大学硕士学位论文，2010。

经历了一个相当曲折的探索过程。总的来看，这种探索大致可以划分为两个时期：从十月革命胜利到 1921 年春，基本上是直接过渡时期，直接把马克思、恩格斯关于社会主义的设想运用于俄国，还没有突破马克思、恩格斯有关社会主义设想的某些传统的理论框架；1921 年春以后则可以看作"间接过渡"或"迂回过渡"时期。从战时共产主义政策向新经济政策的演变，是列宁从经济文化落后、小农占优势这一现实出发追求社会主义价值的努力，是旧途径转向新途径、错误途径转向正确途径的一次重大实践。

第一，社会主义的生产力基础。在列宁看来，科技与生产力发展的不同层次和水平与人类社会不同阶段之间存在某种对应关系。列宁认为，以蒸汽为动力产生出资本主义时代，以电力为动力产生出社会主义时代，还提出了"共产主义＝苏维埃政权＋电气化"的著名公式。列宁认为，"劳动生产率，归根到底是使新社会制度取得胜利的最重要、最主要的东西。资本主义创造了在农奴制度下所没有过的劳动生产率。资本主义可以被最终战胜，而且一定会被最终战胜，因为社会主义能创造新的高得多的劳动生产率"。① "因为归根到底，战胜资产阶级所需力量的最深源泉，这种胜利牢不可破的唯一保证，只能是新的更高的社会生产方式，只能是用社会主义的大生产代替资本主义的和小资产阶级的生产。"② 他指出，"只有当国家实现了电气化，为工业、农业和运输业打下了现代大工业的技术基础的时候，我们才能得到最后的胜利"。③

第二，社会主义的阶级基础。十月革命提供了打造新型工人阶级队伍的新路径。俄国十月革命是以列宁为首的布尔什维克党领导俄国人民建立世界上第一个无产阶级专政的国家的革命。俄国十月革命的胜利提供了通过政治革命使无产阶级上升为统治阶级进而打造新型工人阶级队伍的新路径。社会主义政治建设的目标是建立新型的民主制度，由人民自己管理社会和国家事务。他还深刻指出，"没有民主，就不可能有社会主义"，"胜利了的社会主义如果不实行充分的民主，就不能保持它所取得的胜利，并

---

① 《列宁选集》第 4 卷，人民出版社，1995，第 16 页。
② 《列宁选集》第 4 卷，人民出版社，1995，第 13 页。
③ 《列宁选集》第 4 卷，人民出版社，1995，第 364 页。

且引导人类走向国家的消亡"。①

列宁社会主义政治价值观的实现途径主要包括：巩固工农联盟这个苏维埃新型民主的柱石；以坚韧不拔的意志来建设民主高效的国家机关，健全监察机关，改组工农检察院，依靠监督机制实现对权力的制衡，杜绝滥用权力等官僚主义现象；注重人才的选拔、管理和培养；改进工作作风，提高工作效率；使社会主义民主制度化、法律化；加强执政党的自身建设；加强意识形态建设等。

列宁提出了人全面自由发展思想。列宁继承了马克思关于人的全面自由发展思想。针对1902年俄国社会民主工党讨论党纲时普列汉诺夫所说的"有计划地组织社会生产过程来满足整个社会及社会各个成员的需要"②，列宁提出，"不仅满足社会成员的需要，而且保证社会全体成员的充分福利和自由的全面发展，这会更明确些"。③ 十月革命后，列宁在起草的《俄国共产党〈布尔什维克〉纲领》中一如既往地强调："无产阶级的社会革命以生产资料和流通手段的公有制代替私有制，有计划地组织社会生产过程来保证社会全体成员的福利和全面发展，将消灭社会的阶级划分，从而解放全体被压迫的人类，因为它将消灭社会上一部分人对另一部分人的一切形式的剥削。"④ 共产主义正在向人的全面发展"这个目标前进，并且一定能达到这个目标，不过需要经过许多岁月"。⑤ 这就既表达了对实现这一目标的坚定信念，又清醒地认识到了实现这一目标的长期性。

2. 斯大林关于社会主义理论体系的论述

"斯大林模式"也叫"苏联模式"，指高度集中的政治经济体制，它是在斯大林领导苏联社会主义建设过程中逐步形成的，1936年宪法的颁布是其确立的标志。"斯大林模式"的社会主义在政治上是一党领导下的高度集权，在经济上则表现为实现了生产资料公有制的指令性计划经济，它的形成缘起于苏联独特的历史发展道路。继列宁之后，斯大林提出一国建成社

① 《列宁全集》第28卷，人民出版社，1990，第168页。
② 《列宁全集》第6卷，人民出版社，1986，第218页。
③ 《列宁全集》第6卷，人民出版社，1986，第218页。
④ 《列宁全集》第36卷，人民出版社，1985，第402页。
⑤ 《列宁全集》第39卷，人民出版社，1986，第29~30页。

会主义论。20 世纪 30 年代，他亲手创建了"苏联模式"。斯大林的社会主义价值思想和他开创的"苏联模式"，既有重要贡献，也有严重失误，对中国的社会主义革命和建设事业产生过重大影响。

第一，社会主义的生产力基础。斯大林认为，"为了在国内彻底解决消灭资本主义的任务——这也要求加速工业化"。斯大林认为社会主义的生产力基础是机器大工业。这是斯大林根据科学社会主义基本原理和苏联实际情况提出的经济目标。在他看来，发达的生产力是社会主义大厦赖以建立的基石。他多次指出，"社会主义只有在社会生产力蓬勃发展的基础上，在产品和商品十分丰富的基础上，在劳动者生活富裕的基础上，在文化水平急速提高的基础上才能建成"。① "如果以为社会主义能够在贫困的基础上，在缩减个人需要和把人们的生活水平降低到穷人生活水平的基础上建成，那就是愚蠢了。"贫穷以及建立在贫穷基础上的社会主义，实际上并"不是什么社会主义，而是对社会主义的讽刺"。②

发达的生产力是社会主义优越性的集中体现，是确保社会主义战胜资本主义的关键。斯大林指出，"为什么资本主义打破和占用了封建制度呢？因为它创造了更高的劳动生产率，它使社会有可能得到比在封建制度下多得多的产品。因为它使社会更加富足了。为什么社会主义能够、应当而且一定会占用资本主义经济制度呢？因为它能比资本主义经济制度创造出更高的劳动典范，更高的劳动生产率。因为它能比资本主义经济制度给予社会更多的产品，使社会更加富足起来"。③

发达的生产力是向共产主义社会过渡的基本条件。其主要的建设途径有：一是实行高度集中的计划经济管理体制。二是实行优先发展重工业的工业化战略。"应该竭尽全力使我国成为经济上独立自主而依靠国内市场的国家，成为能把其他一切逐渐脱离资本主义而进入社会主义轨道的国家吸引到自己方面来的基地。"④ 为此，必须优先发展重工业，"把我国从农业国家变成能自力生产必需的装备的工业国——这就是我们总路线的实质和

① 《斯大林选集》下卷，人民出版社，1980，第 339 页。
② 《斯大林选集》下卷，人民出版社，1980，第 338～339 页。
③ 《斯大林选集》下卷，人民出版社，1980，第 375 页。
④ 《斯大林全集》第 7 卷，人民出版社，1958，第 247 页。

基础"。① 三是发展科学技术进行社会主义建设。他反复强调，"必须使自己成为专家，成为内行，必须面向知识，——这就是实际生活要我们走的道路"。② "布尔什维克应当掌握技术。已经是布尔什维克自己成为专家的时候了。在改造时期，技术决定一切。"③ "当我们做到这一点的时候，我们就会有甚至我们现在不敢梦想的速度。"④ 四是按客观经济规律办事，等等。

苏联凭借这一制度与美国平起平坐，甚至在半个世纪的时间里与美国争夺世界霸权，两分天下。之后尽管赫鲁晓夫、勃列日涅夫都试图对它加以改革，但直到戈尔巴乔夫改革也没有使这一模式发生根本性变化。即使在苏联解体后，俄罗斯仍稳坐世界第二军事大国的交椅，在政治、经济、文化、外交等方面多有受益，可见"斯大林模式"的影响还将有一定的延续性。不过，这种体制毕竟存在严重的缺陷和弊端，经济上完全采用计划手段，排斥商品和市场，否定价值规律。毛泽东评论苏联的工业化时说："苏联片面地注重重工业，忽视农业和轻工业，因而造成市场上的货物不够，货币不稳定。"苏联片面发展重工业，造成农、轻、重的比例失调，国民经济结构不合理。历史学家也评论道："（斯大林）早就提出过'工业是主导，农业是基础'、'要发展工业就必须从农业开始'的重要论断。他在理论上一再反对把农业作为发展工业的'殖民地'，但实际上是把农业作为殖民地了。"苏联忽视轻工业，造成消费品供应不足。由于消费品的生产与日常生活紧密相关，因而影响了人们建设社会主义的积极性。20 世纪 30 年代末 40 年代初，苏联工业生产的增长速度明显下降。政治上的集权使民主缺乏，干部职务终身制，存在严重的官僚主义和家长制作风，个人独断专行，造成个人崇拜的盛行，以致出现"大清洗"运动。"大清洗"运动的出现，是斯大林关于社会主义阶级斗争越来越尖锐化这一理论发展的必然产物。运动中很多人遭受迫害，社会主义民主和法制被粗暴践踏，给苏联社会主义事业和国际共产主义运动造成了严重损害。在民族关系方面，苏

---

① 《斯大林全集》第 7 卷，人民出版社，1958，第 293~294 页。
② 《斯大林全集》第 13 卷，人民出版社，1956，第 36 页。
③ 《斯大林全集》第 13 卷，人民出版社，1956，第 39 页。
④ 《斯大林全集》第 13 卷，人民出版社，1956，第 40 页。

联实行大俄罗斯民族主义，肆意侵害其他少数民族的利益；在对外关系上又推行大国沙文主义，任意践踏弱小国家。这些弊端日积月累，长期得不到根本纠正，使苏联逐渐走向衰落。

第二，对社会主义社会建立的阶级基础问题的回答。斯大林认为，政治建设的目标是建立无产阶级专政的国家制度。离开了无产阶级专政，无论是无产阶级革命还是社会主义建设都一概会化为乌有。因为，无产阶级专政是"保持政权，巩固政权，使它成为不可战胜"的根本保障，是"无产阶级革命的基本内容问题。无产阶级革命，无产阶级革命的进展、规模和成绩，只有通过无产阶级专政才能具体实现。无产阶级专政是无产阶级革命的工具，是这个革命的机关，是这个革命的最重要的据点。……如果革命不在自己发展的某一阶段上建立无产阶级专政这个专门机关作为自己的基本支柱，那么这就不能镇压资产阶级的反抗，不能保持胜利并向前进展到社会主义的最终胜利"。[①]

其政治建设的主要途径包括：第一，建立一党化的政党制度。他宣布："在苏联也就没有几个政党存在的基础，也就是说没有这些政党自由的基础。在苏联只有一个党，即共产党存在的基础。在苏联只有一个党可以存在，这就是勇敢和彻底保护工农利益的共产党。"[②] 第二，实行高度集权的党的领导体制。尽管他也提出不能"以党代替苏维埃即代替国家政权"，但又说："在我们苏联，在无产阶级专政的国家里，我们的苏维埃组织和其他群众组织，没有党的指示，就不会定任何一个重要的政治问题或组织问题——这个事实应当认为是党的领导作用的最高表现。"[③] 第三，用阶级斗争的手段和方法消灭剥削阶级。第四，实行个人权威型的领导和决策机制。第五，实行自上而下的干部委派制，等等。

从 20 世纪 50 年代开始，"斯大林模式"的弊端严重暴露，越来越阻碍苏联经济的发展，但后来苏联的历次改革并未对它进行实质性的调整，这是导致苏联解体的历史根源。

---

① 《斯大林选集》上卷，人民出版社，1979，第 214～215 页。
② 《斯大林选集》下卷，人民出版社，1980，第 408 页。
③ 《斯大林全集》第 8 卷，人民出版社，1954，第 36 页。

3. 经验和教训——斯大林以后苏联领导人对社会主义理论体系的回答

斯大林逝世后，赫鲁晓夫全盘否定斯大林并进而否定列宁，逐渐脱离、背离乃至最终背叛马列主义基本理论。在政治领域，他猛烈地批判个人崇拜，大规模平反冤假错案，废除个人专权和干部职务终身制，限制中高级干部的某些特权，改革领导机构。在外交领域，他提出了"和平共处""和平竞赛""和平过渡"的"三和"路线。但他的许多改革并未能奏效，有些措施则随着其下台而中断。他在苏共二十大上所做的秘密报告以及在苏共二十二大上鼓吹的"全民国家"和"全民党"理论，客观上在整个国际共产主义运动中揭开了斯大林也有错误的盖子，破除了苏联一贯正确的神话，但这种"非斯大林化"的恶劣行径，打破了苏联一代青年人的社会主义信仰，动摇了其对先进的社会主义制度的信心，破坏了党和群众的关系，开了否定苏联历史的先河，造成了难以估量的消极后果。

第一，赫鲁晓夫改革。1953 年 3 月，斯大林逝世。1953 年 9 月，赫鲁晓夫正式就任苏共中央第一书记，成为苏联最高领导人。此时，苏联"斯大林模式"引发的问题日益显露。例如，工业发展很快，1913 ~ 1950 年工业产值增加 12 倍。农业却徘徊不前，产量只提高了 40%，1953 年全苏联人均的粮食低于 1913 年，牲畜存栏数与 1913 年相当，而苏联人口比 1913 年增加了 20%。从此可以看出"斯大林模式"下片面发展重工业的经济结构的弊端。这种状况影响了人民生活水平的改善和社会的稳定，也不能满足国家对粮食和原料的需要。在这种情况下，赫鲁晓夫担当起冲破"斯大林模式"的重任，开始了经济领域的改革，而且首先从农业开始。为了遏制斯大林时期个人崇拜之风盛行、民主和法制遭到践踏等现象，赫鲁晓夫开始了对斯大林的批判，并在此基础上进行政治改革。

赫鲁晓夫改革的结果成效甚微。大规模垦荒仅仅是暂时起了一定作用，但是从根本上破坏了生态环境。赫鲁晓夫对"斯大林模式"的弊端缺乏科学的认识，无法从根本上破除这一模式。对斯大林的批判和政治改革，在客观上有利于破除对斯大林的迷信，有利于解放人们的思想。但他对"斯大林模式"缺乏科学的认识，把斯大林的一些错误归结为斯大林的个人品质，没有认识到错误的产生固然有个人因素，但根源在于高度集中的政治体制，这种对斯大林的一味否定，又最终引致思想的混乱。

第二，勃列日涅夫改革。勃列日涅夫上台后，对赫鲁晓夫的政治经济政策做了一些调整。在政治方面，强调加强党的集体领导，同时提出扩大党内外民主，实行集体领导原则。在经济方面，把改革的重点转移到工业方面。在国营企业中推行"改进工业管理，完善计划工作和加强工业生产的经济刺激新体制"。从中可看出改革仍然是在计划经济的范围内进行。

改革的前期取得一些成果，但最终失败。原因一是仍然没有突破原来的计划经济体制。二是1967年勃列日涅夫宣布苏联已建成"发达社会主义"社会，这种过高估计苏联社会实际发展水平的错误判断，进一步阻碍了改革进程。加上这一时期苏联推行霸权主义的外交政策，与美国进行军备竞赛，加重了经济负担，1975年以后，国民经济进入停滞时期。

第三，戈尔巴乔夫的改革与苏联社会主义的失败。1985年3月，戈尔巴乔夫在契尔年科去世后当选为总书记，他近七年的执政生涯被称为"戈尔巴乔夫改革时代"。戈尔巴乔夫的初期改革还在坚持社会主义原则的基础上进行，但不久就偏离了社会主义轨道，以"人道的、民主的社会主义"理论作为指导思想，把改革的矛头指向社会主义制度本身。具体做法是：取消生产资料公有制，主张私有化，恢复资产阶级私有制；取消无产阶级专政，鼓吹"全民国家"，实行议会民主等一整套资产阶级统治制度；取消共产党的领导地位，实行多党制，轮流执政；以"公开性"、"民主化"、"多元化"和"全人类的价值高于一切"等所谓"新观点"取消马克思主义在意识形态领域的指导地位，要求各种思想平等竞争；等等。随着多党制、议会民主、总统制的确立以及经济领域私有化的推行，苏联完成了向资本主义制度的演变。

综观整个苏联改革史，从赫鲁晓夫到戈尔巴乔夫上台之前，主要是在原来体制下采取一些修补措施而不赞成根本性改革的时期；戈尔巴乔夫执政至苏联解体，是完全否定社会主义制度、推行极右改革路线的时期。前期的改革出现了重大失误，后期的改革出现了根本性的错误。苏联解体的最大教训在于：一方面，社会主义必须坚持改革，要通过创新性的改革不断消除社会主义实践中的矛盾与问题，更好地完善和发展社会主义；另一方面，改革必须坚持社会主义方向，确保改革的社会主义性质，这是最根本的教训。其对马克思两个"理论空间"的回答是：

第一，没有认识到社会主义真正的生产力基础。斯大林以后的苏联领导人赫鲁晓夫、勃列日涅夫、戈尔巴乔夫等对社会主义的生产力基础问题的回答是不成功的。虽然他们对改变高度集中为特点的社会主义模式做了各种尝试，但始终认为苏联社会主义的生产力基础是机器大工业，没有认识到社会主义真正的生产力基础是以现代科技为代表的生产力。特别是戈尔巴乔夫领导的苏联改革，没有抓住新科技革命所带来的历史性机遇，离开生产力的发展奢谈"人道主义"和"社会民主"，使得 80 年代中期以后，苏联的经济发展速度不断下降，加剧了政治危机和民族危机，最终走向解体，教训是惨痛的。

第二，打造新型工人阶级队伍努力的失败。在打造建立社会主义社会的阶级基础——新型工人阶级方面苏联领导人做过很多尝试：如赫鲁晓夫提出改进苏维埃制度，加强社会主义民主和法制；勃列日涅夫在 1977 年新通过的苏联宪法中扩大了苏维埃的权限，提高了社会团体的地位；戈尔巴乔夫更把政治体制改革放在首要地位，并把公开性、民主化和社会主义多元化并列为苏共的三个"革命性倡议"，实行多党制、总统制和主权国家联盟制。但苏联始终没有通过政治体制改革造就新型工人阶级队伍。特别是戈尔巴乔夫的政治体制改革脱离了经济体制改革的进程，又放松了对上层建筑领域的控制和对社会主义道路的坚持，使打造新型工人阶级队伍的努力完全归于失败，结果是在苏维埃政权受到威胁的关键时刻没有以新型工人阶级为核心的苏联民众的挺身而出和鼎力支持，导致资本主义上层建筑领域的回归和苏联的解体。

（三）中国特色社会主义探索——中国共产党人对马克思"理论空间"的回答

改革开放以来，我们党在推进马克思主义中国化的历史进程中，开辟了中国特色社会主义道路，形成了中国特色社会主义理论体系，这是中国共产党在改革开放历史新时期的伟大实践中，不断坚持和发展马克思主义的结果，是马克思主义中国化的最新成果。新时期以来我们取得的一切成绩和进步的根本原因，归结起来就是开辟了中国特色社会主义道路，形成了中国特色社会主义理论体系，集中到一点，就是高举了中国特色社会主义理论伟大旗帜。

中国共产党从成立一开始，就是一个以马克思列宁主义为指导思想的党。中国共产党成立以来，特别是改革开放以来，中国共产党人通过建设中国特色的社会主义伟大实践和理论探索，形成了中国特色的社会主义理论体系，对马克思两个"理论空间"给了一个满意回答。

1. 毛泽东思想的回答

毛泽东之所以提出要实现马克思主义的中国化，源于对中国革命进程中正反两个方面实践经验的科学总结。七大通过的《中国共产党章程》在总纲中确定，以马克思列宁主义的理论与中国革命的实践之统一的思想——毛泽东思想，作为我们党一切工作的指针。毛泽东思想，是马克思主义中国化的第一个重大理论成果，是"中国化的马克思主义"。在社会主义制度建立以后，毛泽东又领导全党和全国人民积极探索中国自己的建设社会主义的道路，提出了一系列具有战略意义的正确思想和方针。其中包括：关于社会主义社会仍然存在矛盾，基本的矛盾仍然是生产关系和生产力之间的矛盾、上层建筑和经济基础之间的矛盾，必须严格区分和正确处理敌我矛盾和人民内部矛盾的思想；关于以工业为主导，以农业为基础，正确处理重工业同农业、轻工业的关系，充分重视农业和轻工业，走出一条适合我国国情的中国工业化道路的思想。这些正确的思想、方针和主张，对后来的中国特色社会主义建设道路的探索具有重要的指导意义。

毛泽东作为中国共产党第一代领导核心，在领导中国革命和中国社会主义建设过程中，形成了毛泽东思想，同时也对马克思"理论空间"进行了回答。

第一，社会主义的生产力基础是机器大工业。毛泽东十分重视用先进的大机器、机械化劳动工具代替落后的手工工具。他指出，中国只有在社会经济制度方面彻底地完成社会主义改造，并且在技术方面，在一切能够使用机器操作的部门和地方，统统使用机器操作，才能使社会经济面貌全部改观。毛泽东认为，社会主义的生产力基础是机器大工业。但毛泽东没有认识到现代科学技术是社会主义的生产力基础，而且认为，社会主义的生产力基础建立以后，只有靠不断变动生产关系才能发展生产力。

第二，新民主主义革命的胜利使无产阶级上升为统治阶级。毛泽东同志成功地领导中国人民取得了新民主主义革命的伟大胜利。新民主主义革命的胜利使无产阶级上升为统治阶级，为我国新型工人阶级的转化提供了前提，毛泽东也强调必须建立一支庞大的工人阶级科技队伍。在思想文化建设方面，他主张要倡导共产主义思想风格，让马克思主义占领一切思想阵地；党员干部必须清正廉洁，全心全意为人民服务；人人都要自觉地服从集体利益和国家利益，形成纯洁的、平等的人际关系和社会风尚。他很重视意识形态领域的阶级斗争现象，注意反和平演变的斗争；他很重视技术革命和文化革命，着力于培养无产阶级的知识分子队伍；他强调思想工作和政治工作是完成经济工作和技术工作的保证，"不注意思想和政治，成天忙于事务，那会成为迷失方向的经济家和技术家，很危险"，"只要我们的思想工作和政治工作稍为一放松，经济工作和技术工作就一定会走到邪路上去"。[①] 但毛泽东过分强调知识分子的摇摆性，对其形成新型工人阶级的可能性注意不够，导致在反右斗争和"文化大革命"等运动中在对待知识分子问题上犯了一系列错误。[②]

2. 邓小平理论的回答

邓小平理论是马克思列宁主义的基本原理同当代中国实践和时代特征相结合的产物，是毛泽东思想在新的历史条件下的继承和发展，是中国共产党集体智慧的结晶。邓小平理论的科学体系包含着丰富的内容。

在 1978 年 3 月的全国科技大会上，邓小平同志指出，现代科学技术正在经历着一场伟大的革命，科学技术已经成为第一生产力。邓小平同志"科学技术是第一生产力"的思想和社会主义本质论的思想结合在一起，表明他已经认识到现代科学技术成为社会主义的生产力基础。他还指出，我国还处在社会主义初级阶段，这是一个至少上百年的历史阶段，制定一切方针政策都必须以这个基本国情为依据，不能脱离实际，超越阶段。我国处在社会主义初级阶段，是邓小平和党对当代中国基本国情的科学判断。这个科学判断，使我们对社会主义建设的长期性、紧迫性、复杂性、艰巨性有了更加清醒的认识，也使我们深化了对社会主义建设任务的认识，使

---

① 《毛泽东著作选读》（下册），人民出版社，1986，第803页。
② 林俊风：《略论毛泽东的社会主义价值追求与实践》，《泰安教育学院学报岱宗学刊》2005年第1期。

我们的方针政策建立在科学的基础之上。

他认为，富裕是社会主义的特点，贫穷不是社会主义。他多次强调，"没有贫穷的社会主义。社会主义的特点不是穷，而是富"①，"按照马克思主义观点，共产主义社会是物质极大丰富的社会。因为物质极大丰富，才能实现各尽所能、按需分配的共产主义原则。社会主义是共产主义第一阶段，当然这是一个很长很长的历史阶段。社会主义时期的主要任务是发展生产力，使社会物质财富不断增长，人民生活一天天好起来，为进入共产主义创造物质条件。不能有穷的共产主义，同样也不能有穷的社会主义"②，"不要富裕的资本主义还有道理，难道能够讲什么贫穷的社会主义和共产主义吗?"③ "当然我们不要资本主义，但是我们也不要贫穷的社会主义，我们要发达的、生产力发展的、使国家富强的社会主义。"④

邓小平同志指出，"中国的知识分子已经成为工人阶级的一部分"，"为了建成社会主义社会，必须建设成一支宏大的新型工人阶级队伍"等。这些论述表明邓小平同志已经认识到新型工人阶级是社会主义的生产关系基础。他重视教育的作用，多次强调要在全国范围内形成一个尊重知识、尊重人才的氛围。坚持改革开放，为人的全面发展提供制度保障等，真正地使人的全面发展成为可望又可即的现实目标。

3. "三个代表"的回答

江泽民同志指出，中国共产党必须始终代表中国先进生产力的发展要求，代表中国先进文化的前进方向，代表中国最广大人民的根本利益。这是对江泽民"三个代表"重要思想的集中概括，也是对马克思主义两个"理论空间"的回答。

第一，中国共产党代表中国先进生产力的发展要求。"三个代表"所说的先进生产力，是指作为社会主义生产力基础的现代科技新生产力。中国共产党是中国社会主义建设的领导核心，必须代表中国先进生产力发展要求，这样才能从上层建筑方面对先进生产力提供有力保护。

---

① 《邓小平文选》第3卷，人民出版社，1993，第265页。
② 《邓小平文选》第3卷，人民出版社，1993，第171页。
③ 《邓小平文选》第3卷，人民出版社，1993，第223~224页。
④ 《邓小平文选》第2卷，人民出版社，1994，第231页。

第二，中国共产党要始终代表中国先进生产力的发展要求，"就是党的理论、路线、纲领、方针、政策和各项工作，必须努力符合生产力发展的规律，体现不断推动社会生产力的解放和发展的要求，尤其要体现推动先进生产力发展的要求，通过发展生产力不断提高人民群众的生活水平"。①始终代表中国先进生产力的发展要求，是我们发展社会主义经济、创造物质价值、建设社会主义物质文明的最高价值理想和价值目标。

我们党要始终代表中国先进文化的前进方向，"就是党的理论、路线、纲领、方针、政策和各项工作，必须努力体现发展面向现代化、面向世界、面向未来的，民族的科学的大众的社会主义文化的要求，促进全民族思想道德素质和科学文化素质的不断提高，为我国经济发展和社会进步提供精神动力和智力支持"。②

第三，中国共产党代表中国最广大人民的根本利益。中国共产党成为先进生产力的代表以后，必然成为新型工人阶级利益的代表。由于工人阶级的利益和最广大人民的根本利益是一致的，由此决定中国共产党必然成为中国最广大人民的根本利益代表，这是从生产关系方面对新型工人阶级属性的肯定。

4. 科学发展观的回答

党的十六届三中全会确定了全面协调可持续的、以人为本的"五个统筹"的科学发展观，在此基础上，又提出了建设创新型国家，把增强自主创新能力作为科技发展的战略基点和调整经济结构、转变经济增长方式的中心环节，发展循环经济，实施清洁生产等一系列具体措施，从而在更深入和具体的层次上明确了打造社会主义生产力基础的任务。

科学发展观要求加强科技人才队伍建设，优化科技人才结构；在全社会进一步树立尊重劳动、尊重知识、尊重人才、尊重创造的良好风尚，并特别重视大学生就业问题，建立学习型政党等。这些都表明社会主义制度对作为新型生产力代表的工人阶级队伍提供了空前广阔的发展空间，这和

---

① 《江泽民文选》第 3 卷，人民出版社，2006，第 272 页。
② 《江泽民文选》第 3 卷，人民出版社，2006，第 276 页。

以科技为代表的先进生产力具有本质的适应性。科学发展观的提出表明打造社会主义新的生产力基础正在由可能变为现实，这是对马克思主义"理论空间"的进一步回答。

5. "四个全面"的回答

党的十八大以来，以习近平为总书记的党中央在新的历史条件下，提出"四个全面"，即全面建成小康社会、全面深化改革、全面依法治国、全面从严治党。"四个全面"对于坚持和完善中国特色社会主义理论体系具有重大现实意义和深远历史意义。"四个全面"第一次将全面建成小康社会定位为"实现中华民族伟大复兴中国梦的关键一步"，使其成为贯穿完善中国特色社会主义理论体系的一条纵线。"四个全面"第一次将全面深化改革的总目标确定为"完善和发展中国特色社会主义制度"，第一次将全面依法治国论述为深化改革的"姊妹篇"，使全面深化改革和全面依法治国成为贯穿完善中国特色社会主义理论体系的两条横线。"四个全面"第一次将全面从严治党标定路径，锻造我们事业更加坚强的领导核心。这样，从严治党成为把握中国特色社会主义理论体系的一条竖线。

中国特色社会主义理论体系是以社会主义的生产力和生产关系的关系及经济基础和上层建筑的关系为中心展开的逻辑体系，在形式上可表现为三维结构。在"四个全面"基础上能进一步确立中国特色社会主义理论体系的理论框架，其纵向结构是全面建成小康社会，包括中国特色社会主义生产力、中国特色社会主义的初级阶段、"中国梦"的实现和社会主义的本质、中国特色社会主义对外关系、生态文明建设等；其横向结构是全面深化改革和全面依法治国，包括改革开放、社会主义基本政治制度、依法治国等；其竖向结构是从严治党，包括加强党的自身建设，始终保持先进性和纯洁性，大力开展反腐倡廉等。在"四个全面"的基础上，可以把中国特色社会主义理论体系比作一只展翅高飞的雄鹰，其躯干部分是全面建成小康社会，其两翼分别是全面深化改革和全面依法治国，其头脑部分是全面从严治党。

在通过"四个全面"建立中国特色社会主义理论体系的理论框架内，对中国特色社会主义建设中的热点问题进行深层次的解读，如社会主义的本质、社会主义初级阶段、社会主义基本经济制度、社会主义政治制度、改革开放和生态文明建设、对外关系、"中国梦"的实现等，大大增强中国特色社会主义理论体系的科学性、系统性、解释性，是对马克思两个"理论空间"最新和最全面的回答。

二　中国特色社会主义理论的主要内容

本书认为，在科学技术已经成为第一生产力的情况下，中国特色社会主义理论体系的逻辑起点是社会主义的生产力。在此基础上，中国特色社会主义理论的主要内容包括社会主义的本质、社会主义初级阶段、社会主义基本经济制度、社会主义政治制度、改革开放和生态文明建设、对外关系等。

胡锦涛同志在中国共产党第十八次全国代表大会上的报告中指出，十年来，在中国特色社会主义理论指导下，我国取得一系列新的历史性成就，为全面建成小康社会打下了坚实基础。我们能取得这样的历史性成就，靠的是中国特色社会主义理论的正确指引。

中国特色社会主义理论是建立在马克思的历史唯物主义基本原理特别是生产力和生产关系、经济基础和上层建筑辩证关系原理基础之上的。社会主义社会作为一种独立的社会形态，具有不同于以往社会形态的特殊的生产力和生产关系、经济基础和上层建筑。在当代，科学技术已经成为第一生产力，同时也形成了社会主义社会的生产力基础。因此，中国特色社会主义理论体系研究的主要任务是在科学技术已经成为第一生产力的情况下，对社会主义社会生产力和生产关系、经济基础和上层建筑的关系进行新探索，对当前的热点问题，如社会主义初级阶段论、基本经济制度、对外开放等进行深层次解读。社会主义生产力问题的提出和明确为中国社会主义理论体系建设提供逻辑起点，在此基础上，进一步丰富和发展社会主义理论体系。

（一）社会主义生产力论

中国特色社会主义理论体系，就是包括邓小平理论、"三个代表"重要思想、科学发展观在内的科学理论体系，是对马克思列宁主义、毛泽东思想的坚持和发展，是一个科学严密的理论体系，其逻辑起点应该是社会主义生产力理论。

马克思主义基本原理告诉我们，生产力决定生产关系，经济基础决定上层建筑，不同的社会是建立在不同的生产力发展水平之上的，这种生产力可称为该社会的生产力基础。石器生产力、铜器生产力、铁器生产力以及机器生产力分别构成原始社会、奴隶社会、封建社会和资本主义社会的生产力基础。现代科学技术成为生产力，特别是已经成为第一生产力，表明现代科学技术已经成为社会主义生产力基础。

现代科学技术的本质是转化。其基本功能是在遵循自然规律的前提下实现物质和能量的有效转化，为合理调节人类经济活动与自然生态之间的物质、能量转换并提高转换的效率提供条件，满足人们的需要，提高劳动生产率，推动社会发展。社会主义社会是以公有制为基础的，生产是为了最大限度地满足人民群众的物质文化需要，这和科学技术的转化论的本质是一致的。体现在：

第一，现代科技生产力具有强烈的信息特点，能够在遵循自然规律的前提下，实现物质和能量的有效转化，为合理解决一直困扰人类社会的物质与能量缺乏问题提供条件。

首先，从劳动者来说，现代生产力的发展趋势是劳动者的结构正在由体力为主向脑力为主发展。随着科学技术的进一步发展，劳动者的科技素质和文化素质也将进一步提高。这样的劳动者将使生产力几倍、几十倍地增长。其次，从劳动资料来看，劳动资料是随科技进步而不断发展的，劳动资料本身是科学技术的物化，运用现代化的生产工具，可以大大提高生产力和劳动生产率。最后，从劳动对象的进步来看，就劳动对象而言，不管是自然资源的开发和材料的深度加工，还是新材料的开发、创造，都紧紧依靠科技进步。

当前我国特别要注意建设下一代信息基础设施，发展现代信息技术产业体系，健全信息安全保障体系，推进信息网络技术广泛运用。提高大中型企业核心竞争力，支持小微企业特别是科技型小微企业发展。这些都为合理解决一直困扰人类社会的物质与能量缺乏问题创造条件，表明当代科技生产力成为社会主义的生产力基础。①

第二，现代科技生产力另一个特点是具有强烈的符号性，特别是文化已经形成生产力，能够提高国家文化软实力，起到教育人民、服务社会、推动社会发展的作用。这样，现代科技生产力能够有效遏制产品的边际递减效应，为人民提供更好更多的精神食粮，同样为合理解决一直困扰人类社会的物质与能量缺乏问题创造条件，形成社会主义的生产力基础。②

第三，现代科技生产力的民本性。所谓现代科技生产力的民本性，指的是科学技术成了第一生产力，极大增强了劳动主体的功能，使劳动资料和劳动主体分离的趋势得以克服，劳动过程向劳动者回归，形成了以知为本的机制，或称知本主义。具体体现在以下几种模式：知识支配资本的投资模式、知识支配管理的柔性化管理模式、知识支配人才的用人模式、知识支配分配的分配模式、知识支配权利的职权动态分配模式等。③ 当前我国要完成在改善民生和创新管理中加强社会建设、推动实现更高质量的就业、千方百计增加居民收入、充分发挥群众参与社会管理的基础作用等任务，必须依赖于现代科技生产力的民本性功能的发挥。现代科技生产力的民本性是使科技生产力形成社会主义生产力基础的重要因素。

第四，社会主义生产力的二重性特点。马克思指出，"人们自己创造自己的历史，但是他们并不是随心所欲地创造，并不是在他们自己选定的条件下创造，而是在直接碰到的、既定的、从过去承继下来的条件下创造"。④ 我国目前处于社会主义初级阶段，由此决定目前我国的生产力具有二重性特点：既包括机器大工业等传统生产力，又包括现代科技生产力。

社会主义初级阶段的生产力基础之所以包括机器大工业等传统生产力，这是由于现实的社会主义国家是在生产力落后的国家建立的，由于生产力的发展具有连续性，建立在机器大工业基础上的传统的生产力是社会主义国家不可逾越的，所以在相当长的一个历史阶段中，机器大工业等传统生

---

① 《胡锦涛在中国共产党第十八次全国代表大会上的报告》，2012 年 11 月 17 日。
② 《胡锦涛在中国共产党第十八次全国代表大会上的报告》，2012 年 11 月 17 日。
③ 郑文范、娄成武：《论科技型企业以知为本的发展模式》，《中国软科学》1999 年第 3 期。
④ 转引自陈桂生《"根据地干部教育史"研究旨趣》，《河北师范大学学报》（教育科学版）2006 年第 5 期。

产力是现实的社会主义国家的生产力基础。

社会主义初级阶段的生产力基础包括现代科技生产力，根据上述分析，是由中国共产党人建设中国特色的社会主义伟大实践和理论证明了的，如小平同志所讲，"一句叫做科学技术是生产力；一句叫做中国的知识分子已经成为工人阶级的一部分。当时，所以要讲这两条，是因为有争论。七年过去了，争论已经解决了。结论是谁做的？是实践做的，群众做的"。①

（二）社会主义的本质论

从我国社会主义建设的历史经验来看，过去对什么是社会主义的问题之所以没有完全搞清楚，之所以不完全清醒，一个重要的原因就是没有彻底认清社会主义的本质，其原因是离开生产力水平抽象地谈论社会主义，误以为只要不断改变生产关系，提高公有化的程度，就能推动生产力的发展，一个时期内甚至用"以阶级斗争为纲"取代发展生产力这个中心任务。此外，也没有认识到在社会主义条件下还有一个解放生产力的问题，因而长期以来没有解决好在社会主义条件下如何发展生产力的问题。社会主义生产力问题的提出为明确社会主义的本质提供了新的理论武器。

1. 社会主义生产力的提出进一步明确解放和发展生产力是社会主义本质

强调解放和发展生产力在社会主义本质中的地位，是邓小平在科学社会主义理论与社会主义建设实践内在统一的基础上认识社会主义的一个创造，也是他提出社会主义本质这个具有更高概括性范畴的重要原因。社会主义的本质是解放和发展生产力，是由社会主义生产力特点决定的。

首先，社会主义的本质是解放生产力。"解放生产力"指的是解放被资本主义压抑和异化的科技生产力。在当代，科学技术是生产力的最主要推动力量，必将人类社会推进到以科技发展为动力或以信息资源和知识经济为基础的新社会。但"科学技术是第一生产力"在资本主义制度下遭到了极大压抑和异化，坚持解放生产力，就要解放本质上不能被资本主义所容纳的科学技术生产力。

其次，社会主义的本质是发展生产力，这里指的是社会主义本质就是要

---

① 《邓小平文选》第3卷，人民出版社，1993，第107页。

创造出比资本主义更高的劳动生产率，创造出比资本主义更发达的生产力，使人民群众享受更多的实际利益，使社会主义更好地显示出自己的优越性。

2. 社会主义生产力的提出进一步明确共同富裕是社会主义本质

把消灭剥削，消除两极分化，最终达到共同富裕纳入社会主义的本质，这是邓小平社会主义本质理论一个十分明显和突出的特点。社会主义的本质是要实现共同富裕，同样是由社会主义生产力的特点决定的。

资本主义的生产力及其决定的生产关系决定了资产阶级和工人阶级只能产生财富积累和贫困积累的两极分化，而不可能共同富裕。而社会主义生产力具有人本性和信息性等特点，决定了必须坚持以按劳分配为主体、多种分配方式并存的分配制度。这就从根本上解决了资本主义社会生产资料私人占有与生产社会化的矛盾，为共同富裕的实现提供了生产关系前提和物质前提条件，从而最终实现消除两极分化，共同富裕的目标。

3. 社会主义生产力与社会主义的和谐本质

胡锦涛在省部级主要领导干部提高构建社会主义和谐社会能力专题研讨班的讲话中指出，"我们所要建设的社会主义和谐社会，应该是民主法治、公平正义、诚信友爱、充满活力、安定有序、人与自然和谐相处的社会"。具体地说，和谐社会包括了经济和谐、政治和谐、环境和谐。

社会主义生产力为实现经济和谐创造了条件。社会主义生产力具有人本性的特点，决定了既能够使整个社会经济总量提高，还能够使每个人的收入增加，也能够调整收入差距，防止两极分化。所以社会主义生产力功能的发挥为实现经济和谐创造了条件。社会主义生产力的人本性特点，还能够使政治矛盾不断得以缓和，国家不内乱、不分裂，在缓和基础上有序推进政治体制改革，社会主义生产力功能的发挥为实现政治和谐创造了条件。由于社会主义生产力具有信息性的特点，所以能够避免环境恶化，解决资源的高消耗、环境的高污染、效益低下、资源破坏严重、人与自然的矛盾恶化问题，为实现环境和谐创造条件。

为了发挥社会主义生产力功能，实现社会主义的和谐，要大力实施创新驱动发展战略。科技创新是提高社会生产力和综合国力的战略支撑，必须摆在国家发展全局的核心位置。要坚持走中国特色自主创新道路，更加注重协同创新。深化科技体制改革，推动科技和经济紧密结合，加快建设国家创新体系，加强知识产权保护。促进创新资源高效配置和综合集成，把全社会智慧和力量凝聚到创新发展上来。

（三）社会主义基本经济制度

所谓社会基本经济制度，主要是指社会的产权制度，特别是指所有权制度，具体是指以私有制为主还是以公有制为主。社会基本经济制度，特别是所有权制度的产生归根结底是生产力发展的结果，是生产力的一种自然选择。所以，所有制本身并不存在先进与落后的区别，只存在是阻碍还是促进生产力发展的问题。当一种所有制关系和产权制度适应生产力的发展的时候，它就会得到社会的普遍拥护。

1. 现代科技生产力决定公有制的存在

生产力的发展状况决定了与之相适应的所有制形式。随着生产力的发展，科学技术已成了第一生产力，同样有特定的新的主体所有制出现，这种新的主体所有制形式只能确定是社会主义公有制，这主要是由科学技术的以下特点决定的。

第一，科技生产力的"公有性"决定了公有制的选择。在当代，科学技术的特点表现为主要以知识等形态存在，本质上是一种"公有物品"。而对"公有物品"的合理配置要求根据社会劳动者的利益进行充分利用，在原则上对其使用不应加以限制，而在生产关系方面，只有采取公有制的形式，才能实现对科学技术这种"公有物品"的合理利用，完成由间接生产力到现实生产力的转化，有效增强我国经济实力，科技生产力的"公有性"决定了公有制的选择。

第二，科学技术人格化代表的出现决定公有制的实现。为了合理使用和有效配置现代科技生产力，需要使其人格化，新的生产要素人格化的标志是科技劳动者队伍的形成和新型工人阶级队伍的壮大。这说明以追求生产要素所有者直接利益为目的的所有制形式已经不适应，而必须代之以能维护直接劳动者利益、调动劳动者积极性的所有制形式，这种所有制只能是社会主义公有制。

2. 当前我国非公有制存在的生产力基础

我国现阶段对应的生产力形式包括手工生产力、机器生产力等传统生产力，传统生产力对应的主要是非公有制经济，我国生产力的多层次性决定了非公有制的存在，其主要原因如下。

第一，传统生产力的有形性是非公有制存在的生产力基础。综观整个人类社会发展史，生产力形式及其决定的所有制形式是不断变化的。青铜器、铁器、机器设备等生产力形式，主要都是以有形物的形式存在，其所有制要求产权明晰，这是私有制建立的生产力基础。在社会主义初级阶段，同样存在铁器、机器设备等生产力形式，这也是在社会主义初级阶段非公有制建立的生产力基础。

第二，非主导生产要素的相对独立性是非公有制经济存在的现实依据。在我国社会主义初级阶段，在科学技术成为主导生产要素，对生产的发展起主导作用的同时，其他非主导生产要素对主导生产要素具有相对独立性，能够在局部范围内发挥相对主导作用。因而个体所有制是适宜的所有制形式。为了解决本国建设所面临的资金不足问题，三资企业又是适宜的所有制形式。这些情况表明，在我国全社会范围内公有制占主导地位的情况下，还必须允许其他各种形式的所有制并存。

（四）社会主义基本政治制度

中国特色社会主义政治制度，是建立在社会主义生产力基础上的上层建筑。通过对社会主义生产力的探讨，可以进一步认清中国社会主义制度的特点，丰富历史唯物主义的基本原理。

1. 现代科技生产力导致了新的管理形式——公共事业管理

一是现代科技生产力准公共性的特点。经济学对物品做出了明确的区分，分为公共物品、私人物品和准公共物品。可以认为公共物品是指完全为了满足社会共同需要的物品；准公共物品是指部分为了满足社会共同需要的物品；私人物品是指满足社会非共同需要的物品。在此基础上，有公共事务、准公共事务和企业事务三种事务。因此，所谓公共事务是生产公共物品的活动；所谓准公共事务是生产准公共物品的活动，即准公共事务是指涉及部分社会公众的生活质量和共同利益的一系列活动；所谓企业事务或活动是指涉及企业职工和社会单个成员的生活质量和利益的一系列活动。现代科技生产力提供的是准公共物品和准公共事务，具有准公共性的特点。①

二是现代科技生产力催生了新的管理主体——公共事业组织。公共事业组织可以定义为：依照一定的规则（或有关政策、法规，或有关的法律），以独立、公正为原则，并凭借其特有的功能为社会提供各种服务的社会公共组织。其主要特征有非政府性、服务性、沟通性、非营利性、自主性等。

三是现代科技生产力催生了新的管理形式——公共事业管理。一般地说，行政管理、公共事业管理与企业管理分别是对公共事务、准公共事务和企业事务的管理。所谓公共事业管理是指公共事业组织在一定的环境和条件下，动员和运用有效资源，采取计划、组织、领导和控制等方式对公共事业组织内部提供准公共物品的活动进行管理，以提高活动效率，并进而保证社会公众利益实现的过程。

公共事业管理的出现一方面能够降低政府成本，使政府高效率地集中在政治管理和宏观决策方面，另一方面也能发挥社会自身的积极作用，使社会管理得更好。这种管理模式就是"小政府、大社会"的管理模式，其中，公共事业组织在政府和社会之间起到了沟通和协调的作用。由于有公共事业组织的存在，既可以充分保证政府的宏观管理的实现，也能防止由于新的社会事务的出现而增设新的行政部门，从而有利于行政职能的转变。因此，公共事业组织的存在和发展，有助于把传统的国家与社会合二为一的社会结构转变为国家—公共事业组织—民众的三层社会结构。在这样一种社会管理的网络结构中，政府的有些决策意图可以通过社会公共事业组织落实到整个社会，使社会自觉地按照法律规范和政府的目标加以实施，社会公共事业组织充当了公共事业管理的主体。②

2. 现代科技生产力决定的中国特色社会主义制度的合作和协商模式

现代科技生产力决定的中国特色社会主义制度的合作和协商模式，就是人民代表大会制度这一根本政治制度，中国共产党领导的多党合作和政治协商制度、民族区域自治制度以及基层群众自治制度等基本政治制度，

---

① 娄成武、郑文范：《公共事业管理学》，高等教育出版社，2002，第 1 页。

② 娄成武、郑文范：《公共事业管理学》，高等教育出版社，2002，第 56 页。

中国特色社会主义法律体系，公有制为主体、多种所有制经济共同发展的基本经济制度，以及建立在这些制度基础上的经济体制、政治体制、文化体制、社会体制等各项具体制度。

现代科技生产力决定政治体制改革是我国全面改革的重要组成部分。必须继续积极稳妥地推进政治体制改革，发展更加广泛、更加充分、更加健全的人民民主。要把制度建设摆在突出位置，充分发挥我国社会主义政治制度优越性，积极借鉴人类政治文明有益成果，绝不照搬西方政治制度模式。[①]

（五）社会主义初级阶段论

胡锦涛在中国共产党第十八次全国代表大会上的报告中指出，我国仍处于并将长期处于社会主义初级阶段的基本国情没有变，在任何情况下都要牢牢把握社会主义初级阶段这个最大国情，推进任何方面的改革发展都要牢牢立足社会主义初级阶段这个最大实际。因此对社会主义生产力与社会主义初级阶段关系的分析具有重要意义。

1. 社会主义生产力和生产关系的多种对应与社会主义初级阶段的形成

生产力和生产关系是社会生产不可分割的两个方面，生产力决定生产关系，但这绝不是说生产力与生产关系就只有"一对一"的因果关系。事实上，生产力与生产关系的关系，不仅有"一对一"的关系，而且有"一对多"和"多对一"的关系。而从时间顺序来看，生产关系与生产力有三种对应形式：前矛盾期对应、基本适应期对应、后矛盾期对应。所谓前矛盾期对应是指生产力滞后于生产关系；所谓基本适应期对应是指生产力和生产关系基本适应；所谓后矛盾期对应是指生产力超越生产关系。基本适应期是一个社会的稳定发展时期，前矛盾期和后矛盾期是社会的非稳定发展时期。

人类社会生产力的发展成长过程，是一种自然历史过程，表现为升级换代和不断由低级向高级发展的过程，其基本过程可划分为三代九级：第一代叫手工生产力，依次包括石器手工生产力、铜器手工生产力和铁器手

---

① 《胡锦涛在中国共产党第十八次全国代表大会上的报告》，2012 年 11 月 17 日。

工生产力三级；第二代叫机器生产力，依次包括工场手工业生产力、蒸汽动力机器生产力和电气动力机器生产力三级；第三代叫现代科技生产力或科学生产力，也依次包括智能现代科技生产力、全息现代科技生产力和高级现代科技生产力三级。

奴隶制生产关系与铜器手工生产力对应是基本适应期，与石器手工生产力对应是前矛盾期，与铁器手工生产力对应是后矛盾期。封建制生产关系与铁器手工生产力对应是基本适应期，与铜器手工生产力对应是前矛盾期，与工场手工生产力对应是后矛盾期。资本主义生产关系与蒸汽动力机器生产力和电气动力机器生产力对应是基本适应期，与工场手工生产力对应是前矛盾期，与现代科技生产力对应是后矛盾期。

社会主义生产关系与智能现代科技生产力和全息现代科技生产力对应是基本适应期，与铁器手工生产力及第二代机器生产力对应是前矛盾期，与高级现代科技生产力对应是后矛盾期。

2. 社会主义初级阶段的二重性特点

首先，社会主义初级阶段的生产力具有二重性特点。社会主义初级阶段的生产力基础既包括机器大工业等传统生产力，又包括现代科技生产力。社会主义生产关系与铁器手工生产力及第二代机器生产力对应时期即社会主义初级阶段，与现代科技生产力对应时期是社会主义高级阶段。十月革命以来社会主义国家的建立已经证明，在尚能为资本主义所容纳的生产力基础上，社会主义社会的建立也是完全可能的。不过，这种社会和马克思所设想的那种社会主义，是有着重大的质的差别的，其生产力基础在很多方面与资本主义相同，而不同于作为高级社会主义物质基础的"新生产力"。因此，社会主义打造生产力基础的任务应该分两步走：在社会主义初级阶段要迅速赶上并超过资本主义的生产力基础，在社会主义高级阶段要新的生产力基础。

其次，社会主义初级阶段的基本经济制度具有二重性的特点。社会主义初级阶段的基本经济制度既有社会主义经济制度的共性，又有社会主义经济制度的特性。其共性是社会主义初级阶段以公有制为主体，其特性是社会主义初级阶段还存在多种非公有制经济，它与作为社会主义经济主体的公有制经济既可以平等竞争、共同发展，又存在矛盾的一面。社会主初级阶段的基本经济制度的共性方面存在于社会主义初级阶段、中级阶段和高级阶段，是不断成熟和发展的过程，而社会主义初级阶段的基本经济制度的特性方面到社会主义高级阶段将退出历史舞台。

3. 社会主义初级阶段与全面建成小康社会

我国处于社会主义初级阶段的国情与全面建成小康社会高度契合。当前为了完成全面建成小康社会这个历史性任务，必须以更大的政治勇气和智慧，结合我国经济社会发展实际，在十六大、十七大确立的全面建设小康社会目标的基础上，实现国内生产总值和城乡居民人均收入比 2010 年翻一番，科技进步对经济增长的贡献率大幅上升，进入创新型国家行列，确保到 2020 年实现全面建成小康社会的宏伟目标。

（六）社会主义对外关系论

1. 机器大工业的生产力基础的存在提供非和平崛起的可能性

在传统工业化阶段，尤其是在重工业化时期，由于对原材料的大量需求，国家之间，尤其是大国之间对资源的争夺是不可避免的。后发国家在工业化的起飞阶段拥有某些优势的同时，在资源方面，也面临着与先发国家的激烈争夺。如何处理发展过程中的资源问题，是包括中国在内的正在进行工业化的发展中国家面临的一个严肃课题。[1] 一方面它关系到一个国家能否实现崛起；另一方面也关系到一个国家能否以和平方式顺利实现崛起。

中国社会主义初级阶段的生产力包括机器大工业，其生产力要素主要是以物的形式体现，在资源的总量一定的情况下，也存在对资源的争夺和占有，因而存在非和平发展的可能性。[2] 由于社会主义初级阶段生产力基础主要是传统生产力，因而在这一时期不可避免地遇到了由于生产力基础相对落后而产生的一系列严重的困难与问题。我国面临的生存安全问题和发展安全问题、传统安全威胁和非传统安全威胁相互交织，要求国防和军队现代化建设有一个大的发展。为此要建设与我国国际地位相称、与国家安全和发展利益相适应的巩固国防和强大军队。中国奉行防御性的国防政策，

---

① 张燕军：《自然资源、技术与中国的和平崛起》，《宜宾学院学报》2006 年第 9 期。

② 郑文范：《社会主义初级阶段二重性特点探析》，《人民论坛》2010 年第 8 期。

加强国防建设的目的是维护国家主权、安全、领土完整，保障国家和平发展。但这仅仅说明了中国存在非和平崛起的可能性，而这只是问题的一个方面，并且是非主要的方面。①

2. 科技生产力决定和平崛起的现实性

20 世纪 80 年代以来，中国的崛起在世界上已经成为一个引人注目的现象，成为国际社会广泛关注的热点之一。尽管我国领导人在不同场合多次明确阐述了"和平崛起"的愿望，但很多西方学者认为，历史上并无和平崛起的先例，中国同样无法在和平中崛起。因此，十分有必要从科技生产力特点说明中国和平崛起的现实性。

社会主义初级阶段的生产力包括现代科技生产力。在科学技术成为第一生产力的情况下，可以充分发挥信息资源可共享、具有非稀缺性等优势，解决困扰人类社会的资源的稀缺性和人类需求的无限性的矛盾，从而打破为争夺资源和市场而战的传统的非和平崛起方式，为中国的"和平崛起"创造可能性。②

在全球资源总量有限的情况下，科技生产力是建立在无形物、循环经济的基础之上的，崛起不是靠争夺，而是靠发展生产力，所以这是社会主义崛起的真正动力。信息可以共享，在当前情况下，我国要和平崛起，就必须充分利用科技生产力的信息性和符号性特点，以消耗较少的资源来实现经济增长，在自主的基础上，在国际国内资源可以承受的范围内，发展循环经济，节省资源。

为了把这种可能性变为现实性，必须创造一个和平与发展的国际环境，为此中国将继续高举和平、发展、合作、共赢的旗帜，坚定不移地致力于维护世界和平、促进共同发展，坚持把中国人民利益同各国人民共同利益结合起来，同各国人民一道为人类和平与发展的崇高事业而不懈努力。

（七）社会主义生态文明论

1. 生产力对自然界的影响

自然物作为一种天然存在的"自在之物"，遵循的是合乎自然规律的存

---

① 《胡锦涛在中国共产党第十八次全国代表大会上的报告》，2012 年 11 月 17 日。
② 李怀义：《中国和平崛起的理论分析》，《中共云南省委党校学报》2008 年第 1 期。

在方式；生产力产生的制造物一个重要特征是符合人的目的性。在生产力的形成过程中，不仅通过大规模的产业活动生产出满足人类需要的使用价值，而且对自然界的变化产生深刻影响。

2. 机器大工业生产力对自然界的破坏

在机器大工业时期，随着经济增长、科学技术进步、工业化和城市化的推进，机器大工业生产力对自然界的生态环境带来严重的破坏。过去，人类对自然界的影响主要表现为局部的生态系统被改变、被损害。现在，人类活动已开始影响到整个地球生物圈，出现了一系列的全球性生态问题。其表现为一系列环境问题，包括以下几方面。

（1）大气污染。随着工业化、城市化和交通运输现代化的进程，化石能源的大量消耗，使大气中各类有害气体的含量激增。这些物质在随雨、雪、雾下降到地表时，其影响可波及几百里至几千里。比如，酸雨引起的环境污染会损害人的身体健康。

（2）水污染。全世界每年有大量工业废水和城市生活污水排入水体，污染了河流、湖泊和近海，加剧了水资源的短缺。污染的水通过水生生物和农作物进入人体，成为一个重要的致病因素。

（3）臭氧层破坏。臭氧是大气中的微量元素。1979年科学家发现南极上空出现臭氧层空洞。臭氧层对太阳紫外线有吸收过滤作用，如果它被破坏，地球将不再适宜于人和生命生存。

（4）"温室效应"。随着矿物燃料消耗的不断增长，排放到空气中的二氧化碳迅速增加。同时，森林植被的破坏使二氧化碳的吸收量大为减少。二氧化碳在大气中含量增加造成了地球的"温室效应"，全球气候反常。

3. 现代科技生产力对自然界的保护

现代科技生产力对自然界具有保护作用，表现在如下方面。

第一，现代科技生产力具有信息性的特点，随着知识和信息经济的崛起，信息生产对自然界的保护作用日益凸显出来，因为人类在生产活动中是根本不可能创造出物质的，只可能改变物质存在的形式，并且，物质存在形式的改变又只能通过相应的结构信息的改变来实现。在严格的意义上，人类的生产不可能是物质生产，而只能是信息生产，信息生产不会破坏自然界。

第二，在现代科技生产力的实现过程中，能够实现从掠夺自然到善待自然的转变。这种自然转变要求人类不仅要了解"自我",更要了解自然,要遵循自然规律,在自然界再生能力和自然协调能力允许的范围内,利用科学与技术开发、利用、改造自然;要保证自然界的健康发展和演化,在向自然界"索取"的同时,也要考虑到"给予",即通过人的实践活动,为自然界建立一种有益于人类的新平衡,建立起物质交换、能量流通和信息传递的良性循环。

这种转变还要求人在人与自然的关系中做自觉的调控者,当人类的利益和自然的利益发生冲突的时候,人类要自觉地调节和控制自己的行为,调节的原则是"人类的生存的基本需要高于生物和自然界的利益;生物和自然界的生存高于人类的非基本需要(即过分享受和奢侈的需要)"。①

在当前要建设好生态文明,必须充分发挥科技生产力对自然界的保护作用。面对资源约束趋紧、环境污染严重、生态系统退化的严峻形势,必须树立尊重自然、顺应自然、保护自然的生态文明理念,实施循环经济发展战略,加快物质经济向信息经济的转变,把生态文明建设放在突出地位,融入经济建设、政治建设、文化建设、社会建设各方面和全过程,努力建设美丽中国,实现中华民族永续发展。

(八)社会主义改革开放论

1. 改革开放与社会主义生产力和生产关系进一步适应

社会主义制度就其基本方面来讲是适合社会化大生产的,但同时应当看到,社会主义生产关系和上层建筑某些方面和环节又是不适应生产力的,妨碍了生产力的发展。实行改革开放,不断地吸收和借鉴人类长期积累起来的文明成果,结合我国的具体实际加以改造和利用,使之变成社会主义肌体的组成部分,能够促进社会主义生产力和生产关系进一步适应,使我国社会主义制度进一步完善和发展。

2. 机器大工业生产力与我国改革开放

和世界发达国家相比,我国机器大工业生产力落后,由此造成我国生产力和生产关系的两种不适应:一种是生产关系落后于生产力所形成的不

---

① 张明国:《生态自然观:面向生态危机的新自然观》,2008 中国科协防灾减灾论坛,2008。

适应，特别是我国封建社会和小生产关系的残余与大工业生产力的不适应；另一种是生产关系超越于生产力所形成的不适应，这主要表现为我国现在用社会主义高级阶段的生产关系来施加于现在的生产力，从而造成的不适应。这两种不适应首先要通过加快我国改革开放进程加以解决。要通过改革开放发挥比较优势，通过引进、创新等方式获得超越传统意义上的劳动力资源禀赋的比较优势。它包括生产技术密集型产品的低成本优势和在产业升级基础上形成的比较优势，应该将这种比较优势转化为与世界级竞争对手较量的竞争优势。

3. 现代科技生产力与我国改革开放

在不同的社会时代总以先进生产力不断取代落后生产力，带动整个社会生产力的发展。当代以核技术、电子技术、空间技术、新材料技术、生物技术、海洋技术等一系列现代高科技为特征的第三次技术革命，形成了科技生产力，并为改革开放带来了强大动力。在这种情况下，我国只有加强改革开放，才能适应经济全球化新形势，必须实行更加积极主动的开放战略，完善互利共赢、多元平衡、安全高效的开放型经济体系，形成以技术、品牌、质量、服务为核心的出口竞争新优势，促进加工贸易转型升级，发展服务贸易，推动对外贸易平衡发展，充分发挥现代科学技术的生产力功能。

第二节　社会主义核心价值观探析

2014 年 5 月，习近平同志在北京大学师生座谈会上的讲话中指出，"人类社会发展的历史表明，对一个民族、一个国家来说，最持久、最深层的力量是全社会共同认可的核心价值观。核心价值观，承载着一个民族、一个国家的精神追求，体现着一个社会评判是非曲直的价值标准"。改革开放 30 多年来，中国取得了举世瞩目的发展成就，综合国力不断增强，但软实力需要进一步加强，"缺少一种已然成熟的定型的完备的精神形态，一种足以掌握并协调日益巨大的物质力量并使之获得自由表现的精神形态"。[①]

---

① 吴晓明：《当代中国的精神建设及其思想资源》，《中国社会科学》2012 年第 5 期。

这种精神形态就是核心价值观。

一　社会主义核心价值观内涵与意义

（一）社会主义核心价值观内涵

中国共产党的第十七次全国代表大会进一步强调："社会主义核心价值观是社会主义意识形态的本质体现。要巩固马克思主义指导地位，坚持不懈地用马克思主义中国化最新成果武装全党、教育人民，用中国特色社会主义共同理想凝聚力量，用以爱国主义为核心的民族精神和以改革创新为核心的时代精神鼓舞斗志，用社会主义荣辱观引领风尚，巩固全党全国各族人民团结奋斗的共同思想基础。"在已有的核心价值体系的基础上，党的十八大提出，倡导富强、民主、文明、和谐，倡导自由、平等、公正、法治，倡导爱国、敬业、诚信、友善，积极培育和践行社会主义核心价值观。[①] 社会主义核心价值观是社会主义核心价值观的内核，体现社会主义核心价值观的根本性质和基本特征，反映社会主义核心价值观的丰富内涵和实践要求，是社会主义核心价值观的高度凝练和集中表达。

（二）构建社会主义核心价值观的意义

从社会主义核心价值体系的提出，到社会主义核心价值观的凝练，这是中国共产党在坚定不移沿着中国特色社会主义事业奋勇前进的伟大历程中，作出的具有划时代意义的战略部署。社会主义核心价值观的凝练和提出，具有重大的理论意义、现实意义和深远的历史意义。

1. 深化了对社会主义价值及其本质的认识

社会主义的本质到底是什么？社会主义到底有没有自己的价值性？对这些具有抽象意义的理论问题，不仅一般的群众难以回答、理解，就是理论工作者也曾有过疑惑，甚至犯过错误。邓小平在总结党建设社会主义的经验教训基础上，多次阐释了他对社会主义的认识。他指出贫穷不是社会主义，平均主义不是社会主义，两极分化不是社会主义；没有民主和法制

---

① 《十八大报告提 24 字社会主义核心价值观》，《人民日报》2012 年 11 月 11 日第 1 版。

就没有社会主义等。1992 年，他在"南方谈话"中指出，社会主义的本质就是解放生产力，发展生产力，消灭剥削，消除两极分化，最终走向共同富裕。邓小平关于社会主义本质的论述，体现着生产力与生产关系的统一、目的与手段的统一、过程与结果的统一，把中国共产党人对社会主义本质的认识提高到一个新阶段。在这个论断里，"共同富裕"是中国特色社会主义的目标，也是根本目的，同时体现着一种价值追求。因此，社会主义核心价值观的提出，有助于我们深化和丰富对社会主义价值和本质的认识、理解。社会主义应建立在发达的生产力基础上，更高追求在于建立一个公平、公正、民主、法治、文明的和谐社会，最终实现"人的自由全面发展"。社会主义核心价值体系和社会主义核心价值观的提出，大大彰显了社会主义的价值性，有助于丰富和深化对社会主义本质的认识，进而有利于完善和健全社会主义制度。

2. 构建了中国特色社会主义价值之魂

中国特色社会主义，是中国共产党把马克思主义的普遍真理同本国改革开放的具体实际结合起来，走出的一条适合中国特点的社会主义道路。但是，中国特色社会主义的蓬勃发展，引起了西方主要资本主义国家的担忧，它们认为未来的中国会挑战它们的经济、政治和文化制度，冲击它们的世界霸权。社会主义核心价值体系和社会主义核心价值观的提出，旗帜鲜明地表明，中国特色社会主义不仅有自己的理论自信、制度自信和道路自信，也有自己的价值自信和价值目标。改革开放以来，党和国家领导人就以开放的姿态迎接并融入世界文明发展的大道中，坚持用唯物辩证法吸收人类文明和中华民族文化中的优秀成果，不断从价值层面发展和创新中国特色社会主义。如提出建设富强、民主、文明、和谐的美丽中国，提出以人为本的科学发展观，强调人的自由全面发展，强调社会的公平与正义等。因此，中国特色社会主义从来不拒绝自由、民主、博爱、平等、公平、正义、法治、人权、和谐等这些人类文明的共同成果，并把它们作为社会主义的本质要求，而不是把它们看作资本主义的专利。社会主义意识形态是以马克思主义为指导的、反映广大人民根本利益的系统化和理论化的世界观。建设社会主义核心价值观，抓住了我国社会主义意识形态建设的关键，适应了现阶段我国社会思想观念的新变化、新特点，具有很强的针对性与指导性。凝练和提出社会主义核心价值观的基本内容，不仅表明中国共产党对中国特色社会主义的认识从理论层面、制度层面、道路层面上升到价值层面，而且为中国特色社会主义构建了价值之魂，使之成为强基固本的兴国之宝，也有利于加强对科学社会主义、社会主义政治文明、唯物史观的研究。价值问题在哲学领域较早就受到了重视。但在科学社会主义领域，价值、价值观念、社会主义核心价值等问题，曾经长期处于我们的视野之外。从核心价值观层面来认识和界定社会主义，必将推动科学社会主义研究的发展。作为历史范畴的政治文明，应有具体性的目标规定，这既是理论发展的规律，也是实践的需要。把社会主义核心价值观与核心价值体系作为重要课题，纳入社会主义政治文明的理论视野，既可以深化社会主义政治文明的研究，也符合社会主义政治文明的发展规律与要求。此外，把社会主义核心价值观纳入唯物史观的研究视域，有助于推进政治上层建筑和思想上层建筑的研究，有助于推进社会有机体理论的研究，有助于为政治哲学的发展提供新的生长点。

3. 增强了民族文化自信，提升了国家文化软实力

现代国家的竞争，是包括经济、政治、军事、科技、文化、教育等在内的综合国力的竞争。其中，经济、科技、军事实力等表现出来的"硬实力"与文化和意识形态吸引力体现出来的"软实力"相辅相成，是现代国家真正强大的两根支柱。而且，在今天这个全球化和信息时代，文化软实力在综合国力竞争中的地位和作用更加凸显。因此，中国共产党在十七大报告中提出了要"提高国家文化软实力"的战略任务。社会主义核心价值体系和社会主义核心价值观的提出，能够有效地增强国家文化软实力，弘扬中华文化。努力建设社会主义文化强国，关系到"两个一百年"奋斗目标和中华民族伟大复兴"中国梦"的实现。

4. 建构社会主义和谐社会的需要

构建社会主义核心价值观，是构建社会主义和谐社会的重要内容和条件，也是构建和谐社会的基本路径。一个社会要有序协调发展和保持团结稳定，除了建立组织和制度，保障社会成员之间的政治、经济、社会关系之外，还必须形成自身的核心价值观念体系。核心价值观念体系可以为人们提供一整套观察世界、判断事物的基本标准。在核心价值观念体系的指导下，取得全社会广泛而深刻的价值认同，可以使人们超越民族、地域、血缘、语言、习惯等方面的差异，消除彼此之间的分歧和隔阂，增强归属感和向心力，促进社会共同体的团结和稳定。要构建社会主义和谐社会，就必须充分考虑价值观因素和价值观路径，高度重视和加强价值观建设。社会主义核心价值观念体系，提供了和谐社会建设所需要的文化认同和价值追求，具有其他任何价值体系不可替代的高度的凝聚力和感召力。

5. 发展中国特色社会主义文化事业的需要

构建社会主义核心价值观，"是在建设社会主义先进文化和弘扬民族精神基础上提出来的，本质上既属于社会主义先进文化建设的有机环节，又是社会主义先进文化建设的伟大工程和目标指向"。[①] 同时，也只有以社会主义核心价值观为指导，才能保证思想道德建设沿着正确的方向和道路前进，才能保证中国特色社会主义的先进文化建设与和谐文化建设取得重要成果，才能建设高度的社会主义精神文明。社会主义核心价值观研究，适应了社会主义先进文化建设的要求。文化的核心是价值观。当前，我们正处在一个思想大活跃、观念大碰撞、文化大交融的时代，先进文化与落后文化、有益文化和腐朽文化并存，正确思想和错误思想、主流意识形态和非主流意识形态相互交织。要在这样的条件下发展先进文化、建设和谐文化，必须努力构建具有广泛感召力的社会主义核心价值观，用以引领和整合多样化的思想意识和社会思潮，使先进文化得到发展、健康文化得到支持、落后文化得到改造、腐朽文化得到抵制，实现文化自身的和谐。

二 社会主义核心价值观的结构

党的十八大报告从建设社会主义文化强国的战略高度，深刻论述了社会主义核心价值体系建设的重要意义与战略要求，并强调"倡导富强、民主、文明、和谐，倡导自由、平等、公正、法治，倡导爱国、敬业、诚信、友善，积极培育和践行社会主义核心价值观"。这"三个倡导"、12个词、24个字，清晰表达了中国共产党人对社会主义核心价值体系的结构的认

[①] 王泽应：《社会主义核心价值观的基本特征》，《光明日报》2007年4月3日。

识，生动展现了中国共产党和中华民族高度的价值自信与价值自觉，同时也提出了积极培育社会主义核心价值观这一在新的起点上深入推进社会主义核心价值体系建设的新课题。其基本结构如下。

（一）国家层面的价值目标：富强、民主、文明、和谐

当代将亿万中国人凝聚在一起的"根本"、推动其不断前行的动力"源泉"是什么？那就是实现国家富强、民族振兴、人民幸福的"中国梦"。正因如此，我们才将"富强、民主、文明、和谐"作为国家层面的社会主义价值目标，并将之置于"社会主义核心价值观"的首要层面。简单地讲，"富强、民主、文明、和谐"的价值目标就是要使我们国家在经济建设上越来越富强，政治建设上越来越民主，文化建设上越来越文明，社会建设上越来越和谐。这一核心价值观集中体现了当代中国人民努力实现中华民族伟大复兴的共同愿景，是一个鼓舞士气、凝聚共识、激发活力的价值目标。

1. 富强：社会主义现代化建设的基本价值目标

国家富强是促进社会进步、人的自由全面发展的物质基础和保障。从国家层面倡导富强、民主、文明、和谐，并将富强列为社会主义核心价值观的首位要素，体现了马克思主义唯物史观生产力标准的根本要求，也体现了中华民族的千年夙愿和中国共产党人的奋斗目标。

第一，富强是中国共产党人的奋斗目标。为什么说富强是社会主义核心价值观的首要价值目标呢？简单地讲，对富强的追求是任何社会主体的基本需求和前进动力。自人类产生以来，摆脱物质匮乏，不断创造、积累物质财富就成为社会主体的生存所需和基本追求。社会个体如此，民族、国家也是如此。今天，中国共产党人正带领中国人民为实现中华民族伟大复兴的"中国梦"而奋斗，国家富强是实现这一梦想的物质基础和保障。

第二，富强是人类的永恒梦想。历史唯物主义认为，物质利益及其实现是任何社会主体活动的主要动因，也是推动社会进步和人的全面自由发展的物质保障。只有在生产力高度发展、社会财富充分涌流的前提下，才有可能消除旧式分工，克服人的片面发展，最终实现人的自由全面发展。"在随着个人的全面发展，他们的生产力也增长起来，而集体财富的一切源

泉都充分涌流之后，——只有在那个时候，才能完全超出资产阶级权利的狭隘眼界，社会才能在自己的旗帜上写上：各尽所能，按需分配！"① 所以，富强作为一种价值目标，不仅反映了不同社会主体的生存需要，也是推动社会主体发展的主要动因。

在人类历史发展进程中，创造物质财富、追求物质利益的生产劳动构成社会历史发展的基础。其中，生产力与生产关系、经济基础与上层建筑的矛盾，构成人类历史发展的基本矛盾和主要动力。在人类历史的不同阶段，人类或以狩猎为生，力图生存；或以农牧为本，追求温饱；或以工业强国，追求强盛……虽然凭借的手段不同，达到的境界不一，但对富强的追求，则是一以贯之的永恒主题。

第三，富强是中华民族的千年夙愿。一方面，中华民族寻求富强的历史进程也曾被小农意识所缚、为闭关锁国所累，教训惨痛。另一方面，中华民族在追求富强的道路上取得过辉煌成绩，为世界文明发展作出过卓越贡献。中国很早就有富民强国的思想，一代又一代的勤劳的中华儿女发愤图强、励精图治，创造了一个又一个的辉煌盛世。从西周的"成康之治"始，历经两汉等朝的文治武功，到唐宋时期，更是达到了冠绝宇内的少见盛世。

2. 民主：社会主义始终高扬的旗帜

民主是人类普遍追求的一种价值理念。在马克思主义政治思想中，民主更是一种核心价值理念。民主是中国特色社会主义的本质要求，没有民主就没有中国特色社会主义。中国特色社会主义民主建设既是一个价值目标，更是一种政治实践。中国特色社会主义民主建设不可能一蹴而就，而是一个不断发展的过程。

首先，民主是人类共同的政治理想。为什么说民主是社会主义现代化国家政治建设的价值目标呢？原因就在于，民主是人类共同的政治理想。而且，对民主的追求既是中华民族的一种政治传统，也是中国共产党人一以贯之的政治目标。

其次，民主是中国共产党人的不懈追求。马克思主义自产生以来，就

---

① 《马克思恩格斯选集》第3卷，人民出版社，1995，第305~306页。

以推翻专制和剥削制度，建立人民民主的社会为己任。以马克思主义为指导思想的中国共产党自成立之日起，就为争取实现人民民主而不懈奋斗。早在新中国成立前，毛泽东就明确指出，"没有广大人民的民主，就没有人民当家作主的国家"。在 1945 年的延安，毛泽东与来访的民主人士黄炎培探讨了历史周期律和民主问题。黄炎培对毛泽东说："一部历史，'政怠宦成'的也有，'人亡政息'的也有，'求荣取辱'的也有。总之没有能跳出这周期率。"毛泽东满怀信心地回答说："我们已经找到了新路，我们能跳出这周期率。这条新路，就是民主。只有让人民起来监督政府，政府才不敢松懈。只有人人起来负责，才不会人亡政息。"①

新中国成立后，我们党领导全国各族人民确立了人民民主专政的国体，为人民民主的实现提供了政治前提；通过社会主义改造，建立了社会主义制度，为人民民主的实现奠定了制度基础。党的十一届三中全会以来，我们总结发展社会主义民主正反两方面的经验，开创了中国特色社会主义民主发展的新道路。新世纪、新阶段，党的十八大提出了"两个一百年"目标，中国特色社会主义民主政治展现出更加旺盛的生命力和更加辉煌灿烂的发展前景。在实现"中国梦"的历史征程中，每一个中国人正以前所未有的主人翁姿态，"通过各种途径和形式管理国家和社会事务、管理经济和文化事业，共同建设，共同享有，共同发展，成为国家、社会和自己命运的主人"。②

只有社会主义才能"建立更高的民主制"，社会主义民主是比资本主义民主更先进的民主。社会主义民主继承了人类政治文明史积累的积极价值，代表着人类民主政治的核心要义和未来发展趋势。从所有权意义上说，社会主义民主意味着人民当家作主，即人民是国家的主人。资本主义国家虽然也标榜"主权在民"，但在生产资料私有制条件下，国家权力控制在少数人手里。社会主义民主建立在生产资料公有制基础上，这是一种"真正实现大多数人享受的民主制度，使大多数人即劳动者实际参加国家的管理"。③

---

① 吕澄等：《党的建设七十年纪事》，中央党史出版社，1992，第 204 页。

② 习近平：《在首都各界纪念现行宪法公布实行 30 周年大会上的讲话》，新华网，2012 年 12 月 4 日。

③ 《列宁选集》第 3 卷，人民出版社，1995，第 722 页。

3. 文明：社会主义的重要特征

第一，文明的内涵。在社会主义核心价值观中，"文明"集中体现着社会主义先进文化的前进方向和社会主义精神文明的价值追求。弘扬和践行社会主义文明观，必须自觉遵循文化建设规律，既要吸取古今中外一切文明成果的有益成分，更要立足于中国特色社会主义伟大实践，使文化建设与时代进步同行、与实践发展同步。

第二，文明的作用。在人类发展史上，文明作为一种价值追求，对社会主体的实践活动起着十分重要的价值导向作用。社会主体对文明的追求，可以提升个人素养，优化社会秩序，推动国家发展。概括地讲，人类社会史就是一部人类文明史。

同时，建设文明国家，也是中国共产党始终不变的价值诉求。在革命战争年代，建设文明国家就是共产党领导人民进行革命的目标之一。在社会主义建设和改革开放新时期，我们党一再强调，不仅要建设高度发展的物质文明，还要建设高度发展的精神文明。二者都是社会主义建设的重要内容，相互支撑，不可偏废。①

在新世纪、新时期，我们党将社会主义文明上升到兴国之魂的高度。习近平指出，中国共产党人要领导中国人民实现民族复兴的"中国梦"，就必须弘扬凝聚社会主义核心价值体系精髓的中国精神。"实现'中国梦'必须弘扬中国精神。这就是以爱国主义为核心的民族精神，以改革创新为核心的时代精神。这种精神是凝心聚力的兴国之魂、强国之魂。"

第三，社会主义文明的培养。社会主义文明作为人类文明发展史上一种新型的文明，是社会主义核心价值观的重要组成部分。培育和践行社会主义文明价值观，既要自觉遵循社会主义文化建设的规律，还要把文化建设和中国特色社会主义的各项建设结合起来，使社会主义文明与时代进步同行、与实践发展同步。

4. 和谐：中国特色社会主义的本质属性

自人类社会产生以来，对和谐社会的追求就成为一种重要的价值取向。

---

① 中共中央文献研究室编《社会主义精神文明建设文献选编》，中央文献出版社，1996，第473～474页。

中国特色社会主义和谐社会建设，正是实现这一价值目标的伟大实践。

第一，和谐的内涵。和谐包括人与自然关系的和谐和人与人的和谐，即社会关系的和谐。和谐的基本含义是人与自然关系和人与人的关系都处在最佳状态，使整个系统发挥最大的功效。

第二，和谐的作用。为什么要把和谐作为社会主义国家层面的核心价值观呢？因为和谐是万事万物存在方式的一种本质体现，追求和谐是中华民族的优秀传统，也是中国共产党执政兴国的一贯诉求。和谐还是中国特色社会主义的本质属性。在人类发展史上，和谐是一种共同的价值诉求。但是，在社会主义社会产生之前，其他社会形态由于自身的制度局限，都不可能建立真正的和谐社会。马克思主义认为，只有建立社会主义制度，才能真正实现社会和谐和人的自由全面发展。

第三，和谐精神的培养。如何培养和谐精神呢？马克思在他的共产主义理想中做了这样的描绘："这种共产主义，……是人和自然界之间、人和人之间的矛盾的真正解决，是存在和本质、对象化和自我确证、自由和必然、个体和类之间的斗争的真正解决。"[①] 未来理想社会的本质特征之一，就在于它完全实现了各种矛盾关系（人与自然、人与人）的和谐。中国特色社会主义是迈向未来共产主义社会的初始阶段，将为最终实现马克思描绘的未来理想的和谐社会准备条件、提供基础。

（二）社会层面的价值观

1. 平等：社会主义制度的基本原则

平等是现代社会的基本特征，是衡量人类文明进步的重要标准，也是人类向往的理想价值。

第一，平等的内涵。平等是什么？从价值层面来讲平等是一种社会价值，是一种关于社会应当如何对待其成员的规范性价值。具体而言，一个社会中的全部成员在特征、个性、能力、需求等方面肯定是千差万别的，但他们在作为人、作为社会主体的意义上是平等的。社会应将每个人作为平等的社会成员来对待，确保每个人生存和发展的需求都受到同等程度的

---

① 《马克思恩格斯全集》第 3 卷，人民出版社，2002，第 297 页。

尊重和照顾。这就是现代社会平等理念的基本意涵。

第二，平等的原因。首先，平等是社会主义的本质要求。马克思主义创始人告诉我们，社会主义运动的根本目标在于消灭阶级、消灭剥削，使社会摆脱和超越资本主义制度造成的人压迫人、人剥削人的现象，让人民共同占有生产资料、共同支配国家权力。因此，科学社会主义在诞生之始就将平等作为社会主义的本质要求。在中国特色社会主义建设过程中，邓小平再次强调社会主义的本质是解放生产力，发展生产力，消灭剥削，消除两极分化，最终实现共同富裕。党的十八大报告提出，"努力营造公平的社会环境，保证人民平等参与、平等发展权利"。这表明，无论在哪个时期，平等都已经内在地成为社会主义的本质特征。

其次，平等是保证人民当家作主的基本条件。马克思主义认为，历史活动是群众的事业，人民是推动社会发展的决定性力量。人民当家作主是社会主义民主政治的本质和核心。党的十八大强调要坚持人民主体地位，并指出中国特色社会主义是亿万人民自己的事业。要实现人民民主，就必须消灭阶级，使广大人民拥有平等的政治权利和社会地位。如果人民群众不能平等地参与政治生活，那就谈不上真正的当家作主；如果人民群众隐性地被分为三六九等，那么人民的主体地位便成为空谈。

最后，平等是完善社会主义市场经济体制的前提条件。市场经济以身份平等和规则公平为基本前提。不平等和特权只会造成弱肉强食、恶性竞争的市场风气，最终破坏经济秩序，影响市场经济的良性运行。只有确保市场主体享有平等的权利、机会和地位，引入公平的竞争机制，才能形成健康良好的市场环境，激发人们的积极性和创造性，才能为社会主义市场经济发展提供源源不断的动力。

第三，平等精神的培养。首先，通过实现社会公正促进平等实现。公平正义是中国特色社会主义的内在要求。然而，当今中国社会发展不平衡，城乡之间、地区之间、行业之间、居民之间的收入差距已成为阻碍社会公平正义的重要因素。缩小贫富差距，使广大群众能平等地享有社会发展的成果，是实现社会平等的必要手段。

其次，通过以人为本实现平等。以人为本是科学发展观的核心，是中国共产党的根本宗旨和执政理念的集中体现。十八大报告强调，要"始终把实现好、维护好、发展好最广大人民根本利益作为党和国家一切工作的出发点和落脚点"。如果只有一部分人享受了社会发展所取得的成果，那还算不上符合最广大人民的根本利益。确保人人都从改革和发展中受益，才能切实增进人民福祉，才能实现平等。

2. 公正：社会主义的基本价值取向

公正是当今时代的热点问题，也是我国社会发展的重要议题。党的十八届三中全会强调要促进社会公正，对于公正问题给予了高度重视。研究社会主义核心价值的公正思想具有重要意义，有助于解决我国正在面临的各种社会问题，包括生产力的发展问题，公正与效率的争议问题，完善公有制为主体、多种所有制经济共同发展的问题，以及以按劳分配为主体、多种分配方式并存的问题。因此，要坚持马克思主义公正思想的主导地位，抵制来自各种自由主义等错误公正观的侵袭，等等。这些重要问题都需要马克思主义的公正理论予以正确回应。

公正是人类社会永恒的话题。在不同时代，人们对公正存在不同的理解和诉求。构建科学的公正观是当今时代为我们提出的崭新课题。同时，公正也是当代社会的重大实践问题。尤其是对于高速发展的中国而言，公正已然成为整个社会的焦点。就我国而言，经历改革开放 30 多年的发展，取得了令人瞩目的成绩，但同时也出现了很多违背公正宗旨的社会问题。例如，在 2012 年，中国的基尼系数突破 0.47，成为世界上贫富差距较大的国家之一。同时，整个社会的转型速度加快，利益群体的多元化发展成为重要趋势，不同利益群体间的矛盾日益激化，进而演变成为以各种极端方式解决相互间的分歧，这对人们的容忍底线构成挑战，也为社会的稳定发展带来压力。如何在保持快速发展的同时，让全体人民共享发展的成果？如何保证社会整体发展与每个人的发展相协调？如何让每一位社会成员平等地分享发展的机会与条件、公正地获取公共资源？这些重大的现实问题不仅关系到我国经济社会的迅速发展，更涉及和谐社会的繁荣稳定。胡锦涛指出，"必须坚持维护社会公正。公正是中国特色社会主义的内在要求"，"逐步建立以权利公正、机会公正、规则公正为主要内容的社会公正保障体系，努力营造公正的社会环境"。温家宝也指出，公正是社会稳定的基础，公正比太阳还要有光辉。由此可见，公正已经得到党中央领导的高度重视，已然代替了过去"效率优先，兼顾公平"的发展原则，成为指导新时期发展的重要方针。

第一，公正的内涵。公正作为一种社会价值，是衡量一个社会的制度安排是否正当合理的重要标准。一个社会的公正，应当体现在经济、政治、法律等社会生活的各个领域、各个层次和各个方面。公正的核心是分配公正。依据政治哲学传统，公正的内涵在于"给予其所应得"，马克思也曾指出，各种公平主张实际上是人们对现存分配形式与自身利益关系的价值判断。也就是说，社会公正最重要的内容，就是要对权利和义务进行合理分配，依据合理的尺度来分配权利和自由、权力和机会、收入和财富等社会资源。

第二，公正的原因。社会主义所倡导的公正理念是基于最广大人民群众根本利益提出的无产阶级公正理念，比资本主义的公正理念更具优越性。实行生产资料公有制，保证人民群众在生产资料占有上的公平和平等，从而保障社会利益分配的起点公正；实行按劳分配原则，以劳动作为统一的分配尺度，排除社会产品分配上的垄断和特权，从而保障社会利益分配的程序公正；以共同富裕为发展目标，使发展成果为全体人民所共享，从而保障社会利益分配的结果公正；坚持人民民主，尊重人民群众的主体地位，使人民共同参与和管理国家事务，并依照体现人民意志和社会发展规律的法律治理国家，保障政治和法律的公正。

维护社会公正符合广大人民的根本利益。一切以广大人民的根本利益为出发点，是中国共产党执政理念的集中体现。而人民的根本利益与社会的公平正义息息相关。社会分配所涉及的权利、机会、财富等社会资源是人民生存和发展的必要前提，只有维护分配公正，才能使人民平等地享有人生出彩的机会。同样，只有维护司法公正，才能保障人民的合法权益遭到损害时能够得到有效补偿。人民的利益不只是物质利益，随着物质生活水平不断提高，人民的权利意识也日益增强。平等、公平、正义等社会价值已成为人民迫切的期待和需求。只有构建公平正义的社会环境，才能让广大人民活得有尊严、活得有奔头，才能提升人民的幸福感，真正让人民满意。

第三，公正精神的培养。在当今中国，促进社会公平正义是大势所趋、民心所向，也是党和国家未来工作的重中之重。为了培养公正精神，要做到：

首先，始终坚持发展是实现社会公正的关键。公平正义并非抽象的口号，需要现实的社会经济条件来保证。恩格斯告诉我们，"社会的公平或不公平，只能用一种科学来断定，那就是研究生产和交换的物质事实的科学——政治经济学"。① 也就是说，要解决公平正义问题，不能仅仅停留在道德层面的呼吁，而要遵循"现代社会生存和发展的规律"，即政治经济学规律。历史证明，脱离生产力发展水平的社会公正只能是空中楼阁。只有大力发展生产力，集中精力搞经济建设，不断增加社会财富和改善人民生活，才能为社会公正的最终实现提供经济基础和物质条件。

其次，抓紧建设对保障社会公平正义具有重大作用的制度，逐步建立以权利公平、机会公平、规则公平为主要内容的社会公平保障体系，努力营造公平的社会环境，保证人民平等参与、平等发展权利。进一步深化经济、政治和社会体制改革，缩小不同地区、不同行业、不同居民在收入、教育、就业、医疗、社会保障等权利和资源分配上的差距。推进城乡一体化发展，健全体制机制，形成以工促农、以城带乡、工农互惠、城乡一体的新型工农城乡关系，让广大农民平等参与现代化进程，共同分享现代化成果。严厉打击腐败、特权等不公正现象，敢于啃硬骨头，敢于涉险滩，突破利益固化的樊篱，破除各方面体制机制的弊端。拿出逢山开路、遇水架桥的改革决心和勇气，推进有利于社会公正的各项改革。

3. 自由：社会主义的价值理想

第一，自由的内涵。自由是马克思主义的终极追求，也是社会主义的内在逻辑。自由是改革和发展的源头活水，是完善社会主义市场经济体制的必然要求。倡导和促进自由的实现，对于推进中国特色社会主义事业有着重要意义。

第二，自由的作用。自由是中国特色社会主义的基本要义，是"中国梦"的核心意蕴。中国特色社会主义事业的出发点和落脚点都是为了实现广大人民群众的根本利益。人民的利益不只是物质生活的改善，更重要的是保证人民能够充分享有自我发展、自我自现的条件和自由，使每个人都

---

① 《马克思恩格斯全集》第 19 卷，人民出版社，1963，第 273 页。

能够自由全面地发展，都能享有"人生出彩""梦想成真"的机会。十八大明确把"促进人的全面发展"纳入中国特色社会主义道路的内涵。促进人的全面发展，既需要保障人们所拥有的言论等基本权利和自由不受干涉，又需要提供给人们自由发展的资源和条件。党的十八大和十八届三中全会所制定的政治、经济、文化等各领域的各项改革措施，都是为了扩大人民的自由，使每个人都能有更多的权利、机会并且在更完善的社会条件下来实现自己美好生活的梦想。

第三，自由精神的培养。自由是社会主义的内在逻辑。个体能否实现自由、实现何种程度的自由，在根本上取决于其所处社会的性质。在资本主义社会条件下，人的自由受到多重因素的限制。首先，生产资料私有制使工人受到资本家的剥削和压迫；其次，精细的现代分工体系使人片面化发展，人的各种本质、需要和能力由于狭隘的职业限制而遭到压抑；最后，资本主义商品拜物教使人成为商品和金钱的奴隶，所有人都处于异化、不自由的状态。社会主义最初正是在对资本主义社会普遍存在的压迫、片面化、异化等不自由现象的反抗中诞生的，并以共产主义的自由理想为前进方向，因此自由是社会主义内在固有的本质和要求。如同恩格斯所说，"我们的目的是要建立社会主义制度，这种制度将给所有的人提供健康而有益的工作，给所有的人提供充裕的物质生活和闲暇时间，给所有的人提供真正的充分的自由"。[①] 社会主义不仅要消灭一切不自由的制度根源——生产资料私有制，而且要充分保证人们发展自由个性的物质和时间前提，为最终实现人的自由全面发展的共产主义做好准备。

4. 法治：现代社会治理的基本方式

法治是治国理政的基本方式，是实现自由平等、公平正义的可靠保障。党的十八大报告提出，要全面推进依法治国，加快建设社会主义法治国家。倡导和推进法治建设，对发展中国特色社会主义事业有重要意义。

第一，法治的内涵。不同社会的法治理念具有不同内容。社会主义法治理念包括依法治国、执法为民、公平正义、服务大局、党的领导五项内容。依法治国是社会主义法治的核心内容，执法为民是社会主义法治的本

---

① 《马克思恩格斯全集》第 21 卷，人民出版社，1965，第 570 页。

质要求，公平正义是社会主义法治的价值追求，服务大局是社会主义法治的重要使命，党的领导是社会主义法治的根本保证。这五大内容相互支持、相互补充，体现了党的领导、人民当家作主和依法治国的有机统一。

第二，法治的作用。社会主义法治建设的根本目的在于实现好、维护好、发展好最广大人民的利益。将执法为民作为社会主义法治的本质属性，既体现了人民群众的主体地位，又体现了全心全意为人民服务的执政理念，因而具有彻底的人民性。社会主义法治理念还具有鲜明的政治性。社会主义法治建立在社会主义民主政治的基础之上，要求民主立法、人民监督，将服务大局作为社会主义法治的重要使命，要求社会主义法治全面服务社会主义政治、经济、文化、社会及生态文明建设，并将党的领导作为社会主义法治的根本保证，不断增强党的科学执政、民主执政与依法执政能力，实现法治与民主政治的统一。综而论之，社会主义法治理念以公平正义为价值导向，以执法为民为本质要求，将法治与民主政治统一起来，目的在于真正实现运用人民赋予的权力来为人民谋利益。因此，社会主义法治理念具有其他社会的法治理念无法比拟的优越性。

第三，全面推进社会主义法治建设。全面推进社会主义法治建设必须遵循以下原则：坚持中国共产党的领导、人民当家作主、依法治国有机统一，保证中国共产党在法治建设中始终发挥总览全局、协调各方的领导核心作用，保障广大人民群众依照宪法和法律的规定实现当家作主的权利，保证国家各项工作都依法进行；坚持一手抓建设、一手抓法治，紧密结合经济社会发展的客观需要，不断健全和完善法律制度，使法治建设为经济社会发展和构建和谐社会服务；坚持把法治建设植根于中国社会的实际，既注意借鉴国外的有益经验，又立足于中国国情，不照搬别国的法律制度和政治体制；坚持把法治建设的基础放在制度建设和增强全社会的法治观念上，不断提高全社会法治文明水平。①

在当前阶段推进社会主义法治建设，还应从完善立法、严格执法、公正司法、自觉守法等方面着手，具体途径包括：首先，进一步完善法律体系。根据社会发展的需要制定新法律和修订旧法律，坚持科学立法、民主

---

① 参见国务院新闻办公室《中国的法治建设》白皮书，2008 年 2 月 28 日。

立法，不断提高立法质量，尽快形成更加完善的中国特色社会主义法律体系。其次，加大宪法和法律的实施力度。在有法可依的基础上，确保有法必依、执法必严、违法必究，维护人民合法权益和社会公平正义，维护社会主义法制的统一、尊严、权威。再次，深化司法体制改革，建设公正、高效、权威的社会主义司法制度。确保审判机关、检察机关依法独立公正行使审判权、检察权；实行司法公开，加强对司法权力的监督，打击司法腐败；提高司法能力，最大限度减少冤假错案发生。最后，深入开展法制宣传教育，弘扬社会主义法治精神，倡导和树立社会主义法治理念，形成自觉学法、尊法、守法、用法的社会氛围。此外，还要加强执法监督，健全监督机制，确保权力正确行使，让权力在阳光下运行，接受人民群众的监督，确保有权必有责、用权受监督、违法要追究。

（三）公民层面的价值准则：爱国、敬业、诚信、友善

缺少了全体社会成员的共同努力，健康社会风尚的形成就无从谈起；没有个体公民道德素质的提升，社会风气的净化便是空中楼阁；不提升人民群众的情操修养，全民族精神气质的升华也会遥遥无期。共性需要表现为个性，普遍需要具体到个别，社会主义核心价值观不能缺失公民层面的价值准则。国家富强、民族振兴、人民幸福的"中国梦"，向每一个中国公民提出了爱国、敬业、诚信、友善的道德要求。

1. 爱国：民族精神的核心

爱国主义是中华民族民族精神最稳定的文化基因。自古以来，舍身为国者荣，卖国求荣者耻，一直都是国人普遍认可的道德标准。时至今日，经过数千年的沉淀特别是百年来反帝自强斗争的洗礼，爱国主义已然内化成了中华民族民族精神的核心，构成了实现"中国梦"的精神支柱。

第一，爱国主义的深刻内涵。爱国主义是强调个人与国家之间相互支撑关系的学说，也是一种建立在理性基础之上的感性认同，表现为个人生活方式中的一系列选择。国家通过历史文化、生活保障、安全环境等多种渠道支撑起个人生活的意义与条件。但这些支撑在日常生活中过于稳定，以至于只有在这些支撑崩溃的时候，众多个人在漫长的重建过程中才体会得到这些支撑的可贵。中国人民将历史上反复取得的这种经验积累为爱国

主义的学说与感情，并将之上升为民族精神的核心，形成了强大的主流意识形态和舆论环境，进而塑造了每一个生于斯、长于斯的中国人的生活方式。

第二，爱国的原因。中华民族在自己漫长的历史实践中，经验性地得到了必须将爱国主义作为民族精神核心的结论。甚至许多历史不及中国悠久、地域不及中国辽阔、文化不及中国灿烂的民族，也高举着爱国主义的旗帜。各个民族特别是中华民族之所以得到了类似的结论，正在于爱国有着多方面现实的原因。把这些原因总结起来加以归纳，可以分成三类，即基于个人视角的原因、基于阶级视角的原因以及基于国家视角的原因。

从个人的视角来看，公民应该爱国。首先，公民的生活需要一个安全的环境，而这正是国家提供的。认为其他国家会为中国公民的福利而奋斗，那是无视中国数千年历史中多次为异族入侵、国破家亡教训的幻想。如果没有强大的国防，中国就会再次成为帝国主义逐利的战场，个人的一切发展就只能沦为泡影。就心理层面而言，正面的国家身份认同能够带来安全感和自信，而对国家负面的感情则造成不安全感和心理上的虚弱。其次，公民只有爱国，才能正常参与国际交往。现在世界仍未大同，民族国家仍然是除去性别之外个人首要的身份来源，表现为公民的国籍。无论个人特点如何，国际社会首先关注的是个人的民族国家身份，即国籍。如果一个人不爱国，而是相反，力图抹去自己的国籍印记，将无异于挑战国际惯例和礼节，失去正常进行国际交流的基础。在国外生活过的人往往具有更强的爱国意识，原因就在于此。

从国家的视角来看，公民也需要爱国。首先，现代民族国家的合法性源自本民族成员对国家的认同。古代国家的合法性源自神话或神授，而现代国家的特点则是以成员的心理认同为基础。如果公民失去对国家的认同和感情，那么一方面国家将必须使用暴力来维持自己的存在，而不能用文化力量来凝聚公民的支持；另一方面将导致国家合法性的危机，而近现代史的教训告诉我们重建这种国家合法性的过程将极为漫长，代价将极为高昂。其次，中国的工业化和现代化任务，需对各方面的资源进行深度整合才能够完成。而这些资源，无论是经济的还是人力的，都分散在为数众多的国民之中。在公民缺乏对国家的感情的时候，动员这些资源将是极其困难甚至不可能的。一旦丧失了国民的认同和支持，以及与这种认同和支持相匹配的资源，工业化和现代化注定就难以为继了。一旦工业化和现代化目标的落空，中华民族伟大复兴就会沦为空想。动员国内公民力量以推进工业化和现代化，也离不开公民层面的爱国主义。

第三，树立正确的爱国观。当前无论是谁，坚持爱国主义几乎得到所有人的一致认同。这一结果表明，与人们的预期不同的是，即使是青年人，对民族国家的情感也是非常深厚的，对爱国主义这一民族精神的核心也是高度接受的。在当代中国，热爱祖国是绝对的主流，不认可爱国主义的只是个别人。

反对爱国主义的声音主要来自自由主义者。在自由主义者的眼中，并不是所有的国家都值得公民去爱，而是只有特定的国家才值得去爱。他们把这种以自由主义为基础的爱国主义称为"理性之爱"。实际上，自由主义对爱国主义的质疑和反对是完全站不住脚的。另外，自由主义对公民权利和义务的界定也是非常功利主义的。

与自由主义质疑乃至否定爱国主义相反，极端民族主义则走向了另一个极端。极端民族主义又有两种表现形式：一种是民族分离主义，另一种是非理性爱国主义。

民族分离主义者认为，一个民族对应一个国家；有多少个民族，就应该有多少个国家。民族分离主义者的理论也是说不通的。作为极端民族主义者全部信念支撑的一个民族对应一个国家的教条本身就是完全独断的。多民族国家是常态，单一民族国家才是例外。非理性爱国主义者则把中华民族的利益进行了无限扩张和想象，而堕落为狭隘的民族主义。这种看法认为，只要打着爱国的旗号，什么都可以干；只要把某种做法与国家利益挂钩，那这种做法就具备了合法性。非理性爱国主义者或狭隘民族主义者没有想到，如果将所谓"民族利益"和"爱国行动"泛化，它们就会走向自己的反面。面对爱国主义主流中的这些不和谐的声音，不能坐视不管。首先，要直面问题，正视各种错误思潮的侵袭，甚至要估计到其中某些理论泛滥起来的可能性。只有这样，才能够充分重视这些对民族国家认同破坏力极大的思潮的影响。其次，要勇于面对，敢于与它们正面交锋。在很大程度上，这些错误观点之所以对爱国主义的主流产生影响，原因就在于没有针锋相对的观点让公民辨别，以致形成了错误观点的"一言堂"。实际上，真理愈辩愈明，这些错误观点全都是站不住脚的。最后，还要加强对公民的爱国主义正面教育，用中国的历史和现实来告诉每一位公民，不但要爱自己的祖国，而且要爱得正大光明、理直气壮。

2. 敬业：职业道德的灵魂

在当代社会，热爱与敬重自己的工作和事业，已经成为职业道德的灵魂，是公民应当遵循的基本价值规范之一。

第一，敬业的内涵。爱岗敬业体现的是公民热爱、珍视自己的工作和职业，勤勉努力、尽职尽责的道德操守。任何一个社会的存在和发展，都是以其成员勤奋工作、创造价值为前提的。因此，所有生气蓬勃的社会，都把敬业作为核心价值加以强调，将之作为对自己成员的基本要求。

第二，敬业的原因。从个人角度来讲，需要敬业的原因包括以下几方面。首先，人有表达自己本质力量、实现人生价值的需要。人不能通过其他方式来表现自己的力量和智慧，只能通过将自己的能力与才干投射到自己的工作对象上，用自己的劳动创造对象或改变对象的形态，从而在工作的成果中证实自己。在这个过程中，人二重化为自己和自己的工作结果，将逝去的工作时间和耗费的劳动力凝结在产品中，并在这个现实的成果中展现自己的力量与价值。其次，人的能力的提升需要敬业。人的多数能力都不是自然具备的，而是后天锻造的产物。锻造的过程，不仅要通过学习，更要通过实践、通过工作。越是敬业的人，实践的程度越深，他得到锻炼的机会就越多，他的能力也就越强。对工作敷衍塞责的人表面上看起来是占了便宜，少付出了努力，结果却是丧失了实践机会，天长日久，便会技不如人。"故天将降大任于斯人也，必先苦其心志，劳其筋骨"，讲的就是这个道理。再次，人的性格的完善需要敬业。敬业使人变得严谨认真，有条不紊，明达事理而又坚毅顽强。一方面，工作中有其自身的规律，要求敬业的人让自己的行为符合这样的规律；另一方面，工作中往往需要与人合作，又要求敬业的人让自己的行为符合与他人交往的要求。这样，就形成了对敬业者性格的锻炼；久而久之，性格就会发生潜移默化的变化，变得适于工作和合作，并散发出一种特有的性格魅力来。最后，人的生活需要敬业。无论是个人生活品质的提高，还是家庭生活条件的改善，都依赖于经济收入。而在按劳分配为主的社会里，人所取得的社会产品的份额是与他的劳动成果直接相关的。越是敬业的人，他的劳动成果越多，对社会的贡献越大，社会给予他的回报自然也越多。总而言之，从个人的角度来看，敬业是一种可以对自己有多方面回报的美德。

第三，敬业精神的培养。当前，无论是从绝对水平来说，还是从相对水平来讲，中国公民敬业精神的现状都不容乐观。面对敬业精神失落的问题，必须要有两方面的对策。针对客观的体制原因，要有深化的改革。只有让公民感受到不劳而获的情况进一步减少时，公民勤勉敬业的美德才会得到恢复和提升。当中国公民爱岗敬业的收获高于其他国家，而投机钻营的现象由于遭到打击而几近绝迹的时候，其敬业精神便会拥有比其他国家更好的土壤。针对主观的思想原因，要加强公民素质教育，形成劳动光荣、浪费可耻的良好风气，把一定程度上被扭曲的社会风气再扭转过来。主流舆论要有明确的态度，对以奢靡享受为荣的现象要立场鲜明地加以抨击和批判，对敬业爱岗、勤勉努力的典型要不遗余力地加以表彰和宣传。在形成敬业精神普及的现实条件的同时，将敬业精神铭刻在公民的头脑里，敬业精神就一定能够成为中国公民普遍具备的道德品质。

3. 诚信：公民道德的基石

诚实守信是人类千百年传承下来的优良道德品质。诚信既是个人道德的基石，又是社会正常运行不可或缺的条件。在中国特色社会主义条件下，必须加强公民的诚信品质。

第一，诚信的内涵。诚信就其内涵而言，包括诚和信两方面；这两方面既有所区别，又可以互训使用。

"诚"的内容又包括两方面：一是真实，二是诚恳。真实的意思是不有意歪曲客观事物的本来面貌。真实与诚恳结合起来，就构成了"诚"的基本内容。"信"字由人字旁加一个言字组成，指的是人说话要算数，对自己的承诺负责，要言而有信，诺而有行。需要特别指出的是，诚信的内涵是有条件的，而不是绝对的；它需要由更高、更重要的价值来引领和统率。当诚信的要求与更高、更重要的价值相冲突时，诚信需要服从那些更高、更重要的价值。例如，当诚信与爱国相冲突时，诚信就应该服从爱国。

第二，诚信的原因。诚信是各个文明都加以珍视的基本价值，而中华民族更是把诚信作为人之所以成为人的基本特点之一，认为人无信不立。西方社会步入近现代之后，由于市场经济履行契约的基本要求，开始把诚信作为最重要的个人品质加以强调。随着中国加入全球化进程，特别是实行市场经济之后，契约精神所要求的诚信维度也越发被凸显出来。它的前提有二：一方面，公民把自己的利益看作与其他人对立的，排斥其他人来保护自己；另一方面，公民在现实中是相互依赖的，他们只有在交换合作中才能真正实现自己的利益。调节这种既互相对立又互相依赖关系的办法，就只能是预先规定各自的权利与义务，通过彼此约束的方式来限制各自利益最大化的冲动，签订契约。但人们发现仅仅契约本身并无法解决自利人相互依赖的问题，而必须引入诚信的道德维度，市场经济的运转才真正可能是平滑的。换言之，如果没有诚信，公民生活于其中的市场经济就会陷入不可克服的混乱之中。正是这种必不可少的契约之信，与中国传统文化中的内诚外信一起，构成了今天中国公民诚信品德的两种原因。

第三，诚信精神的培养。今日中国公民诚信品质的现状，可谓喜忧参半，既有很多诚实守信的楷模，也有不少无信无义的败类。公民诚信问题时有发生，问题出在两方面。一方面，功利主义的兴起与传统道德的失落造成一些人不再把诚信作为自己的基本价值追求和安身立命之本，人们内心支撑结构的变化造成了诚信问题的出现；另一方面，市场经济的契约体系不仅仅是道德要求，还是一种制度建构，而目前后者在我国尚不完善，给了违约之徒以可乘之机。

加强诚信精神的培养，首先要加强人的道德修养。作为安身立命基础的诚信，是君子生活方式的特征之一。这种诚信不需要额外的制度加以保障，也不需要专门的惩罚来加以规训；人内心价值体系的要求和生命意义的寄托，是其最好的保证。但随着小农经济为开放的市场经济所取代，个人利益的合法化是一个必然的趋势。因此，公民的价值体系中利益的地位被抬高了，道德压力的强调减少了，终于形成了二者的僵持局面。当利益的算计压倒道德考虑的时候，人便表现不出诚信精神；只有道德考虑超过利益算计的时候，公民才能够表现出诚信品质来。也就是说，在功利主义与传统道德并驾齐驱的时候，在利益算计与道德考虑等量齐观的时候，公民并不能保证总是表现出诚信品质来。这便是当今诚信问题时有出现却又不至于泛滥成灾的一个原因。针对这一症结，没有其他办法，只能是加强宣传和教育，在增加诚信的舆论气氛的同时，适当地减少对市场经济功利主义的强调，以改变公民头脑中对二者的衡量，让诚信能够稳定地战胜功利，从而提高全社会的诚信水平。

因此，加强诚信精神的培养，一方面要加强对公民的教育，从主观上恢复中国传统文化给予国人的道德感；另一方面要建立对公民的制度化引导，从客观上改变中国公民面临的利益选择。只有把这两方面结合起来，才能够基本解决中国公民当前面临的诚信问题。

4. 友善：社会和谐的润滑剂

现代社会友善的公民关系推动了和谐社会关系的构建，因此友善也成为公民的核心价值规范之一。

第一，友善的内涵。"友善"直接的意思就是像朋友一样善良，寓意是互相帮助和互相祝福。互相帮助意味着在其他人处于困境时要助人为乐，互相祝福意味着在其他人不需要自己帮助时心态良好。具体来说，友善需要公民做到待人平等、待人如己、待人宽厚与助人为乐等基本方面。

第二，友善的原因。友善是人的本质的要求。马克思指出，人的本质不是某种虚无缥缈的抽象物，而是人的现实的社会关系。人的社会关系如何，他的本质就怎么样。在前现代社会，人作为家庭血缘共同体的一部分，其本质不取决于公共空间的性质，而是取决于家庭血缘的情况，虽然这种家庭血缘的情况也是受到社会总体状况的影响的。但是进入现代社会之后，人的交往关系开始逐渐地突破家族的范围，开辟出社会的公共空间来。这个空间越是扩大，在人的交往关系中所占的比例越大，人的本质就越取决于公共空间的性质。这个公共空间实际上又是由个别公民的总和所构成，因此每个公民进入公共空间的方式反过来影响着总体的状况。人的本质需要良好的公共空间，因此需要每个公民都以友善的方式进入这个空间。

友善还是社会和谐的润滑剂。现代社会的形成与相应的公共空间的出现，与技术的进步、生产的发展是相伴随的，相应地兴起的是工具理性，创造每个公民都能够从中获益的社会氛围。基于人的本质的要求，基于社会和谐的需要，也基于良好社会氛围的要求，必须提倡友善这一核心价值。

第三，友善精神的培养。在当前有待完善的市场经济条件下，公民对友善精神患有三症：一是公共空间里的冷漠症，二是社会和谐建构上的便车症，三是助人为乐上的恐惧症。

面对公民在友善方面的这"三症"，需要从多个方面努力加以治疗。首要的任务是建立正向的激励机制，严惩寻衅滋事和敲诈欺骗行为，宣传助人为乐的典型人物事迹，让公民怀德畏法，有心向善。其次，需要改善社会保障制度，不要让公民个人承担无穷大的风险，要让公民有待人友善、涌泉报滴水之恩的物质基础，而不是因生活困顿而做出让人唏嘘的选择。再次，要健全法制，明察秋毫，不能做出无原则的裁决。原来和了稀泥的案子也要重查纠正，不能冤枉哪怕一个好人。最后，还要加强友善教育，限制私欲的无限发展，抗衡"搭便车"的机会主义行为，让所有公民都能够主动承担和谐人际关系建设的责任和义务。

第三节　中国特色社会主义与社会主义核心价值观的契合

中国特色社会主义理论体系是关于中国特色社会主义的社会经济形态、社会政治制度和社会生活方式的一种系统化了的思想观念体系，是中国现实社会存在的反映，和社会主义意识形态是一致的。由此决定了社会主义核心价值观与中国特色社会主义理论存在内在的必然的一致性。在本节中，这种一致性用"契合"来表示。其"契合"形式主要包括社会主义核心价值观与中国特色社会主义的生产力和生产关系辩证关系原理的基础契合、社会主义核心价值观与中国特色社会主义经济基础和上层建筑辩证关系原理的核心契合，以及社会主义核心价值观与中国特色社会主义理论的发展契合等。

一　社会主义核心价值观与社会存在和社会意识辩证关系原理的形成契合

社会存在是社会意识内容的客观来源，社会意识是社会物质生活过程及其条件的主观反映。社会意识产生的最贴近的基础是人类的社会实践，实践的能动性决定了意识反映的能动性。所以，社会意识根源于社会存在，是对以实践为基础的不断发展变化的现实世界的反映。

社会意识以理论、观念、心理等形式反映社会存在，这是社会意识对社会存在的依赖性。但社会意识又有其相对独立性，即它在反映社会存在的同时，还有自己特有的发展形式和规律。

社会主义核心价值观是马克思主义中国化的最新理论成果，是中国特色社会主义理论体系的有机组成部分。社会主义核心价值观体现了社会主义意识形态的本质要求，体现了社会主义制度在思想和精神层面的质的规定性，凝结着社会主义先进文化的精髓，是中国特色社会主义道路、理论体系和制度的价值表达。社会主义核心价值观在社会主义核心价值体系的基础上，更加突出核心要素、更加注重凝练表达、更加强化实践导向。社会存在和社会意识辩证关系原理与社会主义核心价值观在形成方面高度契合，体现在：第一，社会主义核心价值观巩固了马克思主义在意识形态领域的指导地位；第二，社会主义核心价值观引领社会思潮；第三，社会主义核心价值观的内涵是由社会主义意识形态的本质规定的。决定社会主义核心价值观的社会存在有：社会主义核心价值观提出的现实社会存在；社会主义核心价值观提出的传统文化资源；社会主义核心价值观提出的社会主义发展底蕴等。

二　社会主义核心价值观与中国特色社会主义的生产力和生产关系辩证关系原理的基础契合

实现社会主义核心价值观，必须紧紧围绕经济建设这一中心进行中国特色社会主义建设。解放生产力、发展生产力是实现社会主义根本任务的根本途径，是实现社会主义核心价值观的根本举措。在我国社会主义初级阶段，人民不断增长的物质文化需求与落后的社会生产之间的矛盾仍是主要矛盾。要彻底改变这种情况，就必须始终坚持以经济建设为中心，集中力量不断解放和发展生产力。只有经济发展了，构筑起雄厚的经济基础，方可支持政治、文化、社会、生态文明等其他领域建设，促进社会全面进步，不断提高人民生活水平，从而一步步把社会主义核心价值观转变为现实。

实现社会主义核心价值观，还必须坚持社会主义初级阶段的基本经济制度，坚持公有制为主体、多种所有制经济共同发展；要消除过大的贫富差距，促使生产关系和生产力的和谐，就需要运用财政税收政策、转移支付政策，将富者的部分收入转让支付给贫者，以维护社会的公平正义，为社会主义核心价值观的实现提供生产关系保证。

三　社会主义核心价值观与社会主义经济基础和上层建筑辩证关系原理的核心契合

党的十五大报告指出，公有制为主体，多种所有制经济共同发展，是我国社会主义初级阶段的一项基本经济制度，由此构成了中国特色社会主义的经济基础。我国改革的目标是建立社会主义市场经济体制，市场经济对于公有制经济及其实现形式的重要性在于：只有在公平竞争的市场环境下，才能优胜劣汰。在这个基础上建立的公有制经济和选择的实现形式，才是经过考验的真正适合生产力发展的公有制及其实现形式。[①]

中国特色社会主义上层建筑包括人民代表大会制度、中国共产党领导的多党合作和政治协商制度、民族区域自治制度、基层群众自治制度等。这些制度的优势表现在符合我国国情，顺应时代潮流，有利于保持党和国家活力，调动广大人民群众和社会各方面的积极性，有利于维护和促进社会公平正义，实现全体人民共同富裕，有利于集中力量办大事。

社会主义核心价值内在于社会主义上层建筑之中，社会主义核心价值与经济基础和上层建筑辩证关系原理契合，体现了社会主义核心价值与中国特色社会主义的核心契合，契合形式为民主：社会主义始终高扬的旗帜；文明：社会主义的重要特征；和谐：中国特色社会主义的本质属性；自由：社会主义的价值理想；公正：社会主义的基本价值取向；法治：现代社会治理的基本方式。

---

① 郑文范：《公有制实现形式多样性的生产力基础》，《光明日报》1999 年 3 月 22 日。

四　社会主义核心价值观与中国特色社会主义人类解放原理的内容契合

（一）中国特色社会主义与人类解放原理的契合

长期以来，人们对马克思主义人类解放思想存在一个误解，即把它设定为人类社会发展的终极状态，与社会主义社会毫不相干。但是，社会主义社会作为共产主义的初级阶段，如果离开了人类解放进程，社会主义制度的合理性和社会主义社会的优越性也将无法体现，因为社会主义的基本价值目标，也都最终指向人类解放。建设中国特色社会主义，既是实现社会主义现代化的过程，也是不断促进和实现人类解放的过程。

中国特色社会主义人类解放原理包括经济解放、政治解放、社会解放、人与自然关系解放和精神解放等。

首先是人的解放，主要指人的经济解放，表现在生产力的解放，人的主体性得到解放。人要想获得解放，首先要使生产力这种人的内在的本质力量回到人的自身，实现人的解放必须以生产力的巨大增长和高度发展为前提。

其次是人的政治解放。实现人的政治解放是中国特色社会主义建设的重要目标。对于中国这样一个经济文化落后、生产力不发达的国家来说，如何实现人的政治解放是中国共产党人面临的新课题。因此，中国共产党人以马克思主义人的政治解放思想为指导，立足实际，不断探索、不断总结、不断创新，开创了一条有中国特色的人的政治解放之路。

再次是人的社会解放。构建中国特色社会主义和谐社会是对当下人的社会解放道路的新探索。构建以人为本的和谐社会恰恰就是以实现人的社会解放为目标，是实现人的社会解放的一把钥匙。

复次是人与自然关系的解放。中国特色社会主义还有一个很重要的内容是生态文明建设，其基本内涵是要扭转生态恶化趋势，改善人与自然之间的关系，建设美丽中国，实现人与自然和谐发展，实现人与自然关系的解放。

最后是人的精神解放。中国特色社会主义理论以马克思关于人的精神解放理论为指导，以现实世界为依据，以人的自由全面发展为最终目标，它对于构建和谐社会和贯彻落实科学发展观具有重大的现实指导意义。

（二）社会主义核心价值观与人类经济解放原理的契合形式

国家富强是促进社会进步、人的自由全面发展的物质基础和制度保障。从国家层面倡导富强、民主、文明、和谐，并将富强列为社会主义核心价值观的首位要素，这体现了马克思主义唯物史观生产力标准的根本要求，也体现了中华民族的千年夙愿和中国共产党人的奋斗目标，是社会主义核心价值观与人类经济解放的契合形式。

民主是人类普遍追求的一种价值理念。在马克思主义政治思想中，民主更是一种核心价值理念。民主是中国特色社会主义的本质要求，没有民主就没有中国特色社会主义。中国特色社会主义民主既是一个价值目标，更是一种政治实践，是社会主义核心价值观与人类政治解放的契合形式。中国特色社会主义民主建设不可能一蹴而就，而是一个不断发展的过程。

（三）社会主义核心价值观与人类政治解放的契合形式

平等是社会主义的本质要求。大力倡导平等价值，促进平等目标的实现，对于推进社会主义核心价值观与人类社会解放的契合有着重要意义。平等是社会主义核心价值观与人类社会解放的契合形式。

自由对于人类来说，外在的制约是客观必然性。规律作为一种客观必然性，对人的活动具有强制性，客观世界的规律同时也是支配人自身的规律。因此，自由与人类精神解放的关系贯穿人类历史的始终，并成为人类存在和发展的永恒矛盾。自由是社会主义核心价值观与人类精神解放的契合形式。

五　社会主义核心价值观与中国特色社会主义理论的发展契合

（一）"四个全面"与社会主义核心价值观的契合

党的十八大以来，以习近平为总书记的党中央在新的历史条件下，提出"四个全面"，即全面建成小康社会、全面深化改革、全面依法治国、全面从严治党。"四个全面"对于坚持和完善中国特色社会主义理论体系具有重大现实意义和深远历史意义。

1. 全面建成小康社会与社会主义核心价值观

全面建成小康社会是党的十八大提出的总目标，是承上启下、基本实现社会主义现代化的决定性措施，也是实现民族复兴伟业的关键一步。全面建成小康社会把现实任务与长远目标结合起来，是中华民族复兴的牢固基石。全面建成小康社会与社会主义核心价值观契合，它为社会主义核心价值观的实现提供生产力与和平发展的保障。

2. 全面深化改革与社会主义核心价值观

全面深化改革是强大动力，在新的历史条件下，只有全面深化改革，才能进一步解放和发展社会生产力，努力开拓中国特色社会主义事业更加广阔的前景。全面深化改革为社会主义核心价值观的实现提供科技生产关系保障。

3. 全面依法治国与社会主义核心价值观

全面推进依法治国是党中央治国理政的基本方略。依法治国是解决党和国家事业发展面临的一系列重大问题，全面深化改革和从严治党顺利进行的保障。全面依法治国能不断激发和增强社会活力，促进社会公平正义，维护社会和谐稳定，确保党和国家长治久安。社会主义核心价值观与全面依法治国的契合表现在：全面依法治国为社会主义核心价值观的实现提供法律保障和制度保障。

4. 全面从严治党与社会主义核心价值观

习近平提出的"全面从严治党"新在哪里呢？新就新在它强调了全面

从严治党的立足点在于"全","全"构成了全面从严治党的特质。"全",首先是全覆盖,其次是全方位,再次是全过程,最后是全周期。再一个关键就是"从严"。全面从严治党与社会主义核心价值观的契合表现在:全面从严治党为社会主义核心价值观的实现提供理想信念保障、制度保障和作风保障。

(二)"中国梦"与社会主义核心价值观的契合

2012年11月29日,习近平同志带领新一届中央领导集体,参观中国国家博物馆《复兴之路》展览时第一次阐述了"中国梦"的概念。他说:"实现中华民族伟大复兴,就是中华民族近代以来最伟大的梦想。"中国特色社会主义道路自信与"中国梦"是内在统一的,实现"中国梦",道路自信是根基、是方向。实现"中国梦"必须坚定道路自信,走中国道路,弘扬中国精神,凝聚中国力量。"中国梦"与中国社会主义核心价值观之间的契合机理,是需要深入思考和探讨的重大问题。

1."中国梦"的内涵与特点

关于"中国梦"的含义,最为普遍性的观点就是"中国梦"即中国人的现代化之梦。具体来说,"中国梦"通过富民梦、强国梦和复兴梦三个向度得以展示。"中国梦"是中国人的现代化追求,其最深刻的内涵和要求,就是要我们在21世纪上半叶,在与当代社会各种文明的交汇之中,在不断弘扬民族精神和自主创新的过程中,实现中国现代化。在这个意义上,可以说中国梦就是要用文明的理念、文明的方式、文明的形象去实现中华文明的现代复兴。①

中国梦的主要特点如下。

第一,规模大。中国的崛起是13亿人在崛起,人类历史上没有13亿人的国家崛起的先例。这样的规模不可谓不大。改革开放、面向世界,为一代又一代的中国人提供了实现梦想的广阔空间。

第二,领域广。中国现代化事业是一项宏伟的事业。改革开放以来,

---

① 周英姿:《"中国梦"视域下大学生民族精神教育研究》,西南大学硕士学位论文,2014。

各行各业都涌现出大量杰出的人士。[①] 他们当中的很多人并不知名，但是他们用自己孜孜不倦的追求和踏实勤奋的努力，在自己的工作岗位上干得很漂亮，实现了自己的梦想。

第三，与世界分享。中国实行改革开放政策以来，很多外国人来到中国，他们在中国找到了自己企业发展的空间，找到了实现自己人生梦想的机会。这是因为中国的改革开放政策决定了中国的发展是开放的发展、合作的发展、共赢的发展。中国的发展离不开国际的合作，要使国际合作可持续，就必须使其建立在互利共赢的基础上。中国人的"中国梦"必须与世界分享。[②]

第四，"中国梦"是强国梦，实现"中国梦"从根本上说就是要实现国家富强。只有国家富强，民族复兴才有坚实基础，人民幸福才有根本指望。

第五，"中国梦"是复兴梦，实现"中国梦"就是要实现民族复兴。民族复兴是国家富强的根本标志，是人民幸福的重要保障。

第六，"中国梦"是幸福梦，本质上其实就是要实现人民幸福。"中国梦"，归根到底是人民的梦。民族梦只有同个人梦融合统一起来，梦想才有生命、根基和力量。国家梦、民族梦、人民梦不是彼此孤立的梦，而是内在统一的梦。在国家层面上是民族复兴、国家强盛之梦；在个人层面上，是人民生活幸福、人生出彩之梦。两个层次紧密相连、相辅相成，统一于中国特色社会主义伟大实践之中。

2. 社会主义核心价值观与"中国梦"的契合

第一，"中国梦"为社会主义核心价值观实现提供政治统率的保证。团结和带领全国人民在中国特色社会主义道路上实现中华民族伟大复兴，已经成为历史和时代赋予中国共产党人的崇高使命和重大责任。坚持中国共产党的集中统一领导，能够有效解决实现"中国梦"的政治统率问题，因此中国梦为社会主义核心价值观实现提供政治统率保证。

第二，"中国梦"为社会主义核心价值观实现提供改革开放的保证。改

---

① 吕涛：《中国梦的传播途径研究》，《科技信息》2014 年第 1 期。
② 吴建民：《世界需要"中国梦"》，《今日中国》（中文版）2012 年第 12 期。

革开放是实现"中国梦"的重要途径，并为"中国梦"的实现提供了源源不断的动力支持，而"中国梦"的实现过程又能够更进一步地促进改革开放。因此，"中国梦"为社会主义核心价值观实现提供强有力的改革开放保证。

第三，"中国梦"为社会主义核心价值观实现提供生态文明的保证。"中国梦"的实现重视生态文明建设，要实现从掠夺自然向善待自然的转变，实施循环经济发展战略，加快物质经济向信息经济的转变，只有拥有了良好生态环境才能圆"中国梦"。因此，"中国梦"为社会主义核心价值观实现提供生态文明保证。

第四，"中国梦"为社会主义核心价值观实现提供和平发展保证。实现"中国梦"，不仅造福中国人民，而且造福世界人民。与世界同分享，是"中国梦"独具特色的重要内涵。从"入世惠及中国，也惠及世界"到"同一个世界，同一个梦想"，日益融入世界经济的中国，在与各国的交流合作中，始终追求良性互动、互利共赢。"中国梦"为社会主义核心价值观实现提供和平发展保证。

（三）创新驱动与社会主义核心价值观的契合

1. 创新驱动的内涵与特点

创新的含义是多方面的。在哲学视域下，创新驱动包括科学创新驱动、技术创新驱动、工程创新驱动和制度创新驱动。其核心是把创新摆在国家发展全局的核心位置，把我国科技、经济、社会的各个领域转移到创新发展的轨道上，建立创新型国家。创新驱动通过上述创新过程的衔接，体现了原始创新、集成创新和引进消化吸收再创新能力和协同创新的统一。

2. 创新驱动与社会主义核心价值的发展契合

第一，创新驱动鼓励自由探索，与自由观相契合。创新驱动和社会进步及人的自由发展、心灵解放的实现是同步、相互促进的，由此解决创新动力问题，加快制度创新，与自由观相契合。

第二，创新驱动加快技术人工物向产业制造物的转化，与富强观相契合。创新驱动在技术人工物原型创造基础上，完成从产品原型到中试、形成批量产品，再由创客提供生产场地、管理咨询和融资，形成了小规模定制和大规模生产相互补充、各自赢利的新局面，从根本上解决创新驱动的赢利问题，由此与富强观相契合。

第三，创新驱动发展创新创业平台，与平等观相契合。当今互联网的发展和开源硬件的兴起及两者的深度融合为创客自由探索提供了平台，该平台逐渐发展成了创客空间，在创客空间里创新者的地位、身份都不重要，他们平等交流，相互倾听和学习，形成了马克思所说的自由人联合体的雏形，由此极大地促进了社会主义核心价值观的平等观的契合。

第二章　社会主义核心价值观与社会存在和社会意识辩证关系原理的形成契合

第一节　历史唯物主义社会存在和社会意识辩证关系原理

一　社会存在和社会意识的内涵

（一）社会存在

社会存在也称社会物质生活条件，是社会生活的物质方面，主要是指物质生活资料的生产及生产方式，也包括地理环境和人口因素。地理环境是人类社会生存和发展永恒的、必要的条件，而且它作为劳动对象也不断进入人们的物质生产领域。同时，人口因素也是重要的社会物质生活条件，对社会发展产生影响。人是社会生产和社会生活的主体，人口数量、素质、结构等状况对社会存在和发展具有重要影响。然而，无论是地理环境还是人口因素，都不能脱离社会生产而发生作用，都不能决定社会的性质和社会形态的更替。

在人们的社会物质生活条件中，生产方式是社会历史发展的决定力量。首先，物质生产活动及生产方式是人类社会赖以存在和发展的基础，是人类其他一切活动的首要前提。其次，物质生产活动及生产方式决定着社会的结构、性质和面貌，制约着人们的经济生活、政治生活和精神生活等全部社会生活。最后，物质生产活动及生产方式的变化、发展决定整个社会历史的变化、发展，决定社会形态从低级向高级的更替和发展。

（二）社会意识

根据《哲学大辞典》的通行观点，社会意识是指人们社会精神生活过程的总和。[①] 通常有广义和狭义两种用法：广义的社会意识泛指社会的人的一切意识要素和观念形态，包括个人意识和群体意识，社会心理，以及政治和法律思想、道德、艺术、哲学、宗教、科学等各种社会意识形式。狭义的社会意识专指关于社会关系的意识，即以不同方式从不同方面反映物质的社会关系（生产关系）的意识及其形式，具体包括人们关于政治、法律、道德、艺术、哲学、宗教等的观点和理论，形成一定的社会意识形态，但不包括自然科学。社会意识的最基本的含义和特征是：它是社会存在的反映，相对于社会存在来说，它是派生的、第二性的社会现象。一切社会意识都是人类在改造自然（人与自然的关系）和改造社会（人与人的关系）的实践中产生和发展的。社会意识虽然依赖于社会存在，但也有一定的相对独立性：在一定阶段，社会意识可能落后或超前于社会物质生活的发展；社会意识的发展具有继承性；各种意识形态之间存在相互作用；社会意识能够能动地作用于社会存在。

二 社会存在与社会意识辩证关系原理

社会存在与社会意识的关系问题，是社会历史观的基本问题。正确认识这一基本问题是解决其他社会历史问题的基础和前提。

马克思和恩格斯总结了前人的研究成果，第一次科学地提出了社会存在决定社会意识的命题。1845 年，在《德意志意识形态》中，马克思和恩格斯第一次系统地论述了历史唯物主义，提出"不是意识决定生活，而是生活决定意识"这一命题。1859 年，在《〈政治经济学批判〉序言》中，

---

① 《哲学大辞典》，上海辞书出版社，2007。

马克思对社会存在决定社会意识的原理作了经典的表述："人们在自己生活的社会生产中发生一定的、必然的、不以他们的意志为转移的关系，即同他们的物质生产力的一定发展阶段相适合的生产关系。这些生产关系的总和构成社会的经济结构，即有法律的和政治的上层建筑竖立其上并有一定的社会意识形式与之相适应的现实基础。物质生活的生产方式制约着整个社会生活、政治生活和精神生活的过程。不是人们的意识决定人们的存在，相反，是人们的社会存在决定人们的意识。"① 对社会存在和社会意识关系问题的科学认识，成为马克思主义解决其他社会历史问题的根本出发点。

（一）社会存在决定社会意识

社会存在是社会意识内容的客观来源，社会意识是社会物质生活过程及其条件的主观反映。社会意识产生的最切近的基础是人类的社会实践，实践的能动性决定了意识反映的能动性。所以，社会意识根源于社会存在，是对以实践为基础的不断发展变化的现实世界的反映。②

社会意识是人们社会物质交往的产物。社会意识同语言一样，是在生产中由于交往活动的需要而产生的。人类最初的意识，是"纯粹动物式的意识"，是"被意识到了的本能"。经过漫长的生产和交往的发展，伴随着脑力劳动和体力劳动的分工，产生了人类最初形式的思想家、僧侣。马克思说："从这时候起，意识才能摆脱世界而去构造'纯粹的'理论、神学、哲学、道德等等。"③ "而发展着自己的物质生产和物质交往的人们，在改变自己的这个现实的同时也改变着自己的思维和思维的产物。不是意识决定生活，而是生活决定意识。"④

随着社会存在的发展，社会意识也相应地或迟或早地发生变化和发展。社会意识是具体的、历史的。每一时代的社会意识都有其独特的内容和特点，具有不断进步的历史趋势，但不管怎样变化、发展，其根源深深地埋藏于经济的事实之中。例如，在原始社会，人们只有朴素的族群公有观念，

---

① 《马克思恩格斯全集》第31卷，人民出版社，1998，第412页。
② 雷家军：《中国近现代革命文化基本问题研究》，东北师范大学博士学位论文，2009。
③ 《马克思恩格斯选集》第1卷，人民出版社，1995，第82页。
④ 《马克思恩格斯选集》第1卷，人民出版社，1995，第73页。

不知"私有"为何物。随着以生产资料私有制为基础的生产方式的出现和原始社会的瓦解，私有观念以及与此相联系的思想意识相应产生。可见，那种认为人从来就有"自私意识"的观点是没有根据的。

（二）社会意识具有相对独立性

社会意识以理论、观念、心理等形式反映社会存在。这是社会意识对社会存在的依赖性。但社会意识又有其相对独立性，即它在反映社会存在的同时，还有自己特有的发展形式和规律。

首先，社会意识与社会存在发展的不平衡性。进步的社会意识可以在一定程度上预见、推断未来，指导人们的实践活动；落后于社会存在的社会意识则会阻碍社会的发展。另外，历史上也有这样的情况：社会经济发展水平较高的国家或地区，社会意识的发展水平未必都是最高的；某些经济水平相对落后的国家或地区，其社会意识的某些方面却可以领先于经济发达的国家或地区。

其次，社会意识内部各种形式之间的相互影响及各自具有的历史继承性。社会生活的内在联系及其统一性，决定了社会意识诸形式之间也必然是相互影响、相互作用的。同时，社会意识诸形式均有自成系统、前后相继的历史链条，因而具有历史继承性，有其发展的特殊规律。

最后，社会意识对社会存在的能动的反作用。这是社会意识相对独立性的突出表现。任何社会意识都不会凭空出现，只能是适应一定社会物质生活发展的要求而产生的，因而它必然具有满足这些需求的功能和价值，在一定条件下会转化为物质力量并作用于社会存在，影响历史的发展。先进的社会意识，反映了社会发展的客观规律，对社会发展起着积极的促进作用；落后的社会意识不符合社会发展的规律，对社会发展起着阻碍的作用。

社会意识的能动作用是通过指导人们的实践活动实现的。思想本身并不能实现什么，要实现思想就要付诸实践。而社会实践的主体是人民群众。因此，一种社会意识发挥作用的程度及范围大小、时间久暂，同它实际掌握群众的深度和广度密切联系在一起。

社会存在与社会意识辩证关系原理具有重要的理论意义。依据这一原理，马克思主义从社会生活的各种领域划分出经济领域，从一切社会关系中划分出生产关系，并把它当做决定其余一切关系的基本的原始的关系，进而将一切社会关系归结于生产关系，将生产关系归结于生产力发展的高度，从而将社会形态的发展看做一个自然的历史过程①，破解了"历史之谜"，从而揭示了人类社会发展的规律。把握这两个"划分"、两个"归结"的思想，对于认识社会历史具有重要意义。

第二节　社会存在与社会意识辩证关系原理与社会主义核心价值观的契合

　　社会主义核心价值观是马克思主义中国化的最新理论成果，是中国特色社会主义理论体系的有机组成部分。社会存在和社会意识辩证关系原理与社会主义核心价值观在形成方面高度契合。对上述问题进行分析，能够进一步看清社会主义核心价值观的建立过程和实质，同时也能加深对历史唯物主义社会存在与社会意识辩证关系原理的认识。

一　社会主义核心价值观与社会存在和社会意识辩证关系原理

（一）意识形态

　　社会是个有机体，任何阶级社会都有自己的社会意识形态。社会意识形态包括哲学、政治思想、法律思想、道德、艺术、宗教等多种形式。价值观和意识形态都是观念层面的重要内容。社会主义的意识形态具有自身的特点，从而与封建主义意识形态、资本主义意识形态相区别。

　　马克思主义认为，"所谓意识形态，是在阶级社会中，适合一定的经济基础以及竖立在这一基础之上的法律的和政治的上层建筑而形成起来的，

---

　　①　雷家军：《中国近现代革命文化基本问题研究》，东北师范大学博士学位论文，2009。

是代表统治阶级根本利益的观念体系和价值取向"；① "意识形态的本质是在其价值观渗透与影响下，使人们行为方式合理化的'普通'知识，以及对人们行为约束的一整套习惯、准则和行为规范。"② 意识形态的内涵具有广义与狭义之分，广义上的意识形态是指观念的集合；而狭义上的意识形态是指建立在一定的经济基础之上，代表一定阶级利益的系统化、理论化的思想观念体系。这里主要从中性与狭义上应用意识形态与马克思主义意识形态的概念。马克思主义意识形态是自觉地反映无产阶级经济政治利益的系统化、理论化的思想观念体系，是无产阶级的政治理想、价值标准和行为规范的思想基础。

（二）社会主义意识形态

在人类社会发展的历史进程中，一定社会形态的意识形态，都是与该社会形态的本质规定性相适应的，并决定于这种本质规定性。所以，从抽象意义上把握社会主义意识形态，必须从社会主义社会的本质规定性出发。对于当下的社会主义中国而言，社会主义初级阶段的基本经济制度是公有制为主体，多种所有制经济共同发展；社会主义基本政治制度包括人民民主专政的国体、人民代表大会制度以及中国共产党领导的多党合作和政治协商制度；等等。社会主义意识形态作为社会主义社会的思想上层建筑，归根到底是社会主义经济基础的反映。我们可以对社会主义意识形态作出如下界定。

社会主义意识形态是与社会主义基本经济制度、基本政治制度相适应，从劳动者的立场出发，以实现人的全面发展和社会全面进步为出发点和归宿，自觉反映最广大人民根本利益的思想观念的总和，其主体是马克思主义意识形态。把社会主义意识形态定位于思想观念的总和而非"思想观念体系"③，旨在说明社会主义意识形态并不都呈现理论性和系统性，而是既包含了系统的思想理论体系，也包含了具体的价值观念，其实质是价值观。这一界定实际上蕴含了方法论的要求，我们不能仅仅从理论体系的角度来

---

① 俞吾金：《意识形态论》，上海人民出版社，1993，第129页。
② 叶启绩、谭毅：《当代中国经济与社会主义意识形态发展互动研究》，人民出版社，2010，第3页。
③ 俞吾金：《意识形态论》，上海人民出版社，1993，第129页。

看待社会主义意识形态，对于社会主义意识形态我们可以从具体价值观来把握。关于社会主义意识形态是"思想观念的总和"的定位，直接关涉社会主义意识形态功能实现的评价。

从社会结构说，社会意识形态属于社会文化形态。社会意识形态是社会经济形态（经济基础）的反映和政治形态（政治制度）的体现，是系统反映、体现社会经济形态和政治形态的思想体系。因此，有什么样的经济、政治形态，就有什么样的意识形态。同时，意识形态又具有相对独立性。如果意识形态与经济、政治形态相适应，就可以促进经济、政治形态的巩固发展；反之，则会破坏经济、政治形态的巩固发展，甚至造成社会的停滞和倒退。所以，一切阶级、政党、国家无不重视社会意识形态问题。历史经验也表明，经济工作搞不好要出大问题，意识形态工作搞不好同样要出大问题。①

（三）社会主义核心价值观与社会主义意识形态

社会主义核心价值观体现了社会主义意识形态的本质要求，体现了社会主义制度在思想和精神层面的质的规定性，凝结着社会主义先进文化的精髓，是中国特色社会主义道路、理论体系和制度的价值表达。社会主义核心价值观在社会主义核心价值体系的基础上，更加突出核心要素、更加注重凝练表达、更加强化实践导向。它所强调的"三个倡导"24个字，是社会主义核心价值体系的内核，是对社会主义核心价值体系的高度凝练和集中表达。它把涉及国家、社会、公民的价值要求融为一体，既体现了社会主义本质要求，继承了中华优秀传统文化，也吸收了世界文明有益成果，体现了时代精神，回答了我们要建设什么样的国家、建设什么样的社会、培育什么样的公民的重大问题。社会主义核心价值观应该是社会主义意识形态的重要组成部分，体现在以下几个方面。

1. 社会主义核心价值观巩固了马克思主义在意识形态领域的指导地位

从意识形态来说，无论是坚持社会主义先进文化还是坚持社会主义核心价值观念，都必须坚持马克思主义指导。我们说中国特色社会主义文化

---

① 陈敏：《构建社会主义核心价值体系的哲学考察》，苏州大学硕士学位论文，2008。

是先进文化，它不仅体现社会主义制度的先进本质，而且表现为它是以马克思主义科学世界观为指导的文化。在当代中国，坚持先进文化，发展有中国特色的社会主义文化，加强社会主义精神文明建设，必须以马克思主义为指导。只有坚持马克思主义在社会主义核心价值中的指导地位，才能体现这种价值观念的社会主义本质，充分发挥社会主义核心价值引领社会思潮的导向作用。社会主义核心价值观念吸取了中国传统文化的优秀成果，吸取了世界文明的积极成果。但如果离开了马克思主义指导，就无法区分社会主义核心价值规范与非社会主义价值规范的差异性，而只看到其同一性。例如，爱国主义不仅中国有，外国也有；不仅古代有，近代也有。但爱国主义之所以属于社会主义核心价值，就是因为它以马克思主义为指导，这种爱国主义不是狭隘民族主义，也不是民粹主义，而是与热爱社会主义不可分的。又如自由、民主、平等、和谐等规范，作为社会主义核心价值规范，肯定具有社会主义性质。尽管自由、平等是普遍使用的概念，但社会主义自由观显然不同于资本主义自由观，社会主义平等观不同于资本主义的平等观。①

如果社会主义核心价值观念体系中除掉马克思主义指导而只保留一些抽象规范，社会主义核心价值观就失去它的质的规定性和导向性。有些人之所以把资本主义核心价值观作为普世价值，就是因为脱离每种价值观念体系的指导思想和实在内涵，把它变为没有具体内容的抽象规范。的确，在社会主义核心价值观中，我们会发现一些人类共用的概念，但并不因此改变它作为社会主义核心价值的本质。其实，公平、正义、自由、平等、和谐、爱国、荣辱，都不是超越时代和社会制度的共有的抽象概念，而是具体概念。在社会主义核心价值观中，每个概念都包含着以马克思主义为指导，以社会主义制度为实质和内容的尚未展开的判断。它的社会主义内容正凝结在每个概念尚未展现的特有的判断之中。因此，我们只有坚持马克思主义在社会主义核心价值中的指导地位，才不会落入西方普世价值的理论圈套。

---

① 陈先达：《论坚持马克思主义意识形态的指导地位》，《马克思主义与现实》2011 年第 6 期。

2. 社会主义核心价值观引领社会思潮

当前我国正处在一个经济体制深刻变革、社会结构深刻变动、利益格局深刻调整的复杂社会转型期，这对人们的生活方式、行为方式和价值观念产生了巨大的冲击。

随着社会经济成分、组织形式、就业方式、利益关系和分配方式的日益多样化，人们思想活动的独立性、选择性、多变性和差异性进一步增强。各种非马克思主义的思想观念有所滋长，影响社会和谐稳定的舆论时有出现，国内社会思想意识多样、多元、多变特征更加凸显。在这种背景下，各种社会思潮竞相登场，既有主张自由化、私有化、市场化的新自由主义，也有主张改良，倡导民主、自由的民主社会主义，更有歪曲、诋毁党的历史和领袖人物的历史虚无主义。特别是在市场经济和全球化浪潮的冲击下，西方的一些落后的、腐朽的思想观念，如享乐主义、拜金主义、极端个人主义等，也在社会上严重泛滥。

面对这些矛盾和问题，很多人感到无所适从，导致了一系列的思想困惑、道德迷失和诚信缺失。有的人对社会多样化和思想观念多样化的现实无从选择，在认识上出现混乱、疑惑和偏差。有的人则是一味地追求经济利益和物质享受，在精神上没有信仰，完全丧失了判断是非、善恶的价值标准，甚至把丑的东西当成美的东西来加以推崇。这些情况充分说明，现阶段我们有效抵御西方思想文化渗透、维护我国意识形态安全的任务十分严峻，以中国化马克思主义引领多样化社会思潮的任务十分紧迫。

意识形态领域越复杂，就越需要有主心骨。社会越是多样化，就越需要引导。社会主义核心价值观蕴含着人们对世界、社会、人生等一系列重大问题的价值共识，深刻影响着每个社会成员的思想观念、思维方式、行为规范，是人们思想上、精神上的灵魂与旗帜。历史和现实一再表明，只有建立共同的价值目标，一个国家和民族才会形成赖以维系的精神纽带，才会有统一的意志和行动[①]，甚至越是在遇到危机与困难的时候，越能产生强大的凝聚力、向心力。我国是一个多民族的国家，拥有 13 亿多人口，要

---

① 蔡丽华、李忠新：《试析社会主义核心价值观的培育路径》，《黑龙江高教研究》2013 年第 5 期。

把人们的思想意志凝聚起来，没有一个有效发挥统领作用的核心价值观是不行的。当前，我国正处在经济转轨和社会转型的加速期，思想领域日趋多元、多样、多变，各种思潮此起彼伏，各种观念交相杂陈，不同价值取向同时存在，所有这些表现出来的是具体利益、观念观点之争，但折射出来的是价值观的分歧。

培育和践行社会主义核心价值观，能够找到全体社会成员在价值认同上的最大公约数，在具体利益矛盾、各种思想差异之上最广泛地形成价值共识，有效引领和整合纷繁复杂的社会思想意识，有效避免利益格局调整可能带来的思想对立和混乱。也就是说，只有积极培育和践行社会主义核心价值观，才能引领和整合各种社会思潮，带领全国各族人民不断形成社会共识，强化民族向心力和凝聚力，增强社会团结；才能在尊重差异、包容多样的基础上保持全社会的共同理想和道德基础，形成积极向上的精神力量和团结和睦的精神纽带；才能真正沿着中国特色社会主义道路，把构建社会主义和谐社会变为举国统一的行动。相反，如果失去了社会主义核心价值观的引领，建设中国特色社会主义事业就会丧失动力、迷失方向。党的十八大用简单明了的 24 个字对社会主义核心价值观进行了理论概括，鲜明提出了"三个倡导"，在多元中立主导，在多样中谋共识，在多变中定方向，有利于进一步深入揭示社会主义核心价值体系的精神内核和根本理念，有利于推进社会主义核心价值体系的宣传教育和学习践行，有利于推动社会主义核心价值体系通俗化、大众化，更好地走进群众、引领群众。

可以说，"三个倡导"以一种开放性的表述方式，充分体现了马克思主义与时俱进的时代特色和旺盛生命力，展示了我们党进行实践探索和理论创新的勇气和智慧。这种表述，既将我们现在倡导的理念鲜明地提了出来，有利于推动社会主义核心价值体系建设，又为实践的发展留有充分余地，有利于推动社会主义核心价值观的培育形成。

这种表述，可以有效地避免思想认识上的混乱，最大限度地统一思想、凝聚共识，形成社会主义核心价值体系建设的强大合力。"倡导富强、民主、文明、和谐"，集中体现了我国在社会主义初级阶段正在追求实现的现实价值目标，是立足于国家层面提出的要求；"倡导自由、平等、公正、法治"，集中体现了我国社会主义社会应当追求的理想价值属性，是立足于社会层面提出的要求；"倡导爱国、敬业、诚信、友善"，集中体现了我国社会主义公民应当遵循的基本道德价值准则，是立足于公民个人层面提出的要求。这三个层面的价值理念相互联系、相互贯通，从基本道德价值准则到现实价值目标，再到理想价值属性，体现了递进和升华的关系，实现了政治理想、社会导向、行为准则的统一，实现了国家、集体、个人在价值目标上的统一，兼顾了国家、社会、个人三者的价值愿望和追求，为积极培育社会主义核心价值观提供了有力的价值理念支撑。

3. 社会主义核心价值观的内涵是由社会主义意识形态的本质规定的

恩格斯指出，"每一历史时代主要的经济生产方式和交换方式以及必然由此产生的社会结构，是该时代政治的和精神的历史所赖以确立的基础"。[①] 在一定历史条件下，意识形态是占统治地位的阶级或集团为维护和发展其统治而建构的价值观念体系和行为规范体系。它是对各种意识形式的总体性提炼和概括，在该社会精神生活领域占统治地位。马克思指出，占统治地位的思想观念不过是占统治地位的物质关系在观念上的表现。统治阶级不仅是物质生产的控制者，也是思想观念生产的控制者。作为统治阶级思想观念的意识形态，实际上就是"制度化的思想体系"，是对一种社会制度合法性的基础论证，并以思想和价值观念形态发挥作用，目的在于使社会成员认同现存的社会制度和生活。因此，有什么样的经济、政治形态，就有什么样的意识形态。

中国共产党是以马克思主义为指导思想的无产阶级政党，是中国特色社会主义事业的领导核心。党的性质和宗旨决定了作为最高权威机构的党中央能够在科学思想的指导下开展评价活动，得到真正代表无产阶级和广大人民群众根本利益的评价结论；党的性质和宗旨决定了党中央能够从最广大人民群众的根本利益出发，自觉地以国家和广大人民群众的根本利益和需要作为评价标准，自觉地站在人民的立场上对社会转型时期的各种价值现象和价值关系进行反映，从而得出正确的权威评价结论。

社会主义核心价值观是党中央在总结历史经验教训的基础上，在建设中国特色社会主义的伟大实践中得出的关于社会主义意识形态建设的正确

---

① 《马克思恩格斯选集》第 1 卷，人民出版社，1995，第 257 页。

的最高权威评价，它必然体现社会主义意识形态的本质。社会主义意识形态所蕴含的指导思想、理想信念、精神动力和道德规范是其本身最基本的、最主要的表现形式，也是其主体内容或本质内容，对这些内容的概括和凝练恰恰构成了社会主义核心价值观。换句话说，社会主义核心价值观是社会主义意识形态的价值表达。

二 社会主义核心价值观与社会存在

（一）社会主义核心价值观提出的现实社会存在

一种价值观的提出和弘扬，与其所处时代的经济、政治、文化、社会、国际等方面面临的复杂形势和挑战有关。社会主义核心价值观的凝练和提出，既是我国社会主义建设、改革历史与现实发展的必然要求，又是应对我国全面深化改革关键时期所面临的复杂形势的需要与时代要求。

1. 回答中国特色社会主义价值本质问题的需要

中国共产党是按照马克思主义的指导思想建立起来的无产阶级政党。中国共产党在领导中国革命的进程中，在总结实践经验教训的基础上，成功实现了马克思主义与中国革命实践的第一次相结合，形成了毛泽东思想，取得了新民主主义革命的胜利，诞生了新中国。在漫长而艰辛的革命历程中，中国共产党以马克思主义为指导，以中华民族优秀的传统文化为底蕴，形成了立党为公、执政为民，全心全意为人民服务的宗旨，旗帜鲜明地将社会主义价值观作为主流的价值观，用以教育广大党员干部，并向广大民众宣传和普及。新中国成立后，中国共产党带领中国人民开始由新民主主义社会向社会主义社会过渡，并通过社会主义改造确立了社会主义制度，实现了中华民族历史上最为深刻的社会变革。1978 年的十一届三中全会实现了中国共产党指导思想上的拨乱反正，并作出了改革开放的伟大决策。此后，中国共产党带领中国人民逐步走上中国特色社会主义道路，致力于中国的现代化和民族复兴的伟业。综观改革开放 30 多年的发展历程，为人民服务、民主、自由、文明、富强、共同富裕、公有制、商品经济、社会主义市场经济、平等、公平、正义、法制、法治、德治、集体主义、爱国主义、创新、以人为本、和谐、人的全面发展等概念，凸显了此阶段社会主义核心价值观的基因。今天，在中国共产党领导下，中国特色社会主义事业方兴未艾。走中国特色社会主义道路，实现中华民族的伟大复兴，是现阶段中国各族人民的共同理想。但是，中国特色社会主义与经典社会主义的价值目标、价值取向有何联系与不同？中国特色社会主义与当今主要资本主义国家的价值本质有何不同？这是中国特色社会主义理论必须要回答的重大问题。社会主义核心价值观的提出，正是对这些重大问题的及时回应。

2. 塑造国民积极、健康、科学的价值观的需要

一个国家和社会的发展，除了为其国民提供坚实的经济基础之外，还要为国民树立和弘扬积极、健康、科学的价值观，提供丰富多彩的文化产品，满足他们精神上的追求和享受。改革开放以来，中国的综合国力和社会发展都取得了长足的进步，人民群众的生活水平大大提升，社会主义精神文明建设成果丰硕，广大人民群众总体上形成了积极向上的世界观、人生观和价值观。但是，改革开放引发的经济建设大潮，以及改革开放带来的深刻的社会变革，促使一部分党员干部和人民群众的世界观、人生观和价值观发生了嬗变。一些过去曾经洗涤过的腐朽、落后、不健康的价值观念、生活方式和生活恶习重新泛滥。整个社会风气和社会道德出现了令人担忧的乱象。因此，整个社会价值秩序的纠偏和重建已是刻不容缓的任务，这就急需一种系统的、科学的价值观来加以引导。

3. 构建社会主义和谐社会的需要

改革开放30多年的发展，促使中国的经济结构、社会结构、利益格局和人们思想观念发生了深刻的变化。这种巨大的变化，既给中国发展进步带来巨大活力，也使统筹兼顾各方面利益的任务艰巨而繁重，影响社会和谐的问题日益突出。因此，社会主义核心价值观的凝练和提出，是对人们的担心和不满的有力回应。正如中共中央所指出的，培育和践行社会主义核心价值观，是推进中国特色社会主义伟大事业、实现中华民族伟大复兴"中国梦"的战略任务，对于促进人的全面发展、引领社会全面进步，对于集聚全面建成小康社会、实现中华民族伟大复兴"中国梦"的强大正能量，具有重要现实意义和深远历史意义。

（二）社会主义核心价值观提出的传统文化基源

习近平总书记强调，"如果一个民族、一个国家没有共同的核心价值观，莫衷一是，行无依归，那这个民族、这个国家就无法前进。这样的情形，在我国历史上，在当今世界上，都屡见不鲜"。这说明，核心价值观并不是可有可无、可实可虚的精神追求和道德要求，而是具有现实的社会功能。中国传统文化在其历史发展中，通过对天人、群己、义利、理欲等关系的关注，逐渐展示了自己的价值理念，并在儒、道、墨、法、佛诸派的价值原则中取得了自觉的形态。以儒家的价值原则为主导，不同价值观念相拒而又交融，相反而又互补，形成了中国传统文化内涵丰富的价值系统。

1. "和为达道"的和谐观念

和谐是中国传统文化的基本价值观。和者，谐也，就是事物不同要素相互协调、相互适应、相互平衡，从而共处于一个统一体中的状态。中国传统文化中的和谐观念包含着多层面的丰富内涵。

一是和谐自然观。中国符学认为自然万物处于一种和谐关系和状态之中，和谐是自然生存发展的根本原则。《老子》曰："万物负阴而抱阳，冲气以为和。"《中庸》曰："中也者，灭下之大本也；和也者，天下之达道也。致中和，天地位焉，万物育焉。"

二是和谐天人观。人与自然的关系也是和谐关系，所谓"天人合一"。作为一种价值观念，"天人合一"早在先秦时期就已经产生，自孟子提出"知性知天"的"性天同一"说之后，《中庸》倡导"尽性参天"说，《易传》弘扬"天人合德"说，董仲舒主张"天人感应"说，这些都是天人合一的具体表现形式。[1]

三是和谐人际观。孔子说："君子和而不同，小人同而不和。"[2] 并要求通过"仁者爱人"、"己所不欲，勿施于人"的道德实现人际和谐。他的学生有若说："礼之用，和为贵。先王之道，斯为美。"

四是和谐社会观。在孔子的心目中，小康社会是一个统治者提倡仁爱，

---

[1] 徐腾：《中国特色社会主义核心价值观研究》，扬州大学博士学位论文，2013。

[2] 《论语·子路》。

讲究谦让，治国有常法的社会，是一个实行"礼治"的和谐社会，而孔子所设想的"大同"社会则是一个比"小康"更理想的社会状态，是一个各尽其能、各得其所、各取所需，路不拾遗、夜不闭户，人民安居乐业、社会安定和谐的美好社会。

2. "人为至贵"的人本思想

中国传统文化中的人本思想孕育于西周初年的"敬德保民"观念，萌芽于春秋时期的"民为神主"观念，形成于春秋末至战国时期的"人为至贵"的观念。春秋战国时期，诸子蜂起，百家争鸣，无论是儒家、道家，还是名家、法家，无论主张"天人合一"，还是主张"天人相分"，都强调人的主体地位，弘扬人的价值，提出了"惟人万物之灵"[①]、"人者，天地之心也"[②] 和"天地之性人为贵"[③] 的命题；[④] 提出了应在治世中切实地关爱人的生命、尊重人的价值、关注人的利益的价值关怀，并做到"爱人"、"立人"、"达人"、"利人"。

3. "贵群舍己"的价值选择

中国古代的群己关系，指的是社会群体价值与个体价值的关系。孔子认为，群体高于个体，人应该"兼善天下"，努力维护社会群体的利益和尊严，用"仁"、"礼"、"忠"、"孝"、"悌"、"敬"、"信"等道德规范约束自己，做到"仁以为己任"、"克己复礼"、"己所不欲，勿施于人"、"己欲立而立人，己欲达而达人"，甚至在必要时候"杀身成仁"，以此来承担为群体服务的责任，实现"修己以安人"的崇高理想。荀子对群体价值的论述更为明确，他把"人能群"作为人与动物区别的重要标志，作为人之所以"可贵"的根据，由此而提出了"明分使群"、"善群则生"、"善群则和"和"群居和一"等一系列贵群观念。儒家这种群体重于个体的价值取向，以天下为己任的优良传统，对于稳定社会秩序，形成团结互助、平等友爱、共同前进的人际关系，具有积极的作用。但是这种伦理道德倾向造成的一个重要影响是：人从主体地位下降为客体附属物。在传统儒家文化

---

① 《尚书·泰誓》。
② 《礼记·礼运》。
③ 《孝经》引孔子语。
④ 徐腾：《中国特色社会主义核心价值观研究》，扬州大学博士学位论文，2013。

中，主体是包容于外物之中的，人只有在整体（家庭、集体或是国家）中才能昭示出自己的存在和全部意义，个人的意志、情感也只有在群体关系中才能体现出来。① 这是中国传统文化中主体缺乏自主性、主动性和创造性的根本原因之一。

4. "刚健自强"的能动精神

先秦儒家曾提出"刚健"、"自强"的人生准则。孔子说："刚毅木讷近仁。"② 刚毅即具有坚定性。孔子的弟子曾子说："可以托六尺之孤，可以寄百里之命，临大节而不可夺也。君子人与？君子人也。"③ 临大节而不可夺就是刚毅的表现。《易传》云："天行健，君子以自强不息。"天行即日月星辰的运行。日月星辰运行不已从不间断，称之曰健，亦曰刚健。人应效法天之运行不已而自强不息。④ 自强即努力向上，积极进取。儒家强调不懈的努力，显然是有积极意义的。这种自强不息的能动精神是中华民族的精神支柱，数千年来，支撑和激励着中华民族不畏困难、不惧艰险、不怕艰苦，为实现美好的精神境界、崇高的社会理想和人生的价值目标而刚健奋进，永不停息。

由上述分析可知，当今社会，包括儒家文化在内的中国传统文化中的有益成分仍然通过一定的方式存在于社会生活中，继续发挥着作用。这些有益成分，自然也成为社会主义核心价值观的精神所在。

（三）社会主义核心价值观提出的社会主义发展底蕴

社会主义价值观经历了一个历史的流变过程，表现为从抽象到具体、从原始的丰富多样性到历史的具体性的展开，表现为从空想到科学、从理论到实践、从革命到建设和改革的转换，存在革命的逻辑、建设的逻辑与改革的逻辑之间的差异。

1. 空想社会主义的核心价值观

在科学社会主义产生以前，社会主义价值思想有一个漫长的历史发展

---

① 徐腾：《中国特色社会主义核心价值观研究》，扬州大学博士学位论文，2013。
② 《论语·子路》。
③ 《论语·泰伯》。
④ 徐腾：《中国特色社会主义核心价值观研究》，扬州大学博士学位论文，2013。

过程。作为一种理论学说，空想社会主义迄今已有400多年的发展史。这些不同历史时期的空想社会主义者都对现存资本主义制度进行了深刻的批判，对未来美好社会进行了具体描述和设计。可以说，对平等、博爱、和谐、幸福、劳动、人的全面发展的热烈向往和不懈追求，构成了他们社会主义价值思想的基本内容。[①]

第一，平等。未来社会是消除了不平等现象的社会。在空想社会主义者那里，"平等的要求已经不再限于政治权利方面，它也应当扩大到个人的社会地位方面；必须加以消灭的不仅是阶级特权，而且是阶级差别本身"。[②]

第二，博爱。未来社会是充满着博爱精神的社会，未来社会的人普遍充满着博爱精神。圣西门重视精神力量、博爱原则和相互敬爱原则的道德效力，主张人人都应以兄弟相待，为数量最多而又最穷困的阶级在发展物质、道德的智力方面作出贡献。卡贝的伊加利亚社会是一个至善至美、充满博爱精神的理想社会。在那里，没有犯罪现象，没有警察，没有监狱，没有贫民窟。

第三，和谐。未来社会是和谐的社会，和谐是人们所追求的生活理想。"1803年，法国空想社会主义者傅立叶发表《全世界和谐》一文，指出现存资本主义制度是不合理的，必将为'和谐制度'所代替。""1842年，英国空想社会主义者欧文在美国印第安纳州进行的共产主义实验，也以'新和谐'命名。"[③]

第四，幸福。未来社会的目的是在最大的实际可行范围内为每个人创造幸福。对幸福的追求，既是社会所要达到的目的，也是社会应持有的信仰。人的全部责任在于使自身也使他人幸福。

第五，劳动。未来社会是人人劳动的社会。所有的人都得参加劳动，劳动是人人应尽的义务和天职。康帕内拉高度重视运用新的科学技术发展生产力，创造性地提出劳动光荣的思想。圣西门主张："劳动是一切美德的

---

① 吴向东：《重构现代性——当代社会主义价值观研究》，北京师范大学出版社，2006，第69~74页。

② 《马克思恩格斯选集》第3卷，人民出版社，1995，第721页。

③ 胡锦涛：《提高构建社会主义和谐社会的能力》，《人民日报》2005年3月5日。

源泉，最有益的劳动应当受到尊重。"①

第六，人的全面发展。未来社会的人应该是完美的、得到全面发展的人。在莫尔的乌托邦社会里，居民兼有肉体和精神两方面的乐趣。肉体上允许享有的乐趣在于人们能日益健康并按照自然规律生活；精神上的乐趣在于知识以及对真理的沉思所带来的喜悦。欧文主张所有的人都应该受到良好的教育，"很好地培养他们的体、智、德、行方面的品质，把他们教育成全面发展的人"。②

2. 列宁的社会主义核心价值观

第一，列宁的社会主义经济价值观。列宁认为，"在任何社会主义革命中，当无产阶级夺取政权的任务解决以后，随着剥夺剥夺者及镇压他们反抗的任务大体上和基本上解决，必然要把创造高于资本主义的社会结构的根本任务提到首要地位，这个根本任务就是：提高劳动生产率"。③

"劳动生产率，归根到底是使新社会制度取得胜利的最重要最主要的东西。资本主义创造了在农奴制度下所没有过的劳动生产率。资本主义可以被最终战胜，而且一定会被最终战胜，因为社会主义能创造新的高得多的劳动生产率。"④ "因为归根到底，战胜资产阶级所需力量的最深源泉，这种胜利牢不可破的唯一保证，只能是新的更高的社会生产方式，只能是用社会主义的大生产代替资本主义的和小资产阶级的生产。"⑤ 他提出"共产主义就是苏维埃政权加全国电气化"的著名公式，指出"只有当国家实现了电气化，为工业、农业和运输业打下了现代大工业的技术基础的时候，我们才能得到最后的胜利"。⑥

第二，列宁的社会主义政治价值观。列宁指出，"民主就是承认少数服从多数的国家，即一个阶级对另一个阶级、一部分居民对另一部分居民使用有系统的暴力的组织"。⑦ 他还深刻指出，"没有民主，就不可能有社会

---

① 《圣西门选集》第2卷，商务印书馆，1985，第71页。
② 《欧文选集》第2卷，商务印书馆，1979，第135页。
③ 《列宁全集》第34卷，人民出版社，1985，第168页。
④ 《列宁选集》第4卷，人民出版社，1995，第16页。
⑤ 《列宁选集》第4卷，人民出版社，1995，第13页。
⑥ 《列宁选集》第4卷，人民出版社，1995，第364页。
⑦ 《列宁选集》第3卷，人民出版社，1995，第184页。

主义","胜利了的社会主义如果不实行充分的民主，就不能保持它所取得的胜利，并且引导人类走向国家的消亡"。① 列宁社会主义政治价值观的实现途径主要包括：巩固工农联盟这个苏维埃新型民主的柱石；以坚韧不拔的努力来建设民主高效的国家机关，健全监察机关，改组工农检察院，依靠监督机制实现对权力的制衡，杜绝滥用权力等官僚主义现象；注重人才的选拔、管理和培养；改进工作作风，提高工作效率；使社会主义民主制度化、法律化；加强执政党的自身建设；加强意识形态建设等。

第三，列宁的社会主义文化价值观。在列宁那里，社会主义文化建设的目标是造就自由全面发展的一代共产主义新人。苏维埃在文化建设上的特殊道路是：在半封建半文明的地基上先夺取政权，然后再进行文化革命和文化建设，逐步建立起社会主义的新型文明。开展文化革命，建设高度文明，是社会主义建设高度发展的关键②，也是建成完全社会主义的标志。

第四，列宁的人的全面自由发展思想。列宁继承了马克思关于人的全面自由发展思想。他强调在整个社会的社会主义改造的基础上建立人与人之间根本利益一致的新型社会关系，具体内容包括坚持集体主义原则、关心劳动者的个人利益等。他初步看到了个人与社会、个人与集体、个人利益与社会利益正确结合的必要性和途径，并力求实现这种正确结合。他强调在公有制基础上建立一种共同劳动、平等互助、团结一致的新型社会关系。他明确提出了"建立人与人之间社会联系的新形式"③ 的口号。列宁还强调人的脑力劳动与体力劳动、物质生活与精神生活、生产活动与管理活动的和谐结合，提倡人的个性和才能的积极发展，造就"全面发展的和受到全面训练的人"。④ 他坚决反对把社会主义与"抹杀个性"或"平均主义"混为一谈，指出"社会民主党人所理解的平等，在政治方面是指权利平等，在经济方面，我们刚才已经说过，是指消灭阶级。至于规定人类在力气和才能（肉体的和精神的）上平等，社会主义者连想也没有想过"。⑤

---

①　《列宁全集》第 28 卷，人民出版社，1990，第 168 页。

②　张笛：《胡锦涛社会主义核心价值观研究》，大连海事大学硕士学位论文，2011。

③　《列宁选集》第 4 卷，人民出版社，1995，第 131 页。

④　《列宁全集》第 39 卷，人民出版社，1986，第 29 页。

⑤　《列宁全集》第 20 卷，人民出版社，1958，第 138 页。

3. 毛泽东的社会主义核心价值观

毛泽东的社会主义核心价值观，指的是毛泽东对社会主义价值的态度，以及他在价值评价、价值选择、价值创造中表现出来的取向准则。他虽没有明确论述社会主义的价值范畴和价值目标，但其丰富的价值思想都包含在党的基本理论、基本路线和基本纲领之中。自由、平等、富强、人的全面发展等，构成了毛泽东社会主义核心价值观的基本内核。①

其一，自由。在毛泽东那里，"自由"就是指国家独立、民族自主、人民获得翻身解放并且个性得到发展和自由。大而言之，"自由"指国家摆脱外国统治，没有外来干涉，在民族独立和国家主权方面享有自决权。毛泽东始终把创建一个独立、自由、统一的民族国家，重新树立民族的尊严和自信，使中国人民真正站起来，视为实现社会主义的先决条件。在他看来，"中国人从来就是一个伟大的勇敢的勤劳的民族，只是在近代是落伍了。这种落伍，完全是被外国帝国主义和本国反动政府所压迫和剥削的结果"。②要改变中国的历史命运，首先就必须获得民族自决权。小而言之，"自由"指每个个人的独立自由（即个性自由），体现在人身、言论、出版、集会、结社、思想、信仰等多方面。毛泽东向往意志自由，反对外来势力干涉，最着眼于广大人民群众的自主权，主张人们自己掌握自身命运，自己教育自己、管理自己、解放自己。

其二，平等。在他看来，社会主义价值首先表现为消灭剥削和剥削制度，实现广大劳动人民世世代代梦寐以求的公正、平等、合理的愿望。所有人就其基本的人的尊严和价值而言是平等的，在政治、经济和社会领域应享有平等权。政治平等意味着所有中国人民在普选权和自由参与政治决策方面享有同等的权利，即人人有权参与国家管理。经济平等意味着国家的全部财富尽可能平等地由全体人民共同享有，这就要求生产资料公有，分配上也尽量平等。

其三，富强。富强即人民富足，国家强盛。毛泽东从小就形成了拯救贫弱的祖国和贫苦的工农大众的价值取向，把富强作为社会主义价值来追

---

① 王寅荣：《论毛泽东的社会主义核心价值观及其历史地位》，《衡水学院学报》2013 年第 3 期。

② 《毛泽东文集》第 5 卷，人民出版社，1996，第 343～344 页。

求。早在 1936 年，他在致蔡元培的信中就提出："建立真正之民主共和国，致国家于富强隆盛之域，置民族于自由之林。"

其四，人的全面发展。毛泽东的人的全面发展思想是马克思主义人的全面发展思想与中国国情、传统文化相结合的产物，既是对中国传统教育思想的批判性继承，又是对人的全面发展思想的进一步发展，为新中国教育方法和方式提出了新思路，造就了适应新社会需要的无数"新人"，为当代中国人寻求一条可行的、符合中国国情的全面发展道路作出了可贵的探索。"新人"是德、智、体"三育并重"、全面发展的人，是不受旧式分工束缚的"社会多面手"。"我们所主张的全面发展，是要使学生得到比较完全的和比较广博的知识，发展健全的身体，发展共产主义的道德。"① "我们的教育方针，应该使受教育者在德育、智育、体育几方面都得到发展，成为有社会主义觉悟的有文化的劳动者。"② 总之，毛泽东的社会主义价值追求既坚持了马克思主义的基本价值原则，也结合了中国的实际情况，并在实践中初步地较为清晰地勾画了一幅中国社会主义社会的轮廓。他缔造了独立自由的中国，建立了独立的民族工业体系，使今天的中国重返国际社会不至于有依赖外国经济的危险；他成功地抑制了中国社会的不平等现象，使公正、平等的观念深入人心；他的许多正确的观点和做法为我们在新时期认识社会主义提供了直接的帮助，错误的观点和做法也为我们提供了经验教训；他的艰辛探索，为我们发展中国特色社会主义奠定了良好的基础。客观地说，毛泽东的基本思路是比较正确的、实事求是的，也是符合生产力发展需要的。

4. 邓小平的社会主义核心价值观

邓小平对社会主义价值的认识是在我国社会主义建设和改革开放实践的基础上产生和形成的，经历了一个从破到立、从自发到自觉、从不完善到完善、从不成熟到成熟的发展过程，体现在经济建设、政治建设、文化建设等各个领域。笔者认为，共同富裕、民主法制、精神文明、人的全面发展构成了邓小平社会主义核心价值观的基本点。

---

① 《毛泽东文集》第 7 卷，人民出版社，1999，第 399 页。
② 《毛泽东文集》第 7 卷，人民出版社，1999，第 226 页。

其一，共同富裕。他认为，富裕是社会主义的特点，贫穷不是社会主义。他多次强调，"没有贫穷的社会主义。社会主义的特点不是穷，而是富"①，"按照马克思主义观点，共产主义社会是物质极大丰富的社会。因为物质极大丰富，才能实现各尽所能、按需分配的共产主义原则。社会主义是共产主义第一阶段，当然这是一个很长很长的历史阶段。社会主义时期的主要任务是发展生产力，使社会物质财富不断增长，人民生活一天天好起来，为进入共产主义创造物质条件。不能有穷的共产主义，同样也不能有穷的社会主义"②，"不要富裕的资本主义还有道理，难道能够讲贫穷的社会主义和共产主义吗？"③ "当然我们不要资本主义，但是我们也不要贫穷的社会主义，我们要发达的、生产力发展的、使国家富强的社会主义。"④ 中国之所以要走社会主义道路，"道理很简单，中国十亿人口，现在还处于落后状态，如果走资本主义道路，可能在某些局部地区少数人更快地富起来，形成一个新的资产阶级，产生一批百万富翁，但顶多也不会达到人口的百分之一，而大量的人仍然摆脱不了贫穷，甚至连温饱问题都不可能解决。只有社会主义制度才能从根本上解决摆脱贫穷的问题"⑤。在他看来，共同富裕是社会主义的本质、目的和最大优越性。他多次明确提出："社会主义的本质，是解放生产力，发展生产力，消灭剥削，消除两极分化，最终达到共同富裕。""社会主义的原则，第一是发展生产，第二是共同富裕。""一个公有制占主体，一个共同富裕，这是我们所必须坚持的社会主义的根本原则。"邓小平放眼世界，立足现实，围绕"经济是中心，科技是关键，教育是基础"，正确处理了强国与富民的关系、富强与民主文明的关系，突出了生产力的地位，为建设富强的社会主义国家开辟了新的道路。

其二，民主法制。邓小平高度重视民主，认为没有民主就没有社会主义，就没有社会主义的现代化。鉴于在"文化大革命"中民主受到严重破

---

① 《邓小平文选》第 3 卷，人民出版社，1993，第 265 页。
② 《邓小平文选》第 3 卷，人民出版社，1993，第 171 页。
③ 《邓小平文选》第 3 卷，人民出版社，1993，第 223 页。
④ 《邓小平文选》第 2 卷，人民出版社，1994，第 231 页。
⑤ 《邓小平文选》第 3 卷，人民出版社，1993，第 207～208 页。

坏、法制受到肆意践踏的惨痛教训，他提出"民主是解放思想的重要条件"，认为"在过去一个相当长的时间内，民主集中制没有真正实行，离开民主讲集中，民主太少"。① 他强调进行民主观念教育，"一定要向人民和青年着重讲清楚民主问题"。"我们在宣传民主的时候，一定要把社会主义民主同资产阶级民主、个人主义民主严格地区别开来，一定要把对人民的民主和对敌人的专政结合起来，把民主和集中、民主和法制、民主和纪律、民主和党的领导结合起来。"至于在中国建设什么样的民主，他认为，"中国人民今天所需要的民主，只能是社会主义民主或称人民民主，而不是资产阶级的个人主义的民主"。②

其三，精神文明。所谓精神文明，"不但是指教育、科学、文化（这是完全必要的），而且是指共产主义的思想、理想、信念、道德、纪律，革命的立场和原则，人与人的同志式关系，等等"③，"国际主义、爱国主义都属于精神文明的范畴"。④ 他认为，高度的精神文明是社会主义的基本特征，是社会主义优越性的最大表现。社会主义不但要有高度的物质文明，也要有高度的精神文明，"没有这种精神文明，没有共产主义思想，没有共产主义道德，怎么能建设社会主义？"⑤ 必须在建设高度的物质文明的同时建设高度的社会主义精神文明，"两手抓、两手都要硬"。

其四，人的全面发展。他把德、智、体全面发展作为培养人才的质量标准。他认为，人的问题是一个非常重要的问题，关系到经济的发展速度、改革开放原则的贯彻实施、社会主义的方向甚至国家的长治久安。他重视教育的作用，多次强调要在全国范围内形成一个尊重知识、尊重人才的氛围，在毛泽东提出的培养德、智、体全面发展和有社会主义觉悟的有文化的劳动者的基础上，进一步提出应把这一方针作为培养人才的质量标准，并贯彻到社会的各个方面。精神文明建设主要是培养"四有"新人，这是基于现实的分析而对社会主义初级阶段人的全面发展提出的具体要求。在

---

① 《邓小平文选》第 2 卷，人民出版社，1994，第 144 页。
② 《邓小平文选》第 2 卷，人民出版社，1994，第 175 页。
③ 《邓小平文选》第 2 卷，人民出版社，1994，第 367 页。
④ 《邓小平文选》第 3 卷，人民出版社，1993，第 28 页。
⑤ 《邓小平文选》第 2 卷，人民出版社，1994，第 367 页。

"四有"中，理想和纪律特别重要。大力加强革命理想和革命纪律的教育，这是对具有社会主义觉悟的一代新人的最根本要求。他强调必须坚持教育与生产劳动相结合，理论与实际结合，学用一致，认为"这是培养理论与实际结合、学用一致、全面发展的新人的根本途径，是逐步消灭脑力劳动和体力劳动差别的重要措施"。① 他提出了一系列的具体的实现手段和措施：发展生产力，为人的全面发展提供坚实的物质基础；加强精神文明建设，创造人的全面发展的思想文化条件；坚持改革开放，为人的全面发展提供制度保障等，真正地使人的全面发展成为可望又可即的现实目标。

5. 江泽民的社会主义核心价值观

江泽民对价值问题给予了极大的关注，而且赋予了价值问题更高的理论地位、思想地位乃至政治地位，具体表现在"三个代表"重要思想的价值取向上。

始终代表中国先进生产力的发展要求、始终代表中国先进文化的前进方向、始终代表中国最广大人民的根本利益，是我们党的立党之本、执政之基、力量之源，是社会主义核心价值观的本质要求和根本体现。

始终代表中国先进生产力的发展要求，是我们发展社会主义经济、创造物质价值、建设社会主义物质文明的最高价值理想和价值目标。始终代表中国先进文化的前进方向是我们发展社会主义政治和文化、创造精神价值、建设社会主义精神文明的最高价值理想和价值目标。始终代表中国最广大人民的根本利益是以人民为最高价值主体和评价主体，以人民群众的利益、要求和实践为最高价值标准和评价标准。

"三个代表"重要思想的最大特点在于，从社会历史发展的价值目标、价值归属上揭示历史发展的趋势，特别是从社会主义价值目标的实现方式和途径上揭示建立社会主义新社会的趋势。社会主义最根本的价值取向、价值目标就是代表最广大人民的利益。代表先进生产力的发展要求与先进文化的前进方向都是以代表最广大人民的利益为归属的。

6. 胡锦涛对社会主义核心价值观的探索

十六大以来，以胡锦涛总书记为核心的党中央，从新世纪、新阶段的

---

① 《邓小平文选》第2卷，人民出版社，1994，第107页。

实际出发，在领导中国经济社会发展过程中不断进行理论创新，相继提出了科学发展观、构建社会主义和谐社会、加强党的执政能力建设和先进性建设、建设社会主义新农村、建设创新型国家、建立资源节约型和环境友好型社会、树立社会主义荣辱观、建设和谐世界等一系列重大战略思想，明确了科学发展观的社会主义价值取向。

第一，"以人为本"的价值原则。"以人为本"是构建社会主义和谐社会的价值原则。"以人为本"中的"人"，在理论上指所有的人，政治上主要指广大人民群众。"以人为本"的社会主义核心价值的目标是以人民群众为本，全心全意为人民谋利益。因而，中国共产党没有自己的私利，发展为了人民，发展依靠人民，发展成果由人民共享。"以人为本"的社会主义核心价值的实现原则是尊重人、关心人、理解人，强调人民群众是社会的主人和历史的创造者。因而，它要求确立"世间一切事物中，人是第一个可宝贵的"理念，重视从事社会实践活动的人，真正体现"情为民所系、权为民所用、利为民所谋"。"以人为本"的社会主义核心价值的实现途径是大力发展经济，推进民主政治改革和先进文化建设，切实保障人民群众的各项基本权利，满足人民群众日益增长的物质精神需求，促进人的自由全面发展，重视生命，保障幸福，造福人民。"以人为本"原则的确立，实现了中国特色社会主义价值观从经济本位价值观向人本位价值观的跃升，进一步明确了社会主义"以人为本"的本质，为社会主义核心价值观的建构指明了方向。

把"以人为本"作为科学发展观的核心价值原则，表明我们党对发展的本质、目的和意义的认识更为深刻：发展的本质是人的发展，创造物质财富也是为了人的发展；发展的目的是满足人民日益增长的物质文化需要；发展的意义在于社会的不断进步和人民生活质量的提高，也就是全体人民能够在不断提高生产效率的基础上分享物质文化发展的成果，实现人自身的全面发展。"以人为本"的本质就是人的全面发展，是马克思主义关于"人的自由而全面的发展"思想的题中应有之义和具体体现。

第二，全面、协调、可持续发展的价值自觉。科学发展观是协调发展的发展观。所谓协调，就是要坚持"五个统筹"，推进生产力和生产关系、经济基础和上层建筑相协调，推进经济、政治、文化建设的各个环节、各个方面相协调。要正确认识和妥善处理中国特色社会主义事业中的重大关系，统筹城乡发展、区域发展、经济社会发展、人与自然和谐发展、国内发展和对外开放，统筹中央和地方关系，统筹个人利益和集体利益、局部利益和整体利益、当前利益和长远利益，充分调动各方面积极性。统筹国内、国际两个大局，树立世界眼光，加强战略思维，善于从国际形势发展变化中把握发展机遇、应对风险挑战，营造良好国际环境。既要总览全局、统筹规划，又要抓住牵动全局的主要工作、事关群众利益的突出问题，着力推进、重点突破。要大力协调城乡发展，协调区域发展，协调产业发展，提高产业竞争力，协调国内发展与对外开放步伐，只有这样才有利于经济社会的持续快速协调健康发展，有利于逐步提高人民物质文化和思想道德健康水平，有利于促进人的全面发展。[①] 科学发展观坚持经济、社会各方面协调发展，深刻地体现了对经济发展、社会发展客观规律的认识，从而在经济社会建设上使价值自觉达到一个新的高度。

综上所述，科学发展观从时代高度回答了"什么是发展"、"为谁发展"、"靠谁发展"和"怎样发展"的重大问题，进一步说明了我们所要建设的应该是一个什么样的社会，所要达到的是一个什么样的目标。科学发展观所贯穿的科学精神、人文精神、创新精神、务实精神，所倡导的统筹原则、协调原则、公平原则、效率原则，具有强烈的价值色彩，实际上属于价值论的范畴。因此，科学发展观的提出，把我们发展的目标进一步引导到核心价值的层面上，集中而鲜明地体现了中国特色社会主义的核心价值。

---

① 田海舰、郭振英：《论科学发展观的价值蕴涵》，《河北大学成人教育学院学报》2009 年第 2 期。

第三章　社会主义核心价值观与生产力和生产关系辩证关系原理的基础契合

　　党的十八大报告指出，中国特色社会主义理论体系，是包括邓小平理论、"三个代表"重要思想、科学发展观在内的科学理论体系，是对马克思列宁主义、毛泽东思想的继承和发展。①

　　中国特色社会主义理论体系的建立是对马克思主义基本原理特别是生产力和生产关系辩证关系原理、经济基础和上层建筑辩证关系原理的继承和发展。按照马克思历史唯物主义基本原理，任何社会都有不同于其他社会的独特的生产力和生产关系、经济基础和上层建筑。社会主义社会作为一种独立的社会形态，同样具有不同于以往社会形态的特殊的生产力和生产关系、经济基础和上层建筑。在当代，科学技术正在成为第一生产力，这表明科学技术形成了社会主义社会的生产力。社会主义生产力问题的提出和明确为中国特色社会主义理论体系建设提供了逻辑起点，能够对当前中国特色社会主义理论体系的热点问题，如社会主义的本质、社会主义初级阶段、社会主义基本经济制度、社会主义政治制度、改革开放和生态文明建设、对外关系、"中国梦"的实现等进行深层次解读，进一步丰富和发展了中国特色社会主义理论体系。

---

　　① 《胡锦涛在中国共产党第十八次全国代表大会上的报告》，2012 年 11 月 17 日。

第一节　历史唯物主义生产力与生产关系
辩证关系原理

一　马克思主义生产力与生产关系辩证关系原理的形成

马克思对生产力与生产关系的研究，对于其唯物史观的形成具有极其重要的意义。可以说，没有对生产力与生产关系的研究，就不会有唯物史观的形成，而马克思对生产力与生产关系的认识，也是从唯心主义转向唯物主义，对生产力与生产关系辩证关系原理的表述，也是从不明确、不成熟到明确、成熟。

在1844年，马克思完成了《1844年经济学哲学手稿》，在这部著作中，马克思深入地分析批判了资产阶级政治经济学、黑格尔哲学和空想社会主义学说，阐明了一系列唯物史观的基本原理，揭示了资本主义社会的自我异化，论证了共产主义条件下对异化的克服，并由此得出了资本主义必然灭亡、共产主义必然胜利的结论。在这部著作中，马克思对生产力与生产关系也作出了相当多的论述，例如，马克思将哲学研究与政治经济学研究结合起来，从他的异化劳动理论出发，从对宗教、国家和法的批判演进到了对市民社会（物质生活关系）的批判，朝着发现历史一般规律迈出了关键性的一步，不仅说明了生产实践在社会发展中的基础性作用，还进一步分析了生产劳动的内在矛盾，涉及生产劳动过程中诸要素之间的相互关系，从而为揭示生产力与生产关系之间的辩证关系奠定了基础。更重要的是，马克思已经认识到人类改造自然界的物质生产是一种社会活动，人们只有在社会中，只有结成一定形式的社会关系，才能同自然界发生关系和从事有目的的生产活动。但是，马克思没有停留在这一点上，而是把它作为确定不移的前提，并沿着这个方向前进。①

在1844年，马克思和恩格斯在巴黎进行了历史性会面，携手创作了

---

① 李胜：《论马克思对生产力与生产关系认识的深化》，《兰州学刊》2007年第8期。

《神圣家族》这一著作，朝着唯物史观的创立又迈进了一大步。在《神圣家族》中，马克思通过对青年黑格尔派唯心史观的批判，揭示了物质生产在历史中的决定作用。他指出：青年黑格尔派把历史同自然科学和工业分开，认为历史的发源地不在尘世的粗糙的物质生产中，而是在天上的云雾中，这是批判的批判在分析社会现象时方法论上的错误。马克思在创立自己的唯物史观时，特别强调生产力对社会历史的决定作用。他说，人们所达到的生产力的总和决定着社会状况，因而，始终必须把人类的历史同工业和交换的历史联系起来研究和探讨。历史的本质就在于，它是受一定生产力发展制约的"一个有联系的交往形式的序列"，因而也就是"生产力的历史"。马克思对生产力的实质及其对人类历史的决定作用的认识，无疑为正在形成中的唯物主义历史观奠定了理论基石。而且，马克思的这一论断表明，要真正认识历史不是抽象地论证，而是要去认识一定历史时期的生产方式。在《神圣家族》中，马克思在评述蒲鲁东的"平等占有"观念时，更明确地指出，实物是为人的存在，是人的实物存在，同时既是作为劳动者的人的存在的确证，又是人对人的社会关系的表现。这种关系在生产过程中，就是人们的社会生产关系。这一观点，无疑是1844年马克思思想发展的最重要的结晶。马克思的上述思想正是处于形成中的关于生产关系的基本思想，但当时他还未能找到适当地表述自己思想的术语，还没有揭示生产关系各要素之间的联系，使之形成完整的科学概念。不论怎样，马克思已关注到生产关系问题，这为马克思进一步从理论上加以总结概括准备了必要和充分的条件。

马克思在《1844年经济学哲学手稿》中，在一定限度内对市民社会进行了经济学解剖，但是还未深入市民社会的深层结构。这个深层结构就是社会发展的动力问题，即生产力在社会发展中的作用问题。对这一方面的研究是通过批判李斯特的《政治经济学的国民体系》进行的。这是马克思继《1844年经济学哲学手稿》之后又一重要的经济学批判手稿。马克思在批判李斯特的过程中，指出李斯特的理论特别是生产力理论的唯心主义性质，从而第一次论证了自己的唯物主义的生产力理论。马克思认为，生产力不是"精神本质"，而是一种物质力量，这样就对构成生产力的基本物质要素作了明确的规定。同时，马克思还把关于物质生产力的观点同关于社会历史发展中的工业制度的观点结合起来，并认为这种力量就是"工业违反自己意志而无意识地创造的生产力"。所以，马克思在此时就已理解到生产力的发展状况与现代工业制度的联系，能从生产力发展的一定水平出发来把握社会的经济关系以及社会转变的内在动因，为创立唯物史观做了必要的理论准备。①

在1845年秋，马克思、恩格斯为了对青年黑格尔派的唯心主义作彻底的清算，共同创作了《德意志意识形态》，这是对《关于费尔巴哈的提纲》的天才萌芽的深入发掘和系统阐发，从而创立了唯物史观，但由于官方的压力和出版商的阻挠，该书在当时未能正式出版，而于1847年发表的《哲学的贫困》就成了马克思第一次公开阐述唯物史观的重要文献。关于生产力与生产关系，在这两部著作中都做了比较详细的论述，在《德意志意识形态》中，由于对社会分工在社会历史发展过程中作用的考察，他们进一步深化了对生产力与生产关系的辩证关系的认识，他们看到生产力的发展所引起的交往形式的变革，是通过分工和所有制的发展表现出来的。在《德意志意识形态》中，马克思、恩格斯从诸种社会关系中划分出物质关系，又从物质关系中划分出交往关系，这种交往关系在一定的所有制形式下，就是交往形式。同时，只有揭示生产力与生产关系的相互作用，才能从整体上把握社会生产，从而真正认识社会的发展规律。在《哲学的贫困》中，马克思用唯物辩证法说明社会历史时得出了一系列重要论断，特别是对于生产力与生产关系的论述。他指出，作为生产中最活跃、最革命的因素——生产力，不仅包括生产工具，而且还包括劳动者本身。"最强大的一种生产力是革命阶级的本身。"马克思对生产力中物的因素，尤其是生产工具的作用给予了充分的肯定，他说："社会关系和生产力密切相联。随着新生产力的获得，人们改变自己的生产方式，随着生产方式即谋生的方式的改变，人们也就会改变自己的一切社会关系。手工磨产生的是封建主的社会，蒸汽磨产生的是工业资本家的社会。"② 生产工具不仅是某一时期生产力发展水平的物质标志，而且还是某一时期生产关系和社会形态的基本标

① 李胜：《论马克思对生产力与生产关系认识的深化》，《兰州学刊》2007年第8期。
② 《马克思恩格斯选集》第1卷，人民出版社，1995，第141页。

志。同时，他还指出：人们不能自由选择自己的生产力——这是他们的全部的历史的基础，因为任何生产力都是一种既得的力量，是以往的活动的产物。由此可以看出，马克思十分强调生产力的决定作用，它构成一定社会形态的物质基础。对于生产关系，马克思认为它是人们在物质生产活动中结成的社会关系。

从《1844 年经济学哲学手稿》到 1847 年《哲学的贫困》的公开发表这段时期内，马克思对生产力与生产关系辩证关系的认识，在整个马克思主义发展史上占有重要地位。正是随着生产力和生产关系辩证关系的发现，马克思才得以阐明唯物史观的其他基本原理，如经济基础和上层建筑辩证关系原理，以及关于社会形态的理论等，唯物史观才成为说明社会历史现象的有血有肉的完整的科学体系。①

二　历史唯物主义生产力与生产关系辩证关系原理的基本内容

生产力与生产关系矛盾运动的规律，是人类社会发展的基本规律。深刻地理解和掌握这一规律具有重要的意义。

1. 生产力

生产力是指人们在描述社会生产活动总体概况时所使用和创造的一个概念。生产力是人类改造自然的能力，是在物质生产过程中形成的人们改造自然并使之适应社会的需要的物质力量，生产力是以人为主体的具有复杂结构的动态系统。② 生产力是人类运用各类专业科学、工程技术，制造和创造物质文明和精神文明产品以满足人类自身生存和生活的能力。③

生产力也是"用来生产物质资料的生产工具，以及有一定的生产经验和劳动技能来使用生产工具、实现物质资料生产的人，以及所有这些因素

---

① 李胜：《论马克思对生产力与生产关系认识的深化》，《兰州学刊》2007 年第 8 期。
② 马克思：《资本论》第 1 卷，人民出版社，第 202 页。
③ http://baike.baidu.com/view/4844.htm.

共同构成社会的生产力"。① 这个定义明确提出生产力有两个要素，即劳动者和生产工具。毛泽东及其他无产阶级革命家都赞同这个定义，都认为生产力要素包括人和工具，于是形成了"生产力两要素论"。后来生产力又发展为三要素，即包括劳动者、劳动工具、劳动对象。生产就是人们使用原材料和工具创造出产品，生产的目的就是创造财富。在生产过程中人们付出的劳动就是劳动力，生产力就是创造财富的能力，能够创造财富、参与创造财富、为创造财富提供了条件的要素都是生产力。②

因此，生产力是"具有劳动能力的人，跟生产资料（生产工具和劳动对象）相结合而形成的征服、改造自然的能力"。生产力是个动态的哲学概念，随着科学技术的发展和经济的增长，其要素和构成也是有所差异的。生产力的发展越来越体现在人类对科学技术的应用上，从生命基因存在的本原状态到科技日益发达的今天，人类改造自然的能力大大提高。科学技术的应用，工业社会的发展，社会化大生产的实现，后工业时代的到来，人类自身思想认识水平的提高，人类精神文化的发展，使人类拥有了按本身意愿来改变自然生存环境的能力③，并且科学技术的因素也越来越发挥着重要的作用。

2. 生产关系

生产关系是人们在社会生产中发生的一定的、必然的、不以人们的意志为转移的关系，即同他们的物质生产力的一定发展阶段相适合的关系。④ 马克思把人的实践活动分为劳动和交往。劳动既是一种物质性的生产活动，同时也是一种关系；交往是指人与人之间的关系，即生产关系。生产关系包括生产资料归谁所有、人们在生产中的地位及关系如何、采取什么样的产品分配形式等。只有把社会关系归结于生产关系，把生产关系归结于生产力的高度发展，才能有可靠的根据把社会实践看作一个历史发展的过程。⑤ 生产关系也是经济关系，包括生产资料的所有制形式、由此产生的各种集团在生产中的地位及其相互关系和完全以它们为转移的产品分配形

---

① 《斯大林选集》下卷，人民出版社，1979，第442页。
② 《马克思恩格斯选集》第1卷，人民出版社，1972，第16页。
③ 《马克思恩格斯选集》第1卷，人民出版社，1995，第56页。
④ 《马克思恩格斯全集》第23卷，人民出版社，1960，第204页。
⑤ 《列宁选集》第1卷，人民出版社，1995，第8页。

式。① 在各种类型的社会中，每个人或每个阶级的社会成员都以各种不同的方式结成一定的生产关系，从事生产活动以解决人类物质生活问题。②

因此，生产关系就是人们在物质资料生产过程中所形成的人与人之间的关系，它是生产方式的社会形式，又称社会生产关系；生产关系是人类社会存在和发展的基础，是人们在物质生产过程中形成的不以人的意志为转移的经济关系。有什么样的生产力基础就要有什么样的生产关系与之相适应，否则就会成为阻碍生产力发展的桎梏。

生产关系包括生产资料所有制形式、人们在生产中的地位及相互关系、产品分配方式等。在生产关系中，生产资料所有制关系是基本的、决定的方面，它构成全部生产关系的基础，有什么样的生产资料所有制关系，在生产活动中就有什么样的人与人的关系，就有什么样的产品分配关系。

第一，生产资料的所有制关系。生产关系主要是由生产资料的所有制关系决定的。在阶级社会中，哪个阶级占有生产资料，哪个阶级就在生产中居于统治和支配的地位；反之，就居于被统治和被支配的地位，他们之间是压迫与被压迫、剥削与被剥削的关系。但在社会主义条件下，广大劳动人民当家作主，已经成为生产资料的主人，呈现社会主义的平等、互助、合作的关系。③

第二，互相交换活动的关系。生产活动中人们之间的地位及相互关系就是互相交换活动的关系，即交换关系。不论在何种社会，生产都不可能孤立地进行，人们只有以一定的方式结合起来共同活动并互相交换其活动才能使生产顺利进行。在现代社会中，互相交换活动的关系不但存在于一个企业或一个生产部门内，而且存在于各个企业或各个生产部门之间，存在于各个领域和区域之间，存在于体力劳动者和脑力劳动者之间等，构成一个相互交叉、相互影响的复杂系统，人们的这种交换关系的性质是由生产资料所有制关系决定的。

第三，生产资料的分配关系。在社会生产过程中，分配关系也是生产关系的重要内容之一。生产的产品最终是为了消费，于是就产生了产品分配的问题，形成了人们之间的分配关系。生产出来的物质财富既要用于个

---

① 《斯大林选集》下卷，人民出版社，1979，第594页。
② 《毛泽东选集》第1卷，人民出版社，1991，第283页。
③ 廖盖隆、孙连成、陈有进：《马克思主义百科要览》，人民日报出版社，1993，第467页。

人的生活消费，也要用于再生产和扩大再生产以满足社会公共需要，分配关系也是由生产资料的所有制关系决定的。①

历史上在社会中占统治地位的生产关系，依据生产资料所有制关系的性质区分为两种基本类型。一种是以生产资料公有制为基础的生产关系，其根本特征是：生产资料为劳动者共同占有，人们在生产过程中处于平等地位，产品分配上不存在剥削。另一种是以生产资料私有制为基础的生产关系，其根本特征是：生产资料归少数非劳动者占有，劳动者占有很少或根本没有生产资料并在生产中处于被支配地位，人与人的关系包含剥削关系。

3. 生产力与生产关系矛盾运动的规律

生产力和生产关系是社会生产不可分割的两个方面。在社会生产中，生产力是生产的物质内容，生产关系是生产的社会形式，二者的有机结合和统一，构成社会的生产方式。生产力与生产关系的相互关系是：生产力决定生产关系，而生产关系又反作用于生产力。

第一，生产力决定生产关系。在二者的矛盾运动中，生产力是居支配地位、起决定作用的方面。首先，生产力状况决定生产关系的性质。历史上的各种生产关系都是适应一定的生产力发展需要而产生的。有什么样的生产力，就会产生什么样的生产关系。马克思说："手推磨产生的是封建主的社会，蒸汽磨产生的是工业资本家的社会。"② 可见，生产力状况是生产关系形成的客观前提和物质基础。其次，生产力的发展决定生产关系的变革。生产关系是生产力发展需要的产物，只有当它为生产力提供足够的发展空间时才能够存在。随着生产力的发展，原本适合生产力状况的生产关系便由新变旧，走向自己的反面。"为了不致失掉文明的果实，人们在他们的交往方式不再适合于既得的生产力时，就不得不改变他们继承下来的一切社会形式。"③ 当生产关系不能适应生产力的发展要求时，人们就要变革旧的生产关系，建立新的生产关系，以适应生产力的发展。④

---

① 陈先达、杨耕：《马克思主义哲学原理》，中国人民大学出版社，2010，第182~206页。
② 《马克思恩格斯选集》第1卷，人民出版社，1995，第142页。
③ 《马克思恩格斯选集》第4卷，人民出版社，1995，第533页。
④ 本书编写组：《马克思主义基本原理概论》（2013年修订版），高等教育出版社，2013，第104页。

第二，生产关系对生产力具有能动的反作用。主要表现为两种情形：当生产关系适合生产力发展的客观要求时，它对生产力的发展起推动作用；当生产关系不适合生产力发展的客观要求时，它就会阻碍生产力的发展。生产关系对生产力反作用的实际过程和情形是十分复杂的。新的生产关系总体上基本适合生产力发展，但并不排除它的某些环节或方面不适合生产力状况而阻碍其发展；旧的生产关系总体上基本不适合生产力发展，但也不排除它的某些环节或方面的调整和改变，能够暂时地、局部地对生产力发展有一定的促进作用。生产关系落后于生产力固然会阻碍其发展；而由于人为的原因使某种生产关系"超越"生产力水平，这种"拔高"了的生产关系也会阻碍生产力的发展。在一定条件下，生产关系对生产力的反作用尤为突出。"当着不变更生产关系，生产力就不能发展的时候，生产关系的变更就起了主要的决定的作用。"①

生产力与生产关系的相互作用是一个过程，表现为二者的矛盾运动。这种矛盾运动中的内在的、本质的、必然的联系，就是生产关系一定要适合生产力发展状况的规律，亦称生产力与生产关系的矛盾运动规律。这一规律就内容看，概括了生产力和生产关系相互作用的两个方面：一方面，生产力的发展状况决定一定的生产关系的产生及其变化发展的方向和形式；另一方面，生产关系反作用于生产力，当生产关系适合生产力的发展状况时对生产力发展起着促进作用，反之将起着阻碍作用。从过程上看，这一规律表现为生产关系与生产力总是从基本相适合到基本不相适合，再到基本相适合；与此相适应，生产关系也总是从相对稳定到新旧更替，再到相对稳定。生产力和生产关系的这种矛盾运动循环往复，不断推动社会生产发展，进而推动整个社会逐步走向高级阶段。②

掌握生产力与生产关系矛盾运动规律具有极为重要的理论意义和现实意义。首先，这一原理在人类思想史上彻底否定了以"道德说教"评判历史功过是非的思想体系，第一次科学地确立了生产力发展是"社会进步的最高标准"。马克思明确指出，判断一个变革时代不能以该时代的意识为依

---

① 《毛泽东选集》第 1 卷，人民出版社，1991，第 325 ~ 326 页。

② 岳影、张国政：《马克思主义视角下的资本主义命运》，《世纪桥》2009 年第 8 期。

据，相反，这个意识必须"从社会生产力和生产关系之间的现存冲突中去解释"。① 正是根据上述根本观点，马克思主义正确阐释了社会形态的演进过程及其历史正当性问题；正确评价了历史和现实中的事件、人物以及各种社会集团的理论、主张等，为正确认识社会和历史提供了基本观点和方法。其次，生产力与生产关系矛盾运动规律是马克思主义政党制定路线、方针和政策的重要依据。马克思主义政党必须自觉地认识和把握这一规律，把解放生产力、发展生产力，不断扫除生产力发展的障碍作为自己制定路线、方针和政策的出发点和归宿。在当前，学习和运用马克思主义关于生产力与生产关系辩证关系原理，就要敏锐地把握社会先进生产力的发展趋势和要求，坚持以经济建设为中心，积极投身改革开放和现代化建设，不断推进理论创新、制度创新和科技创新，把中国特色社会主义建设事业推向前进。②

第二节　中国特色社会主义与生产力和生产关系辩证关系原理的发展

中国特色社会主义理论对历史唯物主义生产力和生产关系辩证关系理论作出了重大发展，提出了社会主义生产力基础、社会主义生产力与中国特色社会主义理论体系逻辑起点、社会主义生产力与社会主义的本质等一系列重大理论创新。

一　社会主义生产力基础

（一）关于社会主义生产力基础的探索

1. 马克思关于社会主义生产力基础的探索

马克思指出，"各种经济时代的区别，不在于生产什么，而在于怎样生

---

① 《马克思恩格斯选集》第 2 卷，人民出版社，1995，第 33 页。
② 本书编写组：《马克思主义基本原理概论》（2013 年修订版），高等教育出版社，2013，第 106 页。

产，用什么劳动资料生产"。① 马克思认为任何社会都有自身不同于其他社会的特殊的生产力，也就是说，任何社会都有自身的生产力基础。现已明确，原始社会的生产力基础是以石器工具为代表的石器生产力；奴隶社会的生产力基础是以青铜工具为代表的铜器生产力；封建社会的生产力基础是以铁制工具为代表的铁器生产力；资本主义社会的生产力基础是以机器体系为代表的机器大工业生产力。

社会主义是一种新的社会制度，当然应该有自己的生产力基础。但对于社会主义的生产力基础究竟是什么，由于历史和时代的限制，马克思没有给予明确的回答，但给出了以下一些重要的研究思路和原则。

第一，非社会化生产力不是社会主义的物质基础。在马克思看来，非社会化生产力，如手工业和农牧业生产力，是比资本主义生产力还要落后的旧生产力。因此非社会化生产力不是社会主义的物质基础。

第二，社会化大生产也不都是社会主义的物质基础。马克思认为，社会化生产力首先是资本主义的物质基础，因此也并不都是社会主义的生产力基础。

第三，作为社会主义生产力基础的，只能是某种特定的"新生产力"。这种"新生产力"的本质是为资本主义生产关系所无力容纳的生产力，而在社会主义生产关系下可以有力地促进其功能的发挥，创造出更高的劳动生产率。

社会主义生产力问题，是当代马克思主义面临的一个重要理论和现实问题，需要当代马克思主义者运用历史唯物主义原理，在对当代社会主义的生产力深入研究的基础上加以回答。

2. 社会主义生产力基础与苏联解体的教训

毫无疑问，20 世纪社会主义苏联的崛起和最终失败是当代最重大的历史事件之一，但苏联社会主义的失败不能简单归咎于个别领导人的失误，它有着深刻的政治、经济、社会等多方面的原因，是对马克思的科学社会主义原则的不正确坚持，特别是对社会主义的生产力基础问题不正确解决所致。特别是斯大林以后的苏联领导人赫鲁晓夫、勃列日涅夫、

---

① 《马克思恩格斯全集》第 23 卷，人民出版社，1972，第 204 页。

戈尔巴乔夫等，对社会主义的生产力基础问题的回答是不成功的。虽然他们对改变高度集中为特点的社会主义模式做了各种尝试，但始终认为苏联的社会主义生产力基础是机器大工业，没有认识到社会主义真正的生产力基础是以现代科技为代表的信息生产力。特别是戈尔巴乔夫领导的苏联改革，没有抓住新科技革命所带来的历史性机遇，离开生产力的发展奢谈"人道主义"和"社会民主"，使得 80 年代中期以后，苏联的经济发展速度不断下降，加剧了政治危机和民族危机，最终走向解体，教训是惨痛的。

（二）中国特色社会主义关于社会主义生产力基础的研究

1. 毛泽东思想的回答

以毛泽东同志为代表的中国共产党人，领导新民主主义革命胜利，成功实现了中国历史上最深刻最伟大的社会变革，为新时期开创中国特色社会主义提供了宝贵经验、理论准备、物质基础。[①] 在新民主主义革命取得伟大胜利后，以毛泽东同志为主要代表的中国共产党第一代领导人，又开始了在中国领导社会主义建设的伟大历史征程。在这个过程中，对新的历史条件下中国如何建设社会主义，他们在理论和实践上进行了多方面新的探索，积累了很多宝贵的经验和教训。由于时代的限制，毛泽东同志认为社会主义的生产力基础是机器大工业，没有明确认识到现代科学技术是社会主义的生产力基础。

2. 邓小平理论的回答

改革开放以来，以邓小平同志为核心的中国共产党的第二代领导集体带领全党全国各族人民全面进行中国特色社会主义建设，在这个过程中，邓小平同志深刻总结了我国社会主义建设正反两方面经验，对中国特色社会主义理论进行了深入思考，在此基础上创立了邓小平理论。"科学技术是第一生产力"的论断是邓小平理论对当代科学技术在生产力发展中作用的高度概括。邓小平同志提出的"科学技术是第一生产力"的思想和社会主义本质论的思

[①] 《习近平在十八届中共中央政治局第一次集体学习时的讲话》，《人民日报》2012 年 11 月 19 日。

想结合在一起，表明现代科学技术已经成为社会主义的生产力基础①，同时也表明邓小平理论对社会主义生产力基础问题作出了正确回答。

3. "三个代表"的回答

以江泽民同志为主要代表的中国共产党第三代领导集体，在建设中国特色社会主义的伟大实践中，认真进行理论升华和总结，提出了"三个代表"重要思想。江泽民同志指出，"中国共产党必须始终代表中国先进生产力的发展要求，代表中国先进文化前进方向，代表中国最广大人民的根本利益"。② 社会主义的生产力基础是"三个代表"思想提出的重要依据。"三个代表"所说的先进生产力，是指作为社会主义生产力基础的现代科技新生产力，中国共产党人在代表先进生产力的同时，也必然代表最广大人民群众的利益和先进文化的前进方向，"三个代表"思想也是对社会主义生产力基础进一步的正确回答。

4. 科学发展观的回答

以胡锦涛为总书记的新一代领导集体高度重视中国特色社会主义理论体系创新，根据中国特色社会主义建设新的发展要求，提出了全面协调可持续的、以人为本的"五个统筹"的科学发展观，在此基础上，又提出了建设创新型国家、增强自主创新能力等创新发展战略方针。科学发展观在更深入和具体的层次上指出了打造社会主义生产力基础的任务，是在新时期对社会主义生产力基础问题的进一步明确回答。

5. "四个全面"的回答

党的十八大以来，以习近平为总书记的党中央在新的历史条件下，提出"四个全面"，即全面建成小康社会、全面深化改革、全面依法治国、全面从严治党。"四个全面"对于坚持和完善中国特色社会主义理论体系具有重大现实意义和深远历史意义。"四个全面"第一次将全面建成小康社会定位为"实现中华民族伟大复兴中国梦的关键一步"，使其成为贯穿完善中国特色社会主义理论体系的一条纵线。"四个全面"第一次将全面深化改革的总目标确定为"完善和发展中国特色社会主义制度"，第一次将全面依法治

---

① 《胡锦涛在中国共产党第十八次全国代表大会上的报告》，2012 年 11 月 17 日。
② 乔旺：《关于"发展先进文化，就是建设社会主义精神文明"的思考》，《内蒙古宣传》2001 年 Z1 期。

国论述为深化改革的"姊妹篇"，使全面深化改革和全面依法治国成为贯穿完善中国特色社会主义理论体系的两条横线。"四个全面"第一次将全面从严治党标定路径，从而打造我们事业更加坚强的领导核心，这样从严治党成为把握中国特色社会主义理论体系的一条竖线。"四个全面"的实现是和社会主义生产力基础的建立相一致的，是历史唯物主义生产力与生产关系原理的当代发展。

（三）社会主义生产力的特点

综上所述，社会主义生产力具有以下特点。

1. 信息性特点

首先从劳动者来说，随着科学技术的进一步发展，现代生产力的发展趋势使劳动者的结构正在由体力为主转向脑力为主，劳动者的科技素质和文化素质将进一步提高，这样的劳动者将使生产力几倍、几十倍地增长。其次从劳动资料来看，劳动资料本身是科学技术的物化，运用以信息化为主要特征的现代化生产工具，可以大大提高生产力和劳动生产率。最后从劳动对象的进步来看，不管是自然资源的开发和材料的深度加工，还是新材料的开发、创造，通过信息化都能够在遵循自然规律的前提下实现物质和能量的有效循环和转化。

上述情况表明，现代科技生产力具有的信息性特点，使人工自然的转化性和天然自然的循环性有机结合，实现自然界物质和能量的有效转化，为合理解决一直困扰人类社会的物质与能量缺乏问题提供条件，这些都充分表明现代科技生产力已成为社会主义的生产力基础。

2. 符号性特点

突出表现是文化产业具有规模性、营利性、结构性、标志性等特点，表明具有强烈的符号性特点的文化已经形成生产力。这样的科技生产力能够克服有形产品的边际递减效应，实现符号产品的边际递增效益，为人民提供更好更多的精神食粮，这些同样为合理解决一直困扰人类社会的物质与能量缺乏问题创造条件，形成社会主义的生产力基础。

3. 民本性特点

民本性特点指的是在当代由于科学技术成了第一生产力，劳动过程向劳动者回归，极大地提高了劳动者的主体功能，使劳动资料和劳动主体分离的趋势得以克服，形成了以知为本的机制，或称知本主义。当代科技生产力的民本性功能的发挥，为党的十八大提出的改善民生和创新管理中加强社会建设，推动实现更高质量的就业，充分发挥群众参与社会管理等任务的完成提供了基础和条件，同时也表明现代科技生产力成为社会主义的生产力基础。

（四）社会主义生产力与中国特色社会主义理论体系逻辑起点

现代科技生产力成为社会主义社会的生产力基础，使得社会主义生产力得以明确，进而为中国特色社会主义理论体系的建立提供了逻辑起点。

首先，社会主义生产力基础的明确能够进一步明确社会主义本质，回答为什么解放和发展社会生产力是中国特色社会主义的根本任务、共同富裕是中国特色社会主义的根本原则、和谐是中国特色社会主义的本质属性等问题。

其次，社会主义生产力基础的明确能够进一步明确社会主义经济制度的本质，由此能自觉坚持社会主义基本经济制度，以更积极的姿态推进改革开放。此外还能够进一步明确社会主义政治制度须坚持人民主体地位，保证人民平等参与、平等发展权利等问题。

再次，社会主义生产力基础的明确能够进一步明确我国目前处于社会主义初级阶段，我国的生产力具有二重性特点：既包括机器大工业等传统生产力，又包括现代科技生产力。

复次，社会主义生产力基础的明确还能够进一步明确在社会主义初级阶段，我国需要不断进行改革开放，促进社会主义生产力和生产关系进一步适应，同时还需要通过和平发展，推动建设持久和平、共同繁荣的世界。因此和平发展是中国特色社会主义的必然选择。

最后，社会主义生产力基础的明确能够充分发挥科技生产力对自然界的保护作用，明确"中国梦"的实现条件，把生态文明建设放在突出地位，努力建设美丽中国。

总之，社会主义生产力基础问题的明确能够进一步完善中国特色社会主义理论体系建设，为其理论体系的建立提供逻辑起点。

1. 社会主义生产力与社会主义初级阶段

党的十八大报告指出，我国仍处于并将长期处于社会主义初级阶段的基本国情没有变，在任何情况下都要牢牢把握社会主义初级阶段这个最大国情。在社会主义初级阶段我国社会主义建设的根本任务，是进一步解放生产力、发展生产力，逐步实现社会主义现代化，因此对社会主义生产力与社会主义初级阶段关系的分析具有重要意义。

马克思指出，"人们自己创造自己的历史，但是他们并不是随心所欲地创造，并不是在他们自己选定的条件下创造，而是在直接碰到的、既定的、从过去承继下来的条件下创造。"① 我国目前处于社会主义初级阶段，是由目前我国生产力及由其决定的生产关系具有二重性特点决定的。

上文提到，社会主义初级阶段生产力既包括机器大工业等传统生产力，又包括现代科技生产力。现阶段生产力基础之所以包括机器大工业等传统生产力，主要由于现实的社会主义国家是在生产力落后的国家建立的，由于生产力的发展具有连续性，建立在机器大工业基础上的传统的生产力是社会主义国家不可逾越的。我国现阶段生产力基础包括现代科技生产力，这是由中国共产党人通过建设中国特色社会主义伟大实践和理论证明了的，如邓小平同志所讲："一句叫做科学技术是生产力；一句叫做中国的知识分子已经成为工人阶级的一部分。当时，所以要讲这两条，是因为有争论。七年过去了，争论已经解决了。结论是谁做的？是实践做的，群众做的。"②

2. 社会主义生产力与生态文明建设

党的十八大报告高度重视生态文明建设，指出要充分发挥科技生产力对自然界的保护作用，坚持节约资源和保护环境的基本国策。③ 不同的生产力对自然界的变化产生的影响不同，因此我国生态文明建设同样和社会主义生产力密切相关。

第一，机器大工业生产力对自然界的破坏。随着经济增长、工业化和城市化进程，人类活动已开始扩展到整个地球生物圈、水圈、大气圈

---

① 《马克思恩格斯选集》第 1 卷，人民出版社，1995，第 585 页。
② 《邓小平文选》第 3 卷，人民出版社，1993，第 107 页。
③ 《党的十八大精神宣讲提纲》，《时事报告》2012 年第 12 期。

等，机器大工业生产力对自然界的生态环境带来严重的破坏，出现了一系列的全球性生态问题，如大气污染、水污染、臭氧层破坏等一系列环境问题。

第二，现代科技生产力对自然界的保护。现代科技生产力对自然界具有保护作用，表现在如下方面。

首先，信息化保护作用。随着知识和信息经济的崛起，信息生产对自然界的保护作用日益凸显。在当前要建设好生态文明，必须充分发挥科技生产力对自然界的保护作用。对此，党的十八大报告指出，面对资源约束趋紧、环境污染严重、生态系统退化的严峻形势，要推进信息网络技术的广泛运用，加快物质经济向信息经济的转变。

其次，循环性保护作用。由于现代科技生产力具有循环性，因此在科技生产力的实现过程中，能够实现非循环性到循环性的转变。在向自然界"索取"的同时，也要考虑到"给予"，即通过人的实践活动，建立起物质交换、能量流通和信息传递的良性循环，保护自然界。因此，要充分发挥现代科技生产力对自然界的保护作用，全面促进资源节约，推动资源利用方式根本转变，努力走向社会主义生态文明新时代。①

3. 社会主义生产力与对外关系

20世纪80年代以来，中国的崛起在世界上已经成为一个引人注目的现象，成为国际社会广泛关注的热点之一。尽管我国领导人在不同场合多次明确阐述了和平发展的愿望，但很多西方学者认为，历史上并无和平崛起的先例，中国同样无法在和平中崛起。因此有必要从社会主义科技生产力特点说明中国和平崛起的现实性。

第一，机器大工业的生产力基础决定存在非和平崛起的可能性。在传统工业化阶段，尤其是在重工业化时期，由于对原材料的大量需求，各国之间，尤其是传统大国和新兴大国之间，对地球有限资源的争夺是不可避免的。后发国家在工业化的起飞阶段拥有某些优势的同时，在资源方面，也面临着与先发国家的激烈争夺。②

① 《胡锦涛在中国共产党第十八次全国代表大会上的报告》，2012年11月17日。
② 张燕军：《自然资源、技术与中国的和平崛起》，《宜宾学院学报》2006年第9期。

中国社会主义初级阶段的生产力包括机器大工业，其生产力要素主要是以物的形式体现，在资源的总量一定的情况下，也存在对资源的争夺和占有，因而也存在非和平发展的可能性。① 由于我国社会主义初级阶段生产力存在传统生产力，在这一时期不可避免地遇到了由于生产力基础相对落后而产生的一系列严重的困难与问题，我国面临的生存安全问题和发展安全问题、传统安全威胁和非传统安全威胁相互交织，要求国防和军队现代化建设有一个大的发展。但这仅仅说明了中国存在非和平崛起的可能性，而这只是问题的一个方面，并且是非主要的方面。②

第二，科技生产力决定了和平崛起的现实性。社会主义初级阶段的生产力包括科技生产力等现代生产力。在科学技术成为第一生产力的情况下，可以充分发挥信息资源可共享、具有非稀缺性等优势，从而打破为争夺资源和市场而战的传统的非和平崛起方式。因此我国现代科技生产力决定了中国和平崛起的现实性。在当前情况下，我国要充分利用科技生产力信息性和符号性特点，以消耗较少的资源来实现经济增长，在自主的基础上，在国际、国内资源可以承受的范围内，发展循环经济，节省资源，把和平崛起由可能性变为现实性。

为了把这种可能性变为现实性，还必须创造一个和平与发展的国际环境，对此，党的十八大报告指出，中国人民热爱和平、渴望发展，愿同各国人民一道为人类和平与发展的崇高事业而不懈努力。

4. 社会主义生产力与中国梦的实现

习总书记在参观《复兴之路》展览时强调，"何谓中国梦？我以为实现中华民族的伟大复兴就是中华民族近代最伟大的中国梦"。③ 通过社会主义生产力的研究能够明确"中国梦"的实现条件。

第一，"中国梦"的实现需要物质基础保证，特别是生产力基础保证。解放和发展社会生产力是中国特色社会主义的根本任务，社会主义就是要创造出比资本主义更发达的生产力，使人民群众享受更多的实际利益，使社会主义更好地显示出自己的优越性，从而保证"中国梦"的

---

① 郑文范：《社会主义初级阶段二重性特点探析》，《人民论坛》2010 年第 8 期。
② 《胡锦涛在中国共产党第十八次全国代表大会上的报告》，2012 年 11 月 17 日。
③ 《习近平接受拉美三国媒体联合书面采访》，《人民日报》2013 年 6 月 1 日。

实现。

第二，"中国梦"的实现需要生产关系保证，即经济基础保证。解放和发展社会生产力能够实现共同富裕，完善收入分配制度，使发展成果更好地惠及全体人民，通过社会主义生产力的发展为"中国梦"实现提供生产关系保证。

第三，"中国梦"的实现需要社会制度保证。解放和发展社会生产力，能够使全体人民享有平等参与、平等发展的权利，让人民从生活的一点一滴中，感受到社会主义制度的温暖和力量，通过社会主义生产力的发展为"中国梦"实现提供社会制度保证。

第四，"中国梦"的实现需要对外关系保证。我国社会主义生产力特点决定和平发展是"中国梦"的必然选择。"中国梦"不仅造福中国人民，而且造福世界各国人民，"中国梦"是对世界文明和人类的贡献，通过社会主义生产力的发展为"中国梦"实现提供对外关系保证。

第五，"中国梦"的实现需要改革开放保证。"中国梦"的实现需要解放束缚科技生产力发展的旧体制和旧观念等，使生产关系适应科技生产力的发展，使上层建筑适应科技生产关系的发展。通过社会主义生产力的发展能够推动改革开放的不断进行，进而为"中国梦"的实现提供改革开放保证。

第六，"中国梦"的实现需要生态文明保证。解放和发展社会主义生产力可以不断推进生态文明建设，在该过程中，生态文明能够充分融入经济建设、政治建设、社会建设等各方面，彻底扭转环境恶化趋势，建设美丽中国，从而通过社会主义生产力的发展为"中国梦"的实现提供生态文明保证。

二　社会主义生产关系

（一）社会主义生产关系的内涵及形式

我国现阶段社会主义经济制度是以公有制为主体、多种所有制经济共同发展，这种基本经济制度同样是由社会主义生产力的特点决定的。

根据历史唯物主义基本原理，生产力发展状况决定了与之相适应的生产关系形式。在当代，随着生产力的发展，科学技术成了第一生产力，同样需要有其特定的新的生产关系形式。在我国，这种新的生产关系形式只能是社会主义公有制。

首先，科技生产力的"公有性"决定了公有制的选择。在当代，科学技术主要以符号等形态存在，本质上是一种"公有物品"。而对"公有物品"的合理配置要求根据社会劳动者的利益进行充分利用，在原则上对其使用不应加以限制，因此在生产关系方面，只有采取公有制的形式，才能实现对科学技术这种"公有物品"的合理利用，完成由间接生产力到现实生产力的转化。

其次，现代科学技术的人格化代表的特点决定了公有制的实现。为了使现代科技生产力合理使用和有效配置，需要使其人格化，其标志是科技劳动者队伍的形成和新型工人阶级队伍的壮大，这需要一种最终能调动劳动者积极性、维护劳动者根本利益的所有制形式与之相适应，这种所有制只能是社会主义公有制。

我国现阶段对应的生产力还包括手工生产力、机器生产力等传统生产力，传统生产力具有有形性，要求产权明晰。我国生产力的多层次性决定了非公有制的存在，这是在社会主义初级阶段非公有制建立的生产力基础。对此，党的十八大报告指出，要毫不动摇地巩固和发展公有制经济，推行公有制多种实现形式，同时要毫不动摇地鼓励、支持、引导非公有制经济发展，公平参与市场竞争，同等受到法律保护。

（二）社会主义生产关系与社会主义初级阶段

我国现阶段生产力的二重性特点决定了其生产关系的二重性特点：社会主义初级阶段的基本经济制度既有社会主义经济制度的共性，又有社会主义经济制度的特性。其共性是社会主义初级阶段以公有制经济为主体，其特性是社会主义初级阶段还存在多种非公有制经济。社会主义初级阶段的基本经济制度的共性方面存在于社会主义初级阶段、中级阶段和高级阶段，是不断成熟和发展的过程，而社会主义初级阶段的基本经济制度的特性方面，到社会主义高级阶段将退出历史舞台。

（三）社会主义生产力和生产关系的矛盾与深化改革

1978 年，中国共产党召开了具有重大历史意义的十一届三中全会，开启了改革开放历史新时期。从此，中国共产党人和中国人民走上了改革开放的道路。改革开放的伟大实践，使中国人民的面貌、社会主义中国的面貌、中国共产党的面貌发生了历史性变化。

1. 生产力和生产关系辩证关系原理与改革

一种新的社会形态的建立是适应当时的生产力发展要求的，因而，新的社会形态的生产关系与生产力是相互适应的。然而生产关系与生产力的相互适应在客观上会促进生产力的发展，生产力的发展反过来又会要求新的生产关系与之相适应。当生产力发展处在量变阶段没有实现主导生产要素变化的时候，生产关系就不用实现根本性变革，但是生产关系要随着生产力的发展不断进行调整，这种调整就是改革。从奴隶社会到资本主义社会，每一个社会形态都进行了改革。即使是社会主义社会，也不例外。正像恩格斯所说的，社会主义并不是一成不变的，也是需要不断变化和调整的。

在生产力与生产关系的前不适应期，需要通过发展生产力适应新的生产关系。发展生产力就需要建立起与之适应的新的生产关系。因此，在新的生产关系刚建立起来的时候，在一定程度上保留适应落后生产力的生产关系是不得已的选择。如果超越了生产力发展的阶段而建立超高水平的生产关系，不但不能促进生产力的发展，反而还要阻碍生产力的发展。因此，要通过改革解决生产力与生产关系的前不适应问题。

党的十一届三中全会以后，邓小平充分肯定了毛泽东关于社会主义社会基本矛盾的理论。他在总结历史经验教训的基础上，对社会主义社会的基本矛盾，特别是社会主义初级阶段的主要矛盾状况进行了深入思考，在新的实践中丰富和发展了这一理论，为社会主义改革提供了理论基础。其主要内容如下。

第一，判断一种生产关系和生产力是否相适应，要从实际出发，具体问题具体分析，主要看它是否适应当时当地生产力的要求，能否推动生产力发展。实践证明，一些即使是社会主义性质的生产关系，如果超越了社会主义初级阶段的生产力水平，也会阻碍生产力的发展，因而与生产力的发展相矛盾。而一些就其性质来说不是社会主义的生产关系，只要适合社会主义初级阶段的生产力水平，能够推动生产力的发展，也是与生产力的发展相适应的，因此也应当允许其存在和发展。

第二，提出在社会主义社会依然有解放生产力的问题。邓小平突破了长期以来把解放生产力只是同一个阶级推翻另一个阶级的革命联系到一起的认识，明确提出社会主义制度建立后仍然有一个解放生产力的问题，从而为改革开放提供了坚实的理论基础。他指出，生产力发展水平低，远远不能满足人民和国家的需要，是社会主义初级阶段的主要矛盾，解决这个主要矛盾的途径是发展生产，为此，必须把党和国家工作的重点转移到以经济建设为中心上来。

第三，指出了解决社会主义初级阶段主要矛盾的途径是改革。在处理社会主义社会的矛盾问题上，过去我们的失误除了相当长的时期内不适当地强调"以阶级斗争为纲"外，在发展生产力的方法上也存在偏差。邓小平继承了毛泽东关于社会主义社会基本矛盾必须通过社会主义制度自身的不断完善加以解决的正确主张，并从历史经验教训出发，找到了社会主义社会发展的基本形式，即改革是解放和发展生产力的必由之路。

2. 我国实行改革的必要性

我国是经济文化相对落后的国家，但先于发达资本主义国家进入社会主义社会。这具有客观的历史条件，是科学社会主义的新胜利。但同时社会主义事业不可避免地遇到了由于经济文化相对落后而产生的一系列严重的困难与问题，因此我国的社会主义改革具有必要性。

第一，通过改革发挥传统产业优势，促进经济增长。经济全球化强调各国之间的经济协作与合理分工。中国在经济全球化背景下参与国际竞争，需要充分认识和发挥自身的比较优势，应该谋求一种具有竞争优势的比较优势，通过引进、创新等方式获得超越传统意义上的劳动力资源禀赋的比较优势。它包括生产技术密集型产品的低成本优势和在产业升级基础上形成的比较优势，应该将这种比较优势转化为与世界级竞争对手较量的竞争优势。

中国与发达国家不同。20 世纪末，美国等发达国家开始了新的科技革命，并由此进入了新经济时代，而中国基本处于传统产业经济基础上。新科技革命的显著特征是依靠微电子技术、计算机技术、通信技术、信息高速公路等现代先进科技，推进信息技术的应用与普及。据美国 *Business Weekly* 1996年12月30日刊登的文章介绍，新经济是指在经济全球化背景下，信息技术革命以及由信息技术革命带动的以高新科技产业为龙头的经济。

我国将来确实要发展高新技术产业，但是高新技术产业是目前我国不具备技术优势的产业。而我国现在有竞争力，并且将来在本土市场发展空间比较大的产业，恰恰是传统产业。中国目前具有出口竞争力的产品基本上是传统产业的产品。

今后几十年，传统产业将是中国经济增长的基本支柱，是消费者进行消费的主要领域。要通过改革发挥传统产业优势，促进经济增长。传统产业应尽快利用信息技术所提供的新平台，壮大和发展自己。传统产业在相当长时间内仍是我国经济增长率的源泉。我国作为一个发展中国家，尽管新兴产业也发展很快，但技术相对落后，体制上也有许多不适应的地方，但完全可以通过改革在可以预见的将来，使传统产业更快增长，继续成为我国较高增长率的主要源泉。

第二，通过改革充分利用比较优势，确立技术发展战略。发展经济学中有一个重要的概念就是适当的技术，它不是最新、最好、最高的技术，而是最有竞争力的技术，是符合现阶段发展能力、现阶段发展优势的技术。适当的技术就是需要符合自身的行业特点，一个基本的标准是什么能使企业获利。在当今世界竞争愈演愈烈的情况下，企业必须认真思考这些问题，因为任何事物都不具有绝对的优势。

传统产业之所以成为一个国家的竞争优势，一个重要的原因是它已经被别人研究过，风险成本要低得多，因为已经了解它的技术，而且一系列法律、法规、技术准则也都完备。因此我们可以免费地学习，可以模仿。而对于新兴产业，大家都是同时起步，刚刚开始，要同时承担创新的风险。而创新是有成本、有风险、有代价的。所谓后发优势就是要降低这个代价，设法获得低成本的技术、低成本的知识，逐步超越，而不是步别人的后尘。

我国要通过改革充分利用比较优势，确立技术发展战略，使技术创新能力成为企业竞争力的核心。在科学技术迅猛发展的今天，企业竞争力的高低越来越取决于企业的创新能力。重要的是企业研究开发具有自主知识产权的核心技术和主导产品，增加技术储备，真正成为技术创新的主体；进行多种形式的产学研联合，与高等院校、科研院所建立起稳定的合作关系，依托其科研优势，把握科技发展趋势，跟踪国际上先进的科技成果，在此基础上消化吸收，形成自己的技术优势；采用先进技术，不断改造现有工艺装备，调整产品结构，提高产品档次，实现产品、技术的升级换代。

在任何时代总是以先进生产力不断取代落后生产力，带动整个社会生产力的发展。18 世纪 60 年代以蒸汽机发明为标志的第一次技术革命，使社会生产力获得了一次大的飞跃，人类从农业社会进入工业社会。19 世纪后半叶开始的以电力应用为特征的第二次技术革命，不仅极大地促进了社会生产力的发展，而且使科学技术成了资本竞争的重要力量。20 世纪 50 年代以来的以核技术、电子技术、空间技术、新材料技术、生物技术、海洋技术等一系列现代高科技为特征的第三次技术革命，更是极大地促进了生产力的发展，并为改革带来了强大动力。

第三，通过改革获得科技创新的超前性。每一个时代的先进生产力，总是以科技创新作为先导。生产工具是生产力发展水平的客观标志。当一种新的生产工具被发明、使用而大大提高了生产效率时，这一新的生产工具就表现为先进的生产力，它会很快取代落后的生产工具为社会所普遍推广。

从生产力的发展进程看，大致经历了手工生产、大机器生产和自动化生产不同的历史形态，而生产工具也经历了由青铜器取代石器、铁器取代青铜器、手工工具和机器生产取代人手和人力、电脑代替人脑对生产过程实行自动控制和信息化处理的变革过程，生产工具这一系列变革，每一次都体现了先进生产力取代落后生产力，推动社会向前发展。机器大工业的发展，把巨大的自然力和自然科学并入生产过程，以先进生产工具代替人力而提高了生产效率。[1]

在后工业时代，必须通过改革获得科技创新的超前性，特别是把计算

---

① 王根虎：《科技创新是推动先进生产力发展的关键》，《山西高等学校社会科学学报》2003年第 3 期。

机的应用作为组织生产与工艺流程，合理组织劳动力和其他生产要素，精确计划和核算的重要手段，从而使社会生产力得到突飞猛进的发展，充分证明科技进步和科技创新是社会先进生产力发展的先导。

第四，通过改革发展循环经济。我国后工业产业自然与循环经济战略紧密相连。传统经济是单向流动的线形经济，其运行模式是"资源—产品—污染物"。这就直接导致了传统经济资源高消耗、物质和能量低利用以及污染物高排放的"两高一低"的特征。"因而，传统经济本质上是将自然资源不断地变为废物污染的过程，是以反向增长的自然代价来实现经济在数量上的短期增长，其对资源的利用是粗放型、一次性的。"

在人类对传统经济的这一本质具有清醒的认识之后，人类迫切需要把循环经济的经济活动组织成一个"资源—产品—再生资源"的反馈式非线性经济。也就是说，在循环经济发展模式下，不仅要从资源利用的源头减少浪费，还要通过不断地改进科学技术手段实现资源利用率的提高，更重要的是要通过物质流动的多重循环最大限度地追求"废弃物"的零排放，或者说从根本上讲没有真正的"废弃物"，从而形成"低开采、高利用、低排放"的特征，实现"最优生产、最优消费和最少废弃"[①]型社会的建立。可以说，"低开采、高利用、低排放"是循环经济最显著的特征，也是其本质特征。

必须通过改革发展循环经济，使其在充分利用资源、优化利用能源和保护环境的前提条件下，实现效率和利润的最大化。我们提倡的"新型工业化"模式，也需要把循环经济观念引入各个生产环节中去。

3. 改革方式

邓小平在我国改革开放全面展开的历史进程中，反复强调稳定是中国实现社会主义现代化发展战略的必要前提，是中国的最高利益。中国的问题，压倒一切的是稳定，没有稳定的环境，什么都搞不成，已经取得的成果也会失掉。改革是动力，发展是目的，稳定是前提。只有坚定不移地推进发展，才能不断增强综合国力和国际竞争力，更好地解决前进中的矛盾和问题。只有坚定不移地推进改革，才能为经济和社会发展

---

① 刘洋：《循环经济的科学技术支撑条件分析》，东北师范大学硕士学位论文，2005。

提供强大动力。只有坚定不移地维护稳定，才能不断为改革发展创造有利的条件。实践表明，改革、发展、稳定三者关系处理得当，就能总览全局，保证经济社会的顺利发展；处理不当，就会吃苦头，付出代价。我们要吸取改革开放以来党在处理改革、发展、稳定关系方面积累起来的经验并坚持其主要原则。

第一，保持改革、发展、稳定在动态中的相互协调和相互促进。稳定是前提，但稳定是相对的，不能因为改革有风险就不改革或者在改革中裹足不前，否则会导致更加严重、更加剧烈的社会不稳定。当然，也不能因为在发展中可能出现不协调、不平衡问题而不致力于发展。因此，需要统观全局，精心谋划，从整体上把握改革、发展、稳定之间的关系，做到在社会稳定中推进改革和发展，通过改革和发展促进社会稳定。

第二，把改革的力度、发展的速度和社会可以承受的程度统一起来。全面建设小康社会，必须深化改革，促进发展，但是改革和发展也不能不顾及社会稳定的内在要求。改革的胆子要大，步子要稳；要加快发展，但要注意协调发展。改革和发展要始终注意适应国情和社会的承受能力，要统筹安排改革和发展的举措，精心处理稳定同改革、发展的关系，着眼于"为之于未有，治之于未乱"，及时化解矛盾，排除不安定因素，以保持稳定，促进改革和发展。

第三，把不断改善人民生活作为处理改革、发展、稳定关系的重要结合点。人民群众是改革发展的主体和动力，是稳定的力量源泉和深厚基础。改善人民生活，让人民共享改革和发展的成果，是我们致力于发展、积极推进改革、坚持维护稳定的共同目的。所以，要把不断改善人民生活、让人民共享改革和发展的成果作为处理改革、发展、稳定关系的重要结合点。为此，要坚持一切为了群众、一切依靠群众的工作路线，要坚持给人民群众看得见的实际利益的工作原则，要坚持以着力解决人民群众生活中面临的实际问题为工作重点。[①]

---

① 石明忱：《马克思社会发展观本质要求与党执政绩效探析》，哈尔滨理工大学硕士学位论文，2010。

第三节　社会主义核心价值观与生产力和生产关系辩证关系原理的契合形式

一　生产力和生产关系辩证关系原理与社会主义核心价值观的实现

实现社会主义核心价值观，必须紧紧围绕经济建设这一中心进行中国特色社会主义建设。以经济建设为中心这一方针的制定，是我党在新时期最根本的拨乱反正，是解放生产力、发展生产力，实现社会主义根本任务的根本途径，是实现社会主义核心价值观的根本举措。在当前乃至今后很长一段时间内，我国社会的主要矛盾是人民日益增长的物质文化需要和落后的社会生产之间的矛盾。这个矛盾客观地决定着我国必须要以经济建设为中心，大力发展生产力，不断提高劳动生产率，不断生产出更多更好的劳动产品，不断创造出更多更好的物质财富和精神财富，以满足人们日益增长的物质和文化需要。在我国社会主要矛盾中，生产力落后将长期是矛盾的主要方面。要彻底改变这种情况，就必须始终坚持以经济建设为中心，集中力量不断解放和发展生产力。只有经济发展了，构筑起雄厚的经济基础，方可支持政治、文化、社会、生态文明等其他领域建设，促进社会全面进步，不断提高人民生活水平，从而一步步把社会主义核心价值观转变为现实。

实现社会主义核心价值观，必须坚持社会主义初级阶段的基本经济制度。党的十五大报告中第一次明确提出，公有制为主体、多种所有制经济共同发展，是我国社会主义初级阶段的基本经济制度，非公有制经济是我国社会主义市场经济的重要组成部分。这一重要政策的提出有如下依据。首先，公有制是社会主义经济制度的基础，是社会主义生产关系区别于资本主义生产关系的本质特征，是劳动人民当家作主的经济基础，也是社会化大生产的客观要求。必须坚持把公有制作为社会主义经济制度的基础，使之牢牢占据主体地位。没有在经济总量中占主体地位的公有制经济，就不能确保我国的社会性质是社会主义社会，就不可能牢固坚持社会主义道路，就不可能坚定不移地巩固和发展社会主义制度。其次，现阶段和今后相当长的一个时期我国会处于社会主义初级阶段，社会生产力发展水平不高，生产发展不均衡，社会化程度较低，必须在以公有制为主体的情况下，推行多种所有制经济，以适应生产力的现实要求。如果不采用多种所有制经济，就脱离了中国现阶段的具体实际，就会重新犯下以前脱离实际的错误，再次吃苦头、受损失。以后即使我们建成了小康社会、实现了现代化，多种所有制经济仍然有存在和发展的必要。因为到那时，我国社会上仍然会存在各种不同水平、不同层次的生产力，它们需要有与之相匹配的不同类型的所有制形式。最后，一切符合"三个有利于"标准的所有制形式，都可以而且应该用来为社会主义服务。非公有制经济在现阶段建设社会主义市场经济的大潮中发挥着十分重要的作用，在繁荣经济、扩大就业、提高企业效率、增强市场活力、提高社会生产力水平等方面发挥着积极的作用。非公有制经济虽然不属于社会主义性质的经济，但它也是为全社会成员服务的，是为社会主义建设发挥效能的。我国社会主义基本经济制度的政策规定，能够把科学社会主义的本质属性与我国具体国情有机结合起来，因而更加有利于促进社会生产力的发展，有利于巩固和发展社会主义制度，有利于促进社会的全面进步和发展，有利于更好更快地实现中华民族伟大复兴的"中国梦"。

实现社会主义核心价值观，必须坚持以按劳分配为主体、多种分配方式并存的分配制度。按劳分配是社会主义公有制在分配方面的体现，只有坚持按劳分配的主体地位，才能保证公有制的主体地位的最终实现和社会主义初级阶段基本经济制度的社会主义性质，才能保证人们相互之间在平等的经济关系基础上建立和谐的经济利益关系，才能保证向共同富裕的目标前进。按劳分配以外的多种分配方式，实质上是按对生产要素的占有状况进行分配。实现按生产要素分配，必须健全劳动、资本、技术、管理等生产要素按贡献参与分配的制度，使多种分配方式的实现具有制度保证。在社会主义初级阶段，实行按劳分配和按生产要素分配相结合的分配制度，有利于优化资源配置，促进经济发展；有利于最广泛最充分地调动各方面的积极性，能够使劳动、知识、技术、管理、资本的能量充分释放，让一切有创新创造意愿的人都能够施展才华，从而为社会、为国家创造出更多的物质、精神财富，加速社会主义核心价值观的实现进程。

改革开放以来，我国基本上实现了社会主义计划经济体制向社会主义市场经济体制的转变，作为生产关系基础的生产资料所有制形式也由单一的生产资料公有制向以生产资料公有制为主体、多种所有制经济共同发展的基本经济制度转变。现在我国提出的构建社会主义和谐社会，指的不是构建社会主义计划经济的和谐社会，而是指构建社会主义市场经济的和谐社会；指的不是以生产资料公有制为基础的生产力与生产关系的和谐，而是指以生产资料公有制为主体、多种所有制经济共同发展的基本经济制度为基础的生产力与生产关系的和谐。尽管生产资料的所有制形式是生产关系的基础，但生产关系的和谐与否并不完全取决于某种特定的生产资料所有制形式。生产资料公有制固然能够促进生产关系的和谐，但也有不利于生产关系和谐的一面；生产资料私有制虽然有不利于生产关系和谐的一面，但也有促进生产关系和谐的作用。所以，构建和谐的生产关系，并不在于一定要选择哪一种生产资料的所有制形式，而是要在既定的生产资料所有制形式的基础上趋利避害。也就是说，要通过设计科学的制度安排和政策措施，充分发挥既定的生产资料所有制形式促进生产关系和谐，从而有利于生产力和谐发展的作用，尽可能避免既定的生产资料所有制形式对生产关系和谐和生产力和谐发展的不利影响。

现在，我国正在建设社会主义市场经济，也就是要发展商品生产和商品交换。商品生产和商品交换固然是社会分工的结果，但它的制度基础却是排他性所有权的制度安排。所以，发展社会主义市场经济，不能仅仅发展单一的公有制经济，而是需要坚持以公有制为主体、多种所有制经济共同发展的基本经济制度。生产资料公有制是一种所有权非排他性的制度安排，人们拥有同等的机会和同等的权利占有和使用生产资料，人与人之间的财产权利是平等的，生产关系被认为是和谐的。传统的公有制实现形式因为不能明确所有者和使用者的权责利关系，也就难以激发所有者和使用者进行协调和有效配置生产力构成要素的积极性和主动性，生产力的和谐发展受到一定的影响。我国既然把生产资料公有制作为一种既定的制度安排，就需要通过改革生产资料公有制的实现形式，消除它对生产力和谐发展的不利影响。国有企业的公司制变革，将财产的所有权分离为最终所有权和法人所有权，通过《公司法》明确规定最终所有者和法人所有者之间的权责利关系，激励最终所有者和法人所有者进行协调和有效配置生产力构成要素的积极性，促进生产力的和谐发展。国有资产的最终所有权共同所有，促使生产关系和谐的因素没有因为公司制变革而受到破坏；国有资产的法人所有权归法人所有，促使生产力和谐发展的激励机制得以形成。选择公司制作为公有制经济实现的制度安排，不仅有促进生产关系和谐的作用，而且也有促进生产力和谐发展的作用。[①]

在把公司制的制度安排作为生产资料公有制的实现形式的同时，我国也以按劳动分配和按生产要素分配相结合的分配形式取代传统的按劳分配原则。传统的按劳分配因为等量劳动难以计量而导致分配上的平均主义和大锅饭，影响生产关系的和谐，不利于生产力的和谐发展。这是我国要以按劳分配和按生产要素分配相结合的分配形式取代按劳分配原则的重要原因。在社会主义市场经济条件下，按劳分配和按生产要素分配是通过生产要素的市场交换实现的。劳动力、劳动资料和劳动对象的边际使用价值大，使用者愿意支付的价格就高。所有者在价格导向作用下，将三者配置到收入水平较高的企业或行业，实现生产要素的有效配置。使用者受成本的约束，也有进行协调和有效配置劳动力、劳动资料和劳动对象的压力和动力。按劳分配和按生产要素分配相结合的分配方式有利于生产力的和谐发展。值得特别指出的是，市场交换也是复杂劳动向简单劳动简化，等量劳动获得等量收入的实现形式。"经验证明，这种简化是经常进行的。一个商品可能是最复杂的劳动的产品，但是它的价值使它与简单劳动的产品相等，因而本身只表示一定量的简单劳动。各种劳动化为当作它们的计量单位的简单劳动的不同比例，是在生产者背后由社会过程决定的，因而在他们看来，似乎是由习惯确定的。"[②] 可见，等量劳动的计量不是靠计划安排能够实现的，而是需要通过市场交换才能得以正确评价。对于等量劳动获得等量收入，市场交换能够起到计划安排所难以起到的作用。按劳分配和按生产要

---

① 李松龄、杜彦瑾：《和谐社会的生产力与生产关系》，《求索》2006 年第 3 期。

② 宋希仁：《西方伦理学史上的正义观》，《道德与文明》1998 年第 5 期。

素分配相结合的分配形式也能促进生产关系的和谐。

　　不过，按劳分配和按生产要素分配相结合的分配形式不是在任何条件下都能发挥促进生产关系和谐与生产力和谐发展的作用的。在市场非均衡的条件下，价格过于背离价值，就有可能误导所有者和使用者的行为，生产力构成要素的协调和配置不可能是有效的；同时，也有可能扭曲最复杂劳动的产品与简单劳动的产品之间的价值关系，从而通过市场交换也难以实现等量劳动获得等量收入，生产关系不可能和谐。所以，为构建和谐的生产关系，促进生产力的和谐发展，必须运用宏观经济政策，促使市场由非均衡态向均衡态发展，并尽可能地维护好市场的均衡状态。不过，尽管均衡市场有利于生产关系和生产力的和谐，但它的作用也是有限的。起点的不公平不可能通过市场的作用予以消除，反而因为市场的作用而变得更加不公平。按劳分配和按生产要素分配相结合的分配形式虽然有利于生产关系和谐与生产力和谐，但会因为起点上的不公平而产生贫富差距过大的现象，造成结果意义上的不公平。要消除过大的贫富差距，促使生产关系和生产力的和谐，就需要运用财政税收政策、转移支付政策，将富者的部分收入转让支付给贫者，以维护社会的公平正义。

二　富强：发展社会主义生产力的目标契合形式

　　国家富强是促进社会进步、人的自由全面发展的物质基础和保障。从国家层面倡导富强、民主、文明、和谐，并将富强列为社会主义核心价值观的首位要素，这体现了马克思主义唯物史观生产力标准的根本要求，也体现了中华民族的千年夙愿和中国共产党人的奋斗目标。

（一）富强与发展社会主义生产力的目标契合

1. 富强是中华民族的千年夙愿和中国共产党人的奋斗目标

富强与社会主义核心价值观的目标契合，首先表现在对富强的追求是任何社会主体的基本需求和前进动力。自人类产生以来，摆脱物质匮乏，不断创造、积累物质财富就成为社会主体的生存所需和基本追求。社会个体如此，民族、国家也是如此。今天，中国共产党人正带领中国人民为实现中华民族伟大复兴的"中国梦"而奋斗，国家富强是实现这一梦想的物质基础和保障。

2. 富强是中国共产党人的奋斗目标

富强与社会主义核心价值观的目标契合，还表现在富强始终是中国共产党人的奋斗目标。新中国成立后，我们党领导全国人民完成了社会主义改造，确立了社会主义制度，为国家富强奠定了政治前提和制度基础。改革开放以来，中国共产党带领中国人民进入了建设富强国家的新时期。1978 年，安徽小岗村 18 位农民引领的农村变革，揭开了中国社会巨变的序幕；1992 年，邓小平的"南方谈话"破除了姓资姓社的争议。"东方风来满眼春"，中国自此进入了社会主义市场经济发展的快车道。"社会主义要消灭贫穷。贫穷不是社会主义，更不是共产主义。"生产发展、国家强大、人民富裕，被纳入社会主义的本质内涵。

3. 共同富裕是社会主义的本质

富强与社会主义核心价值观的目标契合，尤其表现在共同富裕是社会主义的本质。把消灭剥削、消除两极分化，最终达到共同富裕纳入社会主义的本质，这也是邓小平理论对社会主义本质的一个重大创新。社会主义的本质要求在全社会消除两极分化，实现共同富裕，同样是由社会主义社会生产力的特点决定的。其原因是：资本主义的生产力及其生产关系，决定了资本主义只能产生财富积累和贫困积累的两极分化，而不可能实现共同富裕。只有以现代科学技术为代表的社会主义生产力，由于具有信息性、符号性和人本性等特点，能够坚持实行以按劳分配为主体、多种分配方式并存的分配制度，最终消除两极分化，实现共同富裕。

（二）把富强观的培育紧密结合社会主义生产力和生产关系辩证关系原理进行

价值理念必须付诸主体实践，才能发挥现实作用。富强的社会主义国家价值目标，必须渗透于国家行为和国家制度安排中，弘扬和践行社会主义富强观，不能停留于口头和观念上。为了体现富强与社会主义生产力和生产关系辩证关系原理的契合，要把富强观的培育融入社会主义生产力和生产关系辩证关系原理体系。空谈误国,实干兴邦。我们要把实现国家富强的目标同科学发展结合起来,使人们认识到,人类社会的发展,是先进生产力不断取代落后生产力的历史进程。社会主义现代化必须建立在发达生产力的基础之上。为实现现代化而奋斗,最根本的就是要通过改革,不断促进先进生产力的发展,在我国形成发达的生产力。

此外,还要明确,社会主义的富强观,兼顾生产力标准的效率原则和共同富裕价值标准的公正诉求。在此意义上,它超越了中国传统的平均主义的富强观和西方资本主义两极分化的富强观。中国传统文化中有深厚的平均主义思想,"不患寡而患不均"的理念,既包含重视公平的积极思想元素,也暴露出自给自足小农经济忽视财富积累的局限。而西方资本主义国家鼓励发展生产、开拓市场、积累财富。但是,资本主义私有制决定了资本主义的财富观从根本上只能满足少数人的致富要求。社会主义富强观既吸收了中国传统价值观中重视公平和西方价值观中重视生产和物质财富的积极因素,也摒弃了中国阻碍生产发展和西方资本主义无视多数人利益的错误做法。

通过上述结合,要使我们的党员特别是领导干部把发展社会主义生产力、完善社会主义生产关系作为执政兴国的第一要务,切实落实党十八大和十八届三中全会制定的各项战略部署和任务,为实现"两个一百年"目标而不懈努力,艰苦奋斗。

三 平等:社会主义制度的基本原则

平等是社会主义的本质要求。大力倡导平等价值,促进平等目标的实现,对于推进中国特色社会主义事业有着重要意义。

(一)平等的内涵与意义

1. 平等的内涵

平等是现代社会的基本特征,是衡量人类文明进步的重要标准,也是人类向往的理想价值。人们向往和追求平等。平等是什么?平等是一种社会价值，是一种关于社会应当如何对待其成员的规范性价值。具体而言，一个社会中的全部成员在特征、个性、能力、需求等方面肯定是千差万别的，但他们在作为人、作为社会主体的意义上是平等的。社会应将每个人作为平等的社会成员来对待，确保每个人生存和发展的需求都受到同等程度的尊重和照顾。这就是现代社会平等理念的基本意涵。

2. 平等的意义

倡导并促进平等的实现，对于推进中国特色社会主义事业有着重要的价值和意义。

首先，平等是社会主义的本质要求。马克思主义创始人告诉我们，社会主义运动的根本目标在于消灭阶级、消灭剥削，使社会摆脱和超越资本主义制度造成的人压迫人、人剥削人的现象，让人民共同占有生产资料、共同支配国家权力。因此，科学社会主义在诞生之始就将平等作为社会主义的本质要求。在中国特色社会主义建设过程中，邓小平再次强调社会主义的本质是解放生产力，发展生产力，消灭剥削，消除两极分化，最终实现共同富裕。党的十八大提出，"努力营造公平的社会环境，保证人民平等参与、平等发展权利"。这表明，无论在哪个时期，平等都已经内在地成为社会主义的本质特征。

其次，平等是保证人民当家作主的基本条件。马克思主义认为，历史活动是群众的事业，人民是推动社会发展的决定性力量。人民当家作主是社会主义民主政治的本质和核心。党的十八大强调要坚持人民主体地位，并指出中国特色社会主义是亿万人民自己的事业。要实现人民民主，就必须消灭阶级，使广大人民拥有平等的政治权利和社会地位。如果人民群众不能平等地参与政治生活，那就谈不上真正地当家作主；如果人民群众隐性地被分为三六九等，那么人民的主体地位便成为空谈。

再次，平等是完善社会主义市场经济体制的前提条件。市场经济以身份平等和规则公平为基本前提。不平等和特权只会造成弱肉强食、恶性竞争的市场风气，最终破坏经济秩序，影响市场经济的良性运行。只有确保市场主体享有平等的权利、机会和地位，引入公平的竞争机制，才能形成健康良好的市场环境，激发人们的积极性和创造性，才能为社会主义市场经济发展提供源源不断的动力。

最后，促进平等是实现社会公正的必经之路。公平正义是中国特色社会主义的内在要求。然而，当今中国社会发展不平衡，城乡之间、地区之间、行业之间、居民之间的收入差距已成为阻碍社会公平正义的重要因素。缩小贫富差距，使广大人民群众能平等地享有社会发展的成果，是实现社会公平正义的必要手段。

（二）生产力与生产关系是平等实现的保证

平等既包括政治平等、经济平等、社会平等等不同层面，也包括权利平等、机会平等、身份平等、资源平等等不同内容。社会主义所倡导的平等不仅要求在政治、法律的层面实现人的平等，而且要求在经济领域里建立生产资料公有制，实现实质的结果平等，使人民共同分享社会发展的成果。因此，平等的实现需要有生产力与生产关系保证。

第一，平等的实现，首先需要生产力的发展来保证。贫穷不是社会主义，只有大力发展生产力，才能夯实共同富裕的物质基础。我国仍然处于社会主义初级阶段，必须坚持发展仍是解决我国所有问题的关键这个重大战略判断，以经济建设为中心，不遗余力地发展生产力。只有把蛋糕做好做大，才能使最广大人民群众都分到蛋糕，并且使每个人分到的蛋糕更多更大。

第二，平等的实现，还需要生产关系的完善来保证。缩小收入差距是实现平等的关键。必须根据十八大提出"两个同步"、"两个比重"、"两个公平"，逐步建立公平合理的分配制度。通过税收等再分配手段有效地调控收入差距，调节过高收入，增加低收入者收入，扩大中等收入者比重，努力缩小城乡、区域、行业收入分配差距，逐步形成橄榄形分配格局。根除因非法收入而造成的不平等现象，规范收入分配秩序。既保证人们合法的劳动所得不被剥夺克扣，又规避和清除由特权、违纪违法所得的非法收入。建立个人收入和财产信息系统，保护合法收入，清理规范隐性收入，取缔非法收入。不断完善以社会保险、社会救助、社会福利为基础，以基本养老、基本医疗、最低生活保障制度为重点，以慈善事业、商业保险为补充的社会保障体系。

（三）平等的实现对生产力与生产关系的要求

社会主义核心价值观所倡导的平等是社会主义的平等，它不同于近代启蒙意义上的资产阶级平等。资产阶级的平等要求最初是在推翻封建社会的资产阶级革命实践中产生的，其内涵在于消灭封建特权和等级制度，使资产阶级拥有平等的政治权利和社会地位。而无产阶级的平等要求则是在推翻资本主义社会的革命实践中产生的，其内涵在于消灭一切剥削和阶级，实现生产资料公有制，发展社会主义生产力，建立和完善社会主义生产关系，为平等的实现奠定基础。

第一，在实现平等要求发展社会主义生产力方面，需要注意的是，中国处于并将长期处于社会主义初级阶段的基本国情决定了，要想真正实现共同富裕，必须首先解决贫穷和低效的问题，就必须以经济建设为中心，坚持效率优先、兼顾公平，允许一部分地区、一部分人先富起来，带动和帮助后富，逐步实现共同富裕。这种效率优先的思路极大地解放了生产力，使我国经济水平大幅度提高，为平等的实现奠定了物质基础。

第二，在实现平等要求完善社会主义生产关系方面，需要注意的是，社会主义平等并不是绝对的平均。平等与平均是两个内涵不同的概念。平均与差异相对，强调在分配时每个人得到均等的份额；而平等则强调每个人拥有平等的权利和机会，并且在分配时用平等的尺度进行衡量。比如社会主义按劳分配制度就是平等的集中体现，它以劳动作为统一的尺度来衡量收入分配。社会主义倡导平等，并不表示要消除一切差别。差别可以是正当的，当且仅当造成差别的因素是正当的。比如勤奋工作的人比消极怠工的人收入多，或者贡献突出的人比无所作为的人得到更多奖励，等等。这类差别是正当的，因为它并非由不正当的特权等因素造成，而是因为人们不同等的付出和贡献而产生的正当差别。当前我国仍长期处于社会主义初级阶段，为了更好地发展社会主义市场经济，建立良性激励机制，应允许存在一定范围、一定程度的收入差距。在生产力还未达到条件允许的情况下盲目追求过度的平等和平均化，只会使人们丧失劳动积极性，使社会主义市场经济发展失去原动力，阻碍生产力的发展，反而使平等更加难以实现。如果脱离社会发展的实际情况和客观规律盲目追求平等，平等就将成为空想。要克服"不患寡而患不均"的观念，做到既尽力而为又量力而行，才能最大限度地消除差距，实现平等。

四　公正：社会主义生产关系的价值取向

公正作为一种社会价值，是衡量一个社会的制度安排是否正当合理的重要标准。一个社会的公正，应当体现在经济、政治、法律等社会生活的各个领域、各个层次和各个方面。公正的核心是分配公正，是社会公正最重要的内容。公正是社会主义的本质体现，是构建和谐社会和实现科学发展的必要前提。促进社会公正，是全面深化改革的出发点和落脚点，也是中国特色社会主义的内在要求。

（一）公正与生产力和生产关系的关系

1. 公正是与生产力相适应的观念

第一，生产力的性质决定公正的性质。众所周知，生产力是人类改造自然、征服自然的能力，是人类主体改造自然客体的物质性力量。根据生产力的性质不同，公正也显示出不同的性质。因此，不同形态的公正是与不同发展水平的生产力保持一致的。以阶级社会为例，奴隶社会和封建社会公开宣称社会等级的正当性，公然宣扬人与人之间社会地位和社会关系的不平等。资本主义社会虽然破除了人身占有和人身依附的羁绊，宣告了人人生而平等、人人民主自由，但是局限于抽象的人权，在社会经济领域仍然保留着剥削的本质。所以，阶级社会的公正总是具有强烈的阶级性，这同公有制社会的公正在性质上是不同的。

第二，缺乏先进生产力的公正是落后形态的公正。恩格斯对于建立在落后生产力基础上的俄国农村公社中自然形成的以诸多公有制因素显现出来的公正提出了独特的观点。他指出，"谁竟然断言在一个虽然没有无产阶级然而也没有资产阶级的国家里更容易进行这种革命，那就只不过证明，他还需要学一学关于社会主义的初步知识"。[①] 恩格斯的观点清楚地表明，

---

① 《马克思恩格斯选集》第 3 卷，人民出版社，1995，第 273 页。

更为公正的社会形态，即社会主义社会不能建立在农耕生产的基础之上，公正的主体也不能是刚刚从农奴身份解放的公社农民。的确，俄国公社保持着一系列以公有制为代表的公正形式，但这是不发达的社会发展形态所展现出来的相对落后的公正。这样的公正形式相对于西欧的私有制形式的公正而言，没有彰显出优越性，其中的诸多公有制因素不过是生产力发展长期在低水平徘徊所带来的结果。这样的公正不符合社会历史发展的必然趋势，在与资本主义的公正竞赛中也不会为人们所认可，这种小农式的"社会主义"因其缺少先进的生产力优势终将被历史所淘汰。

第三，先进的公正需要吸纳先进的生产力来支撑。俄国农村公社在跨越进入社会主义之后，恩格斯特别提出了要吸纳欧洲先进的生产力来作为支撑的观点。恩格斯指出，"西欧在这种公社所有制彻底解体以前就胜利地完成无产阶级革命并给俄国农民提供实现这种过渡的必要条件，特别是提供在整个农业制度中实行必然与此相联系的变革所必需的物资条件"。[①] 其中的"物资条件"是指西欧各种先进的生产力要素，包括先进的科学技术、生产设备和劳动条件，等等。可以说，恩格斯并不完全同意俄国的农村公社更容易进入社会主义社会的观点，他既看到了保存下来的公有制因素所具备的跨越的可能性，也看到了未来建设公正社会的艰巨性。也就是说，在传统公社的基础上，建立公正的生产关系相对容易，但是在这样一种条件下，如何吸收并创造更为发达的生产力却很难。所以说俄国公社自身存在的局限性使得公社即使实现了更为高级的公正形式，进入社会主义社会，也必须吸收欧洲先进的生产力才行。西欧资本主义国家不会主动帮助落后的俄国，所以需要西欧发生无产阶级革命之后，在西欧无产阶级的帮助之下，俄国在短时间内走完西欧几个世纪以来所走过的生产力发展历程。通过广泛地吸收西欧的先进生产力，夯实俄国社会的生产力基础，然后让俄国保持下来的公有制因素显现出比私有制更为优越的特性，社会主义的公正才能够真正体现出来。

2. 公正是与生产关系密切相关的观念

第一，公正观念的产生依赖于新的生产关系的产生。"马克思指出，一

---

① 《马克思恩格斯选集》第 3 卷，人民出版社，1995，第 282 页。

定时期的公正不具有永恒的历史合理性，它产生于现实的经济生活，也只能随经济生活的发展而发展。"① 从历史上看，在原始社会末期，社会因分工的发展，产品出现剩余，以私有制为代表的新的生产关系开始出现。与此同时，私有观念开始作为社会的主流意识迅速成长起来。新兴的奴隶主阶级掌握了国家政权，开始有利于自己阶级利益的社会生产，同时进行着大量的精神生产，典型例子是在希腊哲学中将维护奴隶社会秩序的观念形式表达为符合公正的。这样，不同的理论学说均在论证私有制的天经地义，这种"公正"的观点也一直延续到资本主义社会。当然，人类社会继续向前发展，使新的公有制的生产关系开始出现，主张社会公有的公正观也随即诞生。在这样的公正意识形态下，私有制不仅不再是"永恒正义"的化身，反而是不合法、不合理的，在一种貌似公正的外表下掩藏着统治阶级盘剥经济利益的非公正本质。因此，公正这种意识形态来源于生产关系，是生产关系在观念上派生出来的"副产品"。

第二，公正的性质为其赖以存在的生产关系所决定。在阶级社会，无论是奴隶社会，还是封建社会，乃至资本主义社会，私有制是这些社会形态的生产关系或者经济基础。在这些社会形态里，尽管"公正"这个主流观念的内容存在一定差异，但无疑都坚持私有制是合理合法、不容置疑的。具体而言，在奴隶社会，社会的主流观念认为奴隶主占有奴隶是公正的；在封建社会，主流观念认为地主阶级占有土地是公正的；在资本主义社会，主流观念认为资产阶级无偿占有剩余价值是公正的。其中，不乏奴隶阶级、农民阶级和无产阶级也有不同的看法，但是在特定时期，这些观点不过是"非主流"观念，与社会通行的主流意识形态格格不入，在力量上也无法抗衡。而在没有阶级差别的社会，无论在早期的原始社会还是未来的共产主义社会，公有制是这些社会形态的经济基础，公有的观念便成为主流意识形态。总之，公正的性质是由生产关系或者经济基础的性质决定的。

第三，公正的变化依赖于社会的生产关系的变化。"马克思的公正观是革命性的。在马克思看来，社会生产关系的合理化调整或变革是实现社会

---

① 徐建文：《马克思的公平正义观对构建社会主义和谐社会的方法论意义》，《求实》2009 年第 3 期。

正义的最关键因素。"① 可以说，马克思认为公正不是一成不变的，而是不断变化的，它的变化依赖于生产关系的变化，这是人类社会历史发展的客观规律。但是，公正本身作为意识形态也具有自己的相对独立性，它与生产关系的变革步伐不是亦步亦趋、完全吻合的，旧的公正观的残余和新的公正观的萌芽，往往是与占统治地位的公正观同时存在的。但是，公正的变化与生产关系的变化是具有一致性的。

3. 公正观对生产力和生产关系的反作用

"实现社会历史正义问题上，把生产关系的改造和生产力的革命、把社会变革与经济发展紧密地结合起来，是马克思主义的一个基本观点。"② 当然，公正作为一种思想观念，自身具有一定的独立性，它是通过影响生产关系或者经济基础，进而反作用于生产力的。因此，不同的公正观对生产力和生产关系的影响是不一样的。

第一，先进的公正观能够促进社会生产力和生产关系的发展。恩格斯指出，公平始终只是现存经济关系在其保守方面或在其革命方面的观念化、神圣化的表现。③ 恩格斯在此说明了公正这种意识形态与人类社会的生产方式之间的关系。先进的公正观，作为代表先进生产力和生产关系的意识形态，可以引领社会生产力积极发展，促进社会生产关系臻于完善，对人类社会发展起到积极的推动作用。同时，也可以促进先进阶级的意识觉醒，使其意识到自己被剥削和被压迫的现状，识破没落阶级在精神上的麻痹和欺骗，鼓励先进阶级迅速登上历史舞台，反对腐朽阶级的落后统治，建立符合历史趋势的生产关系模式。而且，先进的公正观具有符合社会发展规律的先进性和科学性，易为人民群众所接受，容易获得人民群众的拥护和支持。由于人民群众是人类历史的创造者，先进的公正观一旦拥有了广泛的群众基础，便可以充分发挥人民群众的主体力量，摆脱旧生产关系的羁绊，加速先进生产关系的产生和发展，进而促进先进的社会生产力快速发展。

第二，落后的公正观能够阻碍社会生产力和生产关系的发展。公正观，

---

① 何建华：《马克思与罗尔斯的公平正义观：比较及启示》，《伦理学研究》2011 年第 5 期。

② 杨汴南：《略论马克思主义的公平正义原则》，《学术界》1994 年第 3 期。

③ 《马克思恩格斯选集》第 3 卷，人民出版社，1995，第 212 页。

尤其是统治阶级的公正观往往是一个社会的主流意识形态。它在产生之后具有相对独立性的特点，当所代表的阶级行将没落的时候，相对独立的公正观仍旧发挥着维护旧统治秩序的作用。此时，过时的公正观则在精神上对新兴的公正观持极度排斥和压制的态度，不仅在伦理道德领域予以强力反对，而且在政治、法律领域进行强力干扰和阻挠，千方百计地抑制新兴阶级的精神觉醒，以此来压制新兴阶级的发展壮大。这样，虽然没落的公正观无法阻止社会的发展进步，但是会设置重重障碍，阻碍新的生产关系的形成，进而延缓新的生产力的发展步伐。从历史上看，我国在明朝的中后期于江南地区就已经出现了"机户出资，机工出力"的资本主义萌芽，然而直至清末资本主义生产方式也一直没有取得主体地位。当然，导致这种结果的原因有很多，但是其中一个重要因素，就是封建专制思想文化的巨大影响，等级特权、人身依附、专制王权等落后观念始终从思想理论、价值观念层面渗透到制度层面，再渗透到社会整体文化层面，共同作用，强烈束缚着新兴生产力和生产关系的发展完善。

第三，"拔高"的公正观也会阻碍社会生产力和生产关系的发展。如果说落后的公正观起到的负面作用危害甚大，而先进的公正观所发挥的积极作用明显，那么是否公正观越是超前，对社会生产力和生产关系所发挥的作用就越大呢？答案是否定的。公正观作为一种意识形态，它是对社会存在的反映，虽然具有相对的独立性，但是它必须植根于现实的社会存在的土壤之中才有生命力，才能发挥其科学的引领作用。忽视现实生产力的发展水平，无视现实生产关系的客观存在，人为地拔高公正的水平，因其过分夸大了主观意识的作用，脱离实际，不仅不会促进生产力和生产关系的健康发展，反而会起到极强的破坏作用，我国"大跃进"时期的惨痛教训就是鲜明的例证。

（二）实现公正的社会主义生产力与生产关系保证

在当今中国，促进社会公平正义是大势所趋、民心所向，也是党和国家未来工作的重中之重。

1. 公正的实现需要社会主义生产力保证

始终坚持发展生产力是实现社会公正的关键。公平正义并非抽象的口号，需要现实的社会经济条件来保证。恩格斯告诉我们，"社会的公平或不公平，只能用一种科学来断定，那就是研究生产和交换的物质事实的科学——政治经济学"。① 也就是说，要解决公平正义问题，不能仅仅停留在道德层面的呼吁，而要遵循"现代社会生存和发展的规律"，即政治经济学规律，也就是说，公正的实现需要社会主义生产力保证。

通过发展生产力促进公正是马克思的重要观点，他指出，"只要与生产方式相适应，相一致，就是正义的；只要与生产方式相矛盾，就是非正义的"②，"在保证社会劳动生产力极高度发展的同时，又保证人类最全面的发展"。③ 同时，提高生产促进公正也是中国马克思主义者的一贯宗旨。毛泽东提出，"国民经济的指导方针，必须紧紧地追随着发展生产、繁荣经济"；④ 邓小平提出，"生产力方面的革命也是革命，而且是很重要的革命，从历史的发展来讲是最根本的革命"；⑤ 江泽民提出，"从理论上讲，以平等权利为基础的社会公平要受到社会经济文化发展的制约"；⑥ 胡锦涛提出，"要通过发展保障社会公平正义"；⑦ 等等。可以看出，把公正上升到生产力的高度，希望通过发展社会生产力来促进社会的公正，是中国马克思主义者对马克思、恩格斯公正思想的继承和发展。为此要：

第一，高度重视通过发展生产力促进社会的公正。胡锦涛在十八大报告中指出，"必须坚持解放和发展社会生产力。解放和发展社会生产力是中国特色社会主义的根本任务"⑧，同时指出公正"是我国社会主义制度的本质要求"。⑨ 由此可见，发展生产力促进社会公正在我国已经上升到国家的政治层面的高度，这表明发展生产力与促进社会的公正之间存在紧密联系，

---

① 《马克思恩格斯全集》第 19 卷，人民出版社，1963，第 273 页。

② 《马克思恩格斯全集》第 25 卷，人民出版社，1974，第 379 页。

③ 《马克思恩格斯全集》第 19 卷，人民出版社，1963，第 130 页。

④ 《毛泽东选集》第 4 卷，人民出版社，1991，第 1256 页。

⑤ 《邓小平文选》第 2 卷，人民出版社，1994，第 311 页。

⑥ 《江泽民文选》第 1 卷，人民出版社，2006，第 48 页。

⑦ 胡锦涛：《高举中国特色社会主义伟大旗帜，为夺取全面建设小康社会新胜利而奋斗》，人民出版社，2007，第 17 页。

⑧ 胡锦涛：《坚定不移沿着中国特色社会主义道路前进 为全面建成小康社会而奋斗——中国共产党第十八次全国代表大会报告》，人民出版社，2012，第 14 页。

⑨ 《十六大以来重要文献选编》下卷，中央文献出版社，2008，第 404 页。

这种联系体现在多个方面。

第二，坚持以提高生产力来促进公正的方式。胡锦涛指出，"要通过发展增加社会物质财富、不断改善人民生活，又要通过发展保障社会公平正义、不断促进社会和谐"。① 就我国当前的实际情况而言，促进公正离不开生产力的发展；就发展阶段而言，我国仍处于社会主义初级阶段；就我国当前社会的主要矛盾而言，人民日益增长的物质文化需求与落后的社会生产之间的矛盾，仍旧是我国社会的主要矛盾。因此在当下的中国，促进公正高度依赖于这个主要矛盾的解决，通过发展社会生产力，切实提高我国经济运行的质量和效益，提供更多更有益的物质条件和精神文化产品，才能够让人民群众切身感受到社会主义社会公正的优越性。

第三，在发展的过程当中日益增进社会的公正。发展生产力是提高公正的基础和条件。但是这并不意味着促进公正要在发展生产力之后。可以说，改革开放以来，我国国民经济持续高速稳定增长，现在的社会经济状况相比20世纪而言有很大不同，我国因为科技创新所带来的经济进步正在逐渐显现，而且国家也有足够的财力和物力来着手解决社会的不公正问题。当下伴随着社会的发展，社会不公正日益成为人们关注的焦点，社会发展的成果并未惠及全体民众，人们对于公正的要求也不仅仅局限于物质财富，还包括权利公正、机会公正和规则公正等诸多方面。因此，主张发展之后再促进社会的公正已经不合时宜，如何在发展过程中实现人们对发展成果的共享成为当务之急。因此，不能再继续强调效率与公正对立的一面，而要注重两者间统一的一面。解放和发展生产力与逐步实现社会公正这两大历史任务相互联系、相互促进，是一个统一的整体。它们之间的有机关系不能割裂，提高发展效率与促进公正都是我国当代发展中的重要价值，两者不能偏颇，它们要贯彻到社会发展的始终，要在发展的起点、过程和终点都体现出公正。所以，它们的关系应当与时俱进，要再一次作出调整，要以提高效率、促进发展来促进公正，再以公正来反作用于社会发展，做到两者相互促进，实现优势互补。总之，要把公正融入社会发展的过程当

---

① 胡锦涛：《高举中国特色社会主义伟大旗帜，为夺取全面建设小康社会新胜利而奋斗》，人民出版社，2007，第17页。

中，努力实现公正与社会发展的有机统一，达到两者之间相得益彰的效果。

2. 公正的实现需要社会主义生产关系保证

生产关系这个重要概念是马克思的首创，通过变革生产关系促进公正是马克思、恩格斯一贯坚持的观点。中国马克思主义者继承并发展了马克思、恩格斯关于变革社会主义生产关系促进公正的思想，并在新形势下结合我国当前发展状况得出了重要启示。

（1）坚持公有制经济的主体地位。胡锦涛在党的十八大报告中指出，"要毫不动摇巩固和发展公有制经济，推行公有制多种实现形式，深化国有企业改革，完善各类国有资产管理体制，推动国有资本更多投向关系国家安全和国民经济命脉的重要行业和关键领域，不断增强国有经济活力、控制力、影响力"。[①] 从此可以看出，在当前我国经济结构中，坚定不移地发展公有制经济具有重要意义。

对于公有制经济要明确其基本含义。所谓公有制经济，"不仅包括传统意义上的国有经济和集体经济，同时应该包括混合经济中的国有成分和集体所有制成分"。[②] 可以说，这样一种对公有制经济的定义扩大了传统对公有制经济的理解，科学把握了新时期公有制经济的内涵。

（2）社会公正需要公有制经济的主体地位作保障。胡锦涛在党的十八大报告中指出，"必须坚持维护社会公平正义。公平正义是中国特色社会主义的内在要求。要在全体人民共同奋斗、经济社会发展的基础上，加紧建设对保障社会公平正义具有重大作用的制度，逐步建立以权利公平、机会公平、规则公平为主要内容的社会公平保障体系，努力营造公平的社会环境，保证人民平等参与、平等发展权利"。[③] 根据马克思主义的经典理论，私有制的存在是社会不平等的根源，而废除私有制、建立公有制则可以实现社会的公正。新中国成立之后，我国实行了三大改造，消除了生产资料因私人占有所带来的社会不平等，把生产资料私人占有转变为公有，变革

---

① 胡锦涛：《坚定不移沿着中国特色社会主义道路前进　为全面建成小康社会而奋斗》，人民出版社，2012，第20页。

② 《江泽民文选》第1卷，人民出版社，2006，第614页。

③ 胡锦涛：《坚定不移沿着中国特色社会主义道路前进　为全面建成小康社会而奋斗》，人民出版社，2012，第14页。

了整个社会的经济基础，为社会主义公正奠定了重要的基础。自此，以公有制作为我国的经济基础被我国历届国家领导人坚守和发扬。因为公有制经济的主导地位，我国的社会主义公正在社会经济领域得到充分体现，因为公有制经济的健康发展，有效遏制了剥削关系在我国的滋生蔓延，使人与人之间因为剥削制度带来的不公正得到有效制止。可以说，公有制有效保证了全体人民根本利益的一致性，使我国人与人之间的关系主要局限于人民内部的矛盾，没有上升为不可调和的阶级矛盾。因此，唯有坚持公有制为主体的前提，我国才可以发挥公有制经济的优越性，促进社会生产力的快速发展，还可以利用公有制的优势，保障人民群众在我国经济生活、社会生活中的主体地位，维护其平等发展的权利等。总之，唯有毫不动摇地坚持公有制才能为我国社会主义公正提供基本经济制度上的保障。

（3）促进多种所有制经济共同发展。胡锦涛在党的十八大报告中指出，"毫不动摇鼓励、支持、引导非公有制经济发展，保证各种所有制经济依法平等使用生产要素、公平参与市场竞争、同等受到法律保护"。① 胡锦涛同志对多种所有制经济共同发展的论述，为我国非公有制经济发展提供了重要指引。

发展非公有制经济对促进公正具有重要意义。当前，我国正在建立健全社会主义市场经济，完善的市场经济要求不同的经济主体具有平等的主体资格和条件。同时，生产力发展的局限导致了非公有制经济存在的历史合理性，可以说繁荣非公有制经济，有助于促进我国经济社会的快速发展，提高我国的生产力发展水平，为我国的公正建设奠定物质基础。同时，完善的社会主义市场经济体制也会带来思想观念的提升。可以说，当前公有制经济一家独大，从融资到审批等，均占有绝对性的优势，保障公有制经济的主体地位，需要依赖公有制经济自身的发展壮大，而不能完全依赖国家的政策扶持。而随着我国体制机制的完善以及非公有制经济的不断发展，不同形式的多种所有制经济形式终将站在同一平台，共同参与市场竞争，这样有利于我国经济社会的长远发展，也有利于我国对社会主义公正观念

---

① 胡锦涛：《坚定不移沿着中国特色社会主义道路前进 为全面建成小康社会而奋斗》，人民出版社，2012，第21页。

的接受和发扬。

（4）坚持按劳分配为主体。胡锦涛在党的十八大报告中指出，"实现发展成果由人民共享，必须深化收入分配制度改革，努力实现居民收入增长和经济发展同步、劳动报酬增长和劳动生产率提高同步，提高居民收入在国民收入分配中的比重，提高劳动报酬在初次分配中的比重"。[①] 可以说，按劳分配是中国马克思主义者始终恪守的社会主义分配原则，而且在新时期需要进一步加以发展完善。

按劳分配是社会主义公正的重要体现。根据马克思、恩格斯提出的剩余价值学说，经典作家已经明确提出了劳动创造价值这个明确观点。因此，劳动者通过劳动得到属于自己的劳动创造的价值是公正的重要体现，社会主义的公正也恰恰体现在分配领域中所坚持的按劳分配。社会主义的公正之所以强调按劳分配，其根本依据也在这里。当然，按劳分配不是意味着不分配，不是过分地强调精神奖励而抵制物质奖励，其实，正当的物质分配与实现社会的公正并不冲突。而按劳分配也不是平均主义，不同的劳动能力、不同的劳动内容以及劳动质量等，在按劳分配原则下会产生一定的收入差距。但是因为这种分配是以劳动为标准，在强调劳动的形式平等的同时，也强调劳动的实质平等，所以这种在收入方面产生的合理差距也是公正的。因此，按劳分配与资本主义的不劳而获而言，其公正性是存在质的差别的。

（5）完善多种分配方式并存的制度。胡锦涛在党的十八大报告中指出，"完善劳动、资本、技术、管理等要素按贡献参与分配的初次分配机制，加快健全以税收、社会保障、转移支付为主要手段的再分配调节机制。深化企业和机关事业单位工资制度改革，推行企业工资集体协商制度，保护劳动所得。多渠道增加居民财产性收入。规范收入分配秩序，保护合法收入，增加低收入者收入，调节过高收入，取缔非法收入"。[②] 可以说，多种分配方式并存对于促进分配领域的公正具有重要作用。

---

① 胡锦涛：《坚定不移沿着中国特色社会主义道路前进　为全面建成小康社会而奋斗》，人民出版社，2012，第36页。
② 胡锦涛：《坚定不移沿着中国特色社会主义道路前进　为全面建成小康社会而奋斗》，人民出版社，2012，第36页。

五 敬业：发展社会主义生产力的主体价值

敬业是中华民族的传统美德。时至今日，在当代社会，热爱与敬重自己的工作和事业，已经成为职业道德的灵魂，是公民应当遵循的基本价值规范之一。

（一）敬业的内涵

爱岗敬业体现的是公民热爱、珍视自己的工作和职业，勤勉努力，尽职尽责的道德操守。任何一个社会的存在和发展，都是以其成员勤奋工作、创造价值为前提的。因此，所有生气蓬勃的社会，都把敬业作为核心价值加以强调，将之作为对自己成员的基本要求。

第一，敬业须热爱工作。热爱自己的工作和所投身的事业，是培养敬业精神的前提。只有当公民把工作当作自己珍视的事业，视为自己价值得以表达的所在时，他才有可能进行真正的精力与体力的投入，才有可能克制自己放松懒惰的想法，才有可能不满足于自己所取得的成就。也只有当社会中的绝大多数人都把热爱自己的工作当作自己的核心价值时，产品的生产与再生产的链条才能够得以保持乃至发展，社会才能够进步。

第二，敬业须勤勉努力。热爱工作只是敬业的前提和基础，还没有从愿望转化为行动，从想法发展成实践。敬业除了对工作的感情之外，还强调劳动与付出。只有热爱工作的口号，而无勤勉工作的行动，那是比不唱高调而懒散的行为更恶劣的做法。

（二）敬业对社会主义生产力与生产关系的要求

1. 社会主义生产力能够提供敬业的环境

从个人角度来讲，需要敬业的原因包括四个方面。首先，人有表达自己本质力量、实现人生价值的需要。人不能通过其他方式来表现自己的力量和智慧，只能通过将自己的能力与才干投射到自己的工作对象上，用自己的劳动创造对象或改变对象的形态，从而在工作的成果中证实自己。其次，人的能力的丰富需要敬业。人的多数能力都不是自然具备的，而是后天锻造的产物。锻造的过程，不仅要通过学习，更要通过实践、通过工作。越是敬业的人，实践的程度越深，他得到锻炼的机会就越多，他的能力也就越丰富。再次，人的性格的完善需要敬业。敬业使人变得严谨认真，有条不紊，明达事理而又坚毅顽强。一方面，工作中有其自身的规律，要求自己的行为符合这样的规律；另一方面，工作中往往需要与人合作，又要求自己的行为符合与他人交往的要求。这样，就形成了对敬业者性格的锻炼；久而久之，性格就会发生潜移默化的变化，变得适于工作和合作，并散发出一种特有的性格魅力来。最后，人的生活需要敬业。无论是个人生活品质的提高，还是家庭生活条件的改善，都依赖于经济收入。而在按劳分配为主的社会里，人所取得的社会产品的份额是与他的劳动成果直接相关的。越是敬业的人，他的劳动成果越多，对社会的贡献越大，社会给予他的回报自然也越多。总而言之，从个人的角度来看，敬业是一种对自己有多方面回报的美德。这些都要求社会主义生产力能够提供敬业的环境。

2. 社会主义生产关系能够提供敬业的氛围

从社会主义生产关系的角度来看，社会主义生产关系能够提供敬业的氛围。首先，敬业精神是社会存在和发展的基础。古代社会的特点是自给自足，每一个人都生产自己需要的几乎一切产品；现代社会生产的实质是每一个人在向别人提供自己的产品的同时，在别人那里取得自己所需要的对价物。也就是说，在古代社会如果不敬业的话，还只是影响到自己；而在现代社会如果不敬业的话，则会影响到整个社会。如果敬业精神在一个社会里普遍低落的话，那么这个社会的运转就会遇到困难，面临衰退甚至灭亡。如果敬业精神在一个社会里普遍高扬的话，那么这个社会的生产就会以极快的速度进步，相应地其他方面也会高速发展。其次，敬业精神也是培养良好社会风气的前提。一个社会中的多数公民都敬业的时候，多数公民在性格上便会形成类似的优秀品质；当多数公民的性格都成熟起来之后，形成与优良性格以及以此性格为基础的良好生活方式相适应的淳朴的社会风气便是自然而然的结果了。更进一步，如果这种社会风气能够长久地加以保持的话，就能够影响到更为稳定的民族性格。上述这些情况，都要求社会主义生产关系能够提供敬业的氛围。

（三）敬业对社会主义生产力与生产关系保证的要求

中国部分公民缺乏敬业精神的原因是多方面的，首要的原因是缺乏生产力保证，特别是缺乏生产力提高的敬业环境，如创客创新缺乏创客空间等。其次是缺乏生产关系保证。在市场经济建立和完善的过程中，社会在一个阶段上拉开公民之间收入水平上的差距本来是正常现象；如果富裕阶层是依靠勤劳致富、敬业聚财，那么这种收入差距的产生非但不会有损敬业精神的弘扬，反而会促进公民爱岗敬业的美德。但在中国体制改革过程中，出现了不少因投机取巧、权钱交易而一夜暴富的情况，而一些热爱劳动、勤奋努力的人却生活困难，使人们产生了普遍的心理失衡，得出了敬业吃亏、钻营得利的结论，就会挤压敬业精神的心理空间，造成敬业精神失落的现状。最后，思想道德品质的滑坡也是敬业精神缺失的重要原因。部分富裕阶层子弟炫耀性的奢侈消费产生了非常恶劣的社会影响，使一些青年不再以创造为荣，而是以消费为乐。当这种情况普遍化的时候，自然会造成人表现自己的方式发生异化，思想发生扭曲，结果就是公民快乐的时候不工作，工作的时候不快乐。

面对敬业精神失落的问题，在生产力方面，要深化改革，使公民的才能有充分发挥的机会。当中国公民爱岗敬业的收获高于其他国家，而投机钻营的现象由于遭到打击而几近绝迹的时候，其敬业精神也便会拥有比其他国家更好的土壤。在生产关系方面，要加强公民素质教育，形成劳动光荣、浪费可耻的良好风气，把一定程度上被扭曲的社会风气再扭转过来。主流舆论要有明确的态度，对以奢靡享受为荣的现象要立场鲜明地加以抨击和批判，对敬业爱岗、勤勉努力的典型要不遗余力地加以表彰和宣传。在形成敬业精神普及的现实条件的同时，将敬业精神铭刻在公民的头脑里，敬业精神就一定能够成为中国公民普遍具备的道德品质。

六　诚信：社会主义生产力与生产关系的价值约束

诚实守信是人类千百年传承下来的优良道德品质。诚信既是个人道德的基石，又是社会正常运行不可或缺的条件。诚信缺失的个人将失去他人的认可，诚信缺失的社会将失去人与人之间正常关系的支撑。在中国特色社会主义条件下，必须加强公民的诚信品质。

（一）诚信的内涵

诚信就其内涵而言，包括诚和信两方面。"诚"的内容又包括两方面：一是真实，二为诚恳。真实的意思是不有意歪曲客观事物的本来面貌。人对客观事物的认识，本来就包含着两方面的内容：一是客观事物给人的声、光、热等刺激，二是主体对这些刺激的加工和整理。由于主体对客观事物进行了加工整理，而作为此整理基础的人的实践又受到历史条件等的制约，所以人的主观认识与客观之间有所差距是难以避免的。但真实要求忠于自己现阶段对客观事物的认识，而不因为什么原因，特别是因为自己的利益而去有意地歪曲它。诚恳的意思是不有意歪曲自己主观意图的本来面貌。人对自己的主观意图，一般有着准确的把握，但直接表达这些主观意图，可能要付出代价。但诚恳要求忠于自己，不因畏惧付出代价而去歪曲自己的真实意图。真实与诚恳结合起来，就构成了"诚"的基本内容。"信"字由人字旁加一个言字组成，指的是人说话要算数，对自己的承诺负责，要言而有信，诺而有行。

需要特别指出的是，诚信的内涵是有条件的，而不是绝对的；它需要由更高、更重要的价值来引领和统率。当诚信的要求与更高、更重要的价值相冲突时，诚信需要服从那些更高、更重要的价值。

（二）诚信对社会主义生产力与生产关系的要求

诚信是各个文明都加以珍视的基本价值，而中华民族更是把诚信作为人之所以成为人的基本特点之一，认为人无信不立。步入近现代之后，诚信对社会主义生产力与生产关系的要求主要表现为对市场经济履行契约的基本要求。随着中国加入全球化进程，特别是实行市场经济之后，契约精神所要求的诚信维度也越发被凸显出来。一方面，公民把自己的利益看作与其他人对立的，排斥其他人来保护自己；另一方面，公民在现实中是相互依赖的，他们只有在交换合作中才能真正实现自己的利益。调节这种既互相对立又互相依赖关系的办法，就只能是预先规定各自的权利与义务，通过彼此约束的方式（如签订契约）来限制各自利益最大化的冲动。如果没有诚信，公民生活于其中的市场经济就会陷入不可克服的混乱之中。

（三）诚信实现的社会主义生产力与生产关系保证

今日中国公民诚信品质的现状，可谓喜忧参半，既有很多诚实守信的楷模，也有不少无信无义的败类；有人一诺千金，有人言而无信，甚至在同一个人身上，都会出现时而诚信、时而失信的情况。公民诚信问题时有发生，问题出在两方面。一方面，功利主义的兴起与传统道德的失落造成了人们不再把诚信作为自己的基本价值追求和安身立命之本，人们内心支撑结构的变化造成了诚信问题的出现。另一方面，市场经济的契约体系不仅仅是道德要求，还是一种制度建构，而目前后者在我国尚不完善，给了违约之徒以可乘之机。这种现状表明，我国公民诚信品质仍然有提高的空间，诚信的实现需要社会主义生产力与生产关系保证。

诚信问题在中国古代主要是通过人的道德修养来解决的。这种价值意义体系，是与前市场社会的伦理秩序相一致的。但随着生产力的发展及相应生产关系的变化，封闭的小农经济为开放的市场经济所取代，个人利益的合法化是一个必然的趋势。在现代，公民的价值体系中利益的地位被抬高了，道德压力的强调减少了，终于形成了二者的僵持局面。当利益的算计压倒道德考虑的时候，人便表现不出诚信精神；只有道德考虑超过利益算计的时候，公民才能够表现出诚信品质来。也就是说，在功利主义与传统道德并驾齐驱的时候，在利益算计与道德考虑等量齐观的时候，公民并不能保证总是表现出诚信品质来。针对这一症结，只能是靠提高社会主义生产力与改善生产关系来解决，在增加诚信的舆论气氛的同时，适当地减少对市场经济功利主义的强调，以改变公民头脑中二者的力量对比，让诚信能够稳定地战胜功利主义，从而提高全社会的诚信水平。

实际上，通过提高社会主义生产力与改善生产关系来解决这一问题的具体做法是强调个人信用。具体的做法是建立广泛的信用记录，让留下不良信用记录的人在下次进入契约时面临更高的门槛和成本。比如说，让曾经没有按时还贷款的人的名单在所有银行之间共享，使其再次贷款时或者被拒绝，或者面临更高的利率。当个人意识到违约的风险很大而且长期化时，他就会改变自己对违约成本的判断，进而作出诚信的选择。在今日中国，已经有市场化的功利主义来诱惑人们放弃诚信，却还没有制度化的惩罚机制来引导人们回归诚信，自然造成了有些公民义利不分的错误。虽然惩罚机制总是滞后于人们订立契约，西方的这一思路和实践并不能完全解决诚信问题，但是他们行之有效的制度化方式却是值得我们借鉴的地方。相信在诚信记录制度建立健全之后，诚信问题会在很大程度上得到缓解。

七 友善：社会主义生产力与生产关系的共有价值

现代社会与传统宗法社会的显著区别之一，就是现代社会成员在与他人的交往上突破了宗法社会成员所受到的血缘限制，开始拥有较大的公共空间与他人互动。友善的公民关系推动了和谐社会关系的构建，因此友善也成为公民的核心价值规范之一。

（一）友善的内涵

友善包括待人平等、待人如己、待人宽厚与助人为乐等基本方面。

友善首先需要公民做到待人平等，这是友善的前提。朋友之善就意味着，这种互相帮助和互相支持的关系不是发生在不同等级的人之间，而是发生在平等的人之间。如果支持的对象比自己的等级高，那么这种关系就是逢迎和依附，而不是友善；如果支持的对象比自己的等级低，那么这种关系就是恩赐，也不是友善。现代社会的特点是人和人在政治上的差别已经不存在了，所有人，无论地位高低、财富多寡，都是社会平等的成员，因此都是公民。要做到友善，首先便要待人平等。

友善还需要公民做到待人如己，这是友善的重要方法。待人如己，从消极的方式来说，就是对自己的行为要有所限制，不要将自己不愿意承受的事情强加在别人身上，己所不欲，勿施于人。待人如己，从积极的方式来说，就是要对自己的行为要有所激发，将自己想做到的和想得到的分享给他人，成人之美，己欲立而立人，己欲达而达人。

友善需要公民待人宽厚，这是友善的重要要求。友善不仅需要在与他人趣味相投、关系良好时表现出来，更重要的是对与自己趣味不同甚至对自己小有过失的人能够心平气和、容人之过。

友善还要做到助人为乐，这是友善的直接表现。友的最初意思便是互相帮助，这是善意最直接也是最真实的表达。爱自己、爱家人都不难，难的是对不那么熟悉的人也能够伸出援手；发出善良的意愿、讲出祝福的话语也不难，难的是给予实实在在的帮助。

（二）友善对社会主义生产力与生产关系的要求

随着社会主义生产力与生产关系的发展，社会主义社会的基点，不在于与传统社会重合的那部分家庭伦理关系，而在于社会的公共空间。这种公共空间的存在和逐步扩大，提供了人本质的另外一种维度。因此，友善对社会主义生产力与生产关系提出了新的要求，表现在以下两个方面。

第一，友善对社会主义生产力提出了新要求。社会主义的发展与技术的进步、生产力的发展是相伴随的，相应地兴起的是工具理性。工具理性强调的是效率和收益的最大化，并不重视人与人之间关系的和谐。但友善可以抵消工具理性的消极影响，给冷冰冰的效率原则加上了人情味。虽然重视效率，但也需要在此之外考虑公民之间的尊重和感情。另外，友善还可以限制工具理性的作用范围，将之控制在生产和交换活动的某些领域之内，而不致任其弥漫到社会生活的全部领域。在工具理性被平衡和限制之后，效率和利益的强调得到了控制，公民之间的关系不再过分紧张，润滑后的社会达到了和谐。

第二，友善是生产关系的体现。人的本质不是某种虚无缥缈的抽象物，而是人的现实的社会关系。社会的生产关系如何，他的本质就怎么样，呈现不同的友善形象。在前现代社会，人作为家庭血缘共同体的一部分，人的交往关系取决于家庭血缘的情况，但这种家庭血缘的情况也是受到生产关系影响的。进入现代社会之后，人的交往关系开始逐渐地突破家族的范围，开辟出社会的公共空间来。这个空间越是扩大，在人的交往关系中所占的比例越大，人的本质就越取决于生产关系的性质，对生产关系产生反作用。

（三）友善实现的社会主义生产力与生产关系保证

友善首先不是一个伦理学的理论问题，而是一个日常生活的实践问题，其实现需要社会主义生产力与生产关系保证。在当前我国有待完善的市场经济条件下，公民对友善精神患有二症：一是公共空间里的冷漠症，二是社会和谐关系建构上的便车症。

第一，克服公共空间里的冷漠症需要提供社会主义生产力保证。从小农社会社会主义社会，人们生活方式上的一个重要变化，就是交往范围扩大到了自己不熟悉的陌生人群中。在小农社会里，人们的生活主要集中在家庭，生活的范围往往局限在家庭所在的乡村；在这样的社会里，打交道的都是熟人，不会发生冷漠的问题。只有提供社会主义的生产力保证，才能使家庭生活之外的社会生活逐步发展，人们的活动范围突破地域的狭隘性，以往主要与熟人交往的生活方式变为经常要与陌生人交往，进而克服公共空间里的冷漠症。

第二，社会和谐关系建构上的便车症，指的是在构建和谐人际关系中的机会主义"搭便车"行为。克服社会和谐关系建构上的便车症需要提供社会主义生产关系保证。和谐社会关系的建立和维持，既然有利于每一个人，就应该由大家共同来负责。但是，有人会从理性计算的角度出发，认为自己只需要享受和谐社会中良好人际关系的成果，而不愿意为此作出自己的贡献。要改善社会主义生产关系，建立正向的激励机制，宣传助人为乐的典型人物事迹。另外，要改善社会保障制度，不要让公民个人承担无穷大的风险，要让公民有待人友善、涌泉报滴水之恩的物质基础，让所有公民都能够主动承担和谐人际关系建设的责任和义务。

第四章　社会主义核心价值观与社会主义经济基础和上层建筑辩证关系原理的核心契合

本章主要研究社会主义核心价值观与社会主义经济基础与上层建筑原理的核心契合。从社会结构层次上来看，意识形态属于上层建筑的范畴。社会主义核心价值观要体现社会主义经济基础与上层建筑的辩证统一。本章主要内容有中国特色社会主义经济基础与上层建筑辩证关系原理，社会主义核心价值观与社会主义上层建筑的契合机理，并分别从自由、民主与人类解放的价值追求，文明、和谐与社会发展的价值追求，法治与社会发展的理性和秩序追求，公正与社会主义社会的本质要求等方面探索了社会主义核心价值观与社会主义上层建筑的契合形式。

第一节　历史唯物主义经济基础与上层建筑辩证关系原理

一　经济基础与上层建筑关系

（一）经济基础和上层建筑的内涵

1. 经济基础

经济基础是一个社会生产关系的总和。经济基础的内涵有：其一，经济基础的实质是社会一定发展阶段上的基本经济制度，是制度化的物质社会关系。其二，经济基础与经济体制具有内在联系，因此经济体制的选择是否得当，对于经济基础的发展和完善起到极为重要的作用。①

2. 上层建筑

社会的政治结构是指建立在经济结构之上的政治法律设施、政治法律制度及其相互关联的方式，包括政权机构、政党、军队、警察、法庭和政权的组织形式、立法、司法、规范程序等。由于政治结构是建立在经济结构基础之上的，所以，马克思又把政治结构称为政治上层建筑。文化结构是指政治法律思想、伦理道德、文学艺术、宗教、哲学等多种意识形态的联结方式。由于文化结构也是建立在经济结构的基础之上，并同政治上层建筑相对应，所以，文化结构又被称作思想上层建筑或观念上层建筑。

（二）上层建筑的生成及其作用

建立在经济基础上的政治上层建筑和思想上层建筑，是整个社会大系统必不可少的组成部分。从人类社会的历史发展过程来看，政治上层建筑是早期人类原始生产和交往不断扩大到一定程度，特别是交往过程中阶级矛盾不可调和的产物，而思想上层建筑则是人类与自然的物质交往关系以及社会内部人与人的交往关系不断扩展和深化的产物。所以，上层建筑一旦生成，也就作为社会大系统中相对独立的构成部分而发挥自身的特殊功能。如果把社会大系统比作一个人的肌体的话，上层建筑就是人的大脑及思维，而经济基础就是人的身体和相应的物质条件。一个人的活动要想达到目的，就必须要有健康的大脑和先进科学的思想。一个社会或一个民族要想获得更好的、和谐的发展，就更需要一个集各种智慧于一身的上层建筑。

现代社会的上层建筑所肩负的历史使命是极其重大的，这是人类社会生活日趋明显的社会化和普遍联系所赋予的。作为社会有机体或社会生活不可缺少的重要组成部分，上层建筑的功能和作用是不可替代的，也就是说，上层建筑的形式是可以改变的，可它的存在对于人类的社会生活来说却是永恒的。没有健康大脑的人不是真正意义上的人，没有健康的上层建

---

① 本书编写组：《马克思主义基本原理概论》，高等教育出版社，2007，第90页。

筑的社会，也不可能是健全的社会，这在原理上是一样的。

二　经济基础与上层建筑的关系

马克思主义哲学认为，经济基础和上层建筑的矛盾是社会发展过程中又一基本矛盾，社会历史发展的最终动力是生产力，但生产力只有通过作为经济基础的生产关系才能对社会政治法律制度和意识形态起决定作用。正是在经济基础和上层建筑的相互作用及其矛盾运动中概括出上层建筑一定要适合经济基础状况的规律。①

1. 经济基础对上层建筑的决定作用

经济基础与上层建筑的相互作用、矛盾运动体现着二者之间内在的、本质的、必然的联系，在经济基础与上层建筑的相互作用中，首先是经济基础决定上层建筑。经济基础对上层建筑的决定作用，主要表现在以下三个方面。

第一，经济基础决定上层建筑的产生。无论是政治的上层建筑，还是思想的上层建筑都根源于经济基础，"在不同的所有制形式上，在生存的社会条件上，耸立着由各种不同情感、幻想、思想方式和世界观构成的整个上层建筑"。② 上层建筑根源于经济基础，是说上层建筑是适应经济基础的需要而产生的，任何上层建筑现象归根到底都可以从经济基础中找到根源、得到说明。当然，建立新的上层建筑并不需要一切从头开始，因为上层建筑本身有一定的相对独立性和历史继承性。

第二，经济基础决定上层建筑的性质。有什么样的经济基础，就会有什么样的上层建筑。谁在经济领域占据统治地位，谁就必然要在政治领域和思想领域居于统治地位。资本主义私有制决定了资产阶级国家的性质和资产阶级思想占统治地位，社会主义公有制决定了人民当家作主的国家性质和马克思主义的主导地位。上层建筑的性质总是由经济基础所决定的。

第三，经济基础决定上层建筑的变化发展。经济基础变了，上层建筑

---

① 刘国章：《经济基础与上层建筑关系问题新探》，《广西社会科学》2007 年第 9 期。
② 《马克思恩格斯全集》第 8 卷，人民出版社，1961，第 149 页。

的各个部分也会或先或后、或迟或早发生变化。经济基础不仅推动了上层建筑的变化发展，而且决定着上层建筑变化发展的方向。[①] 在社会发展过程中，不仅经济基础根本性质的变化决定上层建筑根本性质的变化，而且经济基础发生部分质变时，上层建筑也要发生相应的变化。例如，在资本主义社会，当自由竞争经济发展到国家垄断经济时，上层建筑也会随之发生一定的变化，这就是国家经济职能的加强。

对于在经济基础上产生上层建筑的原因，马克思、恩格斯曾反复指出，"统治阶级的思想在每一时代都是占统治地位的思想"。之所以是这样，是因为"一个阶级是社会上占统治地位的物质力量，同时也是社会上占统治地位的精神力量。支配着物质生产资料的阶级，同时也支配着精神生产资料，因此，那些没有精神生产资料的人的思想，一般地是隶属于这个阶级的。占统治地位的思想不过是占统治地位的物质关系在观念上的表现"。[②] 任何一种上层建筑（包括政治上层建筑和思想上层建筑）都是握有生产资料而成为某种生产关系代表者的阶级为维护这种生产关系而精心打造的。

此外，在历史唯物主义看来，社会存在、经济基础同社会意识形态、上层建筑之间并不止一种本源性的派生关系，同时存在一种后者为前者服务谋利或者互为服务谋利的价值关系。因此，社会存在、经济基础和社会意识形态、上层建筑之间就不只存在第一性和第二性之间的派生转换关系，同时还存在另一种互为服务并共同为一定社会集团、阶级利益服务的功能转换关系，而这是经济基础需要上层建筑、社会存在需要社会意识形态的根本原因。因此，社会形态的两大部门之间不只呈现一种事实性的实存关系结构，而且呈现一种价值性的功能关系结构。[③] 而后者反过来又大大地加强了这种实存关系结构的复杂性，使社会意识形态对社会存在、经济基础的"反映"历经一系列的扭曲和转折。

2. 上层建筑对经济基础的反作用及其特点

经济基础决定上层建筑，上层建筑对经济基础又具有反作用，上层建

---

① 陈先达、杨耕：《马克思主义哲学原理》，中国人民大学出版社，2010，第214页。
② 《马克思恩格斯选集》第1卷，人民出版社，1995，第98页。
③ 张耀影：《经济基础与上层建筑相互作用在当代的新特征》，《陕西行政学院学报》2008年第3期。

筑的"天职"就是反映并服务于经济基础。

首先，上层建筑通过"保护自己"与"排斥异己"的方式为经济基础服务。上层建筑一方面千方百计地促进自己经济基础的巩固和完善，另一方面千方百计地排除自己及其经济基础的对立物，既同有害于自己的旧的经济基础与上层建筑的残余作斗争，又同威胁自己生存的新的经济基础与上层建筑的萌芽作斗争。上层建筑服务于经济基础，就是在"保护自己"与"排除异己"的过程中实现的。

其次，上层建筑通过对社会生活控制的方式来为经济基础服务。政治上层建筑力图把人们控制在一定的社会秩序之内，思想上层建筑通过影响人们的思想来支配人们的行动。没有这种强制的和非强制的控制作用，整个社会生活就会陷于混乱。上层建筑为经济基础服务的方式是多样的，如发挥动员作用、组织作用和保证作用，等等。通过这些方式，上层建筑使整个社会"机器"能够正常地运转起来。

当上层建筑同自己的经济基础相适应，与自己的经济基础在同一方向上活动，能够满足经济基础的要求时，就能对经济基础的巩固和完善起促进作用；当上层建筑同自己的经济基础不相适应，与自己的经济基础在相反方向活动，无法满足经济基础的要求时，就会同自己的经济基础发生矛盾，甚至对经济基础起某种破坏作用。①

上层建筑与经济基础具有同一性，但二者毕竟是社会生活的不同领域、社会结构的不同层次，彼此间不可能绝对一致。相反，二者之间会不断出现某种程度或局部性的矛盾。

第一，新的上层建筑在刚刚形成时，不可能完善，它的某些不完善部分会同经济基础发生一定的矛盾，新的上层建筑完善正是在这种矛盾的不断解决的过程中实现的。

第二，无论是上层建筑反映经济基础（由经济基础到上层建筑），还是上层建筑服务于经济基础（由上层建筑到经济基础），都要经过许多具体环节来传递信息和发挥作用，这就随时有可能在某些环节上发生不适应经济

---

① 《马克思恩格斯选集》第 4 卷，人民出版社，1995。

基础的情况。①

第三，经济基础（生产关系的总和）虽然相对于生产力来说是相对稳定的，但它终究是变化发展的。当经济基础已经发生部分质变乃至根本性质变化，上层建筑都不能随之变化时，二者之间就会发生矛盾甚至尖锐冲突。

第二节 中国特色社会主义与经济基础和上层建筑辩证关系原理的发展

一 中国特色社会主义的经济基础

党的十五大报告指出，公有制为主体，多种所有制经济共同发展，是我国社会主义初级阶段的一项基本经济制度。中国的改革必须坚持以公有制为主体。根据历史唯物主义的基本原理，所有制属于生产关系范畴，而有什么样的生产力就要求有与之相适应的生产关系，这就是说生产力的发展状况决定了与之相适应的所有制形式。在当代中国，这种新的所有制形式只能确定是社会主义公有制，在所有制关系上，就要求在社会主义社会中，在全社会范围内公有制占主导地位的情况下，还必须允许其他各种形式的所有制并存。实践表明，在公有制为主体条件下发展多种经营，非主导生产要素在各自合理的范围内相对相容，从而也表明了社会主义以公有制为主体，多种所有制并存的合理性。②

由于我国正处在社会主义初级阶段，生产力的发展很不平衡，主导生产要素从整体上发挥作用的同时，各种非主导生产要素在各自相应范围内，作为相对主导生产要素也在发挥作用。这就要求在全社会范围内公有制占主导地位的情况下，寻找其实现的有效路径，从而使各生产要素的人格化代表有效地发挥作用。我国改革的目标是建立社会主义市场经济体制，市

---

① 陈先达、杨耕：《马克思主义哲学原理》，中国人民大学出版社，2010，第215～216页。
② 郑文范：《生产力要素和社会主义所有制》，《东北大学学报》1997年第2期。

场经济对于公有制经济及其实现形式的重要性在于：只有在公平竞争的市场环境下，才能优胜劣汰。在这个基础上建立的公有制经济和选择的实现形式，才是经过考验的真正适合生产力发展的公有制经济及其实现形式。任何事物都是在矛盾和斗争中发展的，流水不腐，户枢不蠹，社会主义市场经济的存在为公有制经济的发展及其实现形式的选择提供了公平竞争的舞台，这些都为社会主义经济乃至社会主义的发展注入了生机和活力。①

二　中国特色社会主义的上层建筑

胡锦涛同志在讲到中国特色社会主义上层建筑的优势时指出，这个制度符合我国国情，顺应时代潮流，有利于保持党和国家活力，调动广大人民群众和社会各方面的积极性、主动性、创造性；有利于解放和发展社会生产力，推动经济社会全面发展；有利于维护和促进社会公平正义，实现全体人民共同富裕；有利于集中力量办大事，有效应对前进道路上的各种风险挑战；有利于维护民族团结、社会稳定、国家统一。

（一）人民代表大会制度

人民代表大会制度是符合中国具体实际的根本政治制度，是实现中国人民当家作主的重要途径，是社会主义政治文明建设的重要制度载体，具有鲜明的特色优势。人民代表大会制度真正代表了人民的利益，是实现人民当家作主的最高形式，得到了最广大人民群众的广泛认同和有力支持。人民代表大会制度体现了中国共产党的领导地位和执政地位，各级人大代表肩负的都是人民的重托，都是在中国共产党领导下为人民服务，根本利益是一致的。人大代表具有广泛的代表性，工作和生活在人民中间，同人民群众保持着密切的联系，对人民群众的生活和愿望感受最直接。通过人民代表大会，人民把国家和民族的前途与命运牢牢掌握在自己手中，真正实现当家作主。人民通过民主选举，产生自己的代表，组成各级人民代表大会及其常委会，其集中人民的共同意志，代表人民的根本利益，对人民

---

① 郑文范：《公有制实现形式多样性的生产力基础》，《光明日报》1999 年 3 月 22 日。

负责，受人民监督，真正体现了国家一切权力属于人民。

（二）中国共产党领导的多党合作和政治协商制度

中国共产党领导的多党合作和政治协商制度，在政党制度和民主政治方面都显示出自己的特殊优越性。一方面，这个制度实现了共产党领导与多党合作的有机统一，是一种新型的社会主义政党制度。在这项制度中，只有执政党与参政党的区分，而没有执政党与在野党的区分，既不是一党制也不是多党制。中国共产党是领导核心、执政党，各民主党派是中国共产党领导的、与共产党长期合作共事的参政党，不是在野党，更不是反对党。共产党和各个党派既有集中统一的领导，又有多党之间的团结合作，既能够集中力量办大事，又能够进行民主协商和相互监督。与此相反，西方资本主义国家实行的是多党制或两党制，有执政党、反对党和在野党，各党派明争暗斗，但无论哪个党派上台执政都是极力维护自己及其代表的利益集团的利益，根本不可能实现团结合作。另一方面，这个制度在民主政治发展方面显示了特色优势，它充分体现了协商民主的特点，具有强大的民主政治功能。合作、参与、协商构成了政治协商制度的基本精神，团结、民主、和谐则是它的本质属性。在中国特色社会主义建设的过程中，这个制度充分发挥了政治参与、利益表达、社会整合、民主监督、维护稳定等重要功能，有利于最大限度地集中社会资源，形成统一意志和行动。在运行的过程中，政治协商制度把尊重多数与照顾少数有机统一起来，把广泛民主与集中领导有机统一起来，畅通和拓宽社会利益表达渠道，使社会各方面的愿望和要求得到更充分的反映和实现，把不同的社会主义建设者有效地纳入政治体制当中，有力地推动中国特色社会主义民主的发展。①

（三）民族区域自治制度

民族区域自治制度符合我国民族关系和民族分布等具体情况，符合各

① 杨春风：《论中国特色社会主义政治制度的形成发展及特色优势》，《马克思主义研究》2011年第9期。

民族人民的共同利益和发展要求，在实践中显示了不同凡响的优势。从制度设计上看，它是从中华民族的实际出发处理民族关系的独创性的制度安排。中国是一个拥有56个民族的多民族国家，多个民族之间在历史上相互交融，共同发展，形成了中华民族一体多元的特点。这种民族发展的历史和特点，决定了中国既不能搞完全的民族自决，使各民族之间难以有效合作和融合交流，也不能搞完全的民族一律，忽视甚至消灭各民族的具体特点。

从制度实施的实践效果上看，几十年来，民族区域自治制度在维护国家统一、民族团结、社会稳定方面发挥着举足轻重的作用。各民族依法自主地管理本民族事务，民主地参与国家和社会事务的管理，保证了中国各民族不论大小都享有平等的经济、政治、社会和文化权利，共同维护国家统一和民族团结，反对分裂国家和破坏民族团结的行为，形成了各民族相互支持、相互帮助、共同团结奋斗、共同繁荣发展的和谐民族关系，成为促进国家经济社会发展和社会政治稳定的重要力量。

（四）基层群众自治制度

基层群众自治制度把发挥人民群众的主体创造作用同党和政府的主导引领作用有机统一起来，在社会主义民主政治建设中发挥了重要作用，展现了鲜明的特点和优势。

一方面，它充分体现了广大人民群众民主参与的直接性和有效性。基层群众自治与人民群众的切身利益密切相关，能够直接反映人民群众的利益诉求。人民群众通过这种自治能够获得看得见、摸得着的利益，保护自己的权利不受侵犯；人民群众在自己生活的社区内，通过选举、决策、管理和监督，直接参与基层公共事务和公益事业的管理。另一方面，它与我国经济社会发展相适应、相促进，成为解决人民内部矛盾的有效途径。

总之，中国特色社会主义政治制度，是中国共产党领导中国人民进行社会主义民主政治建设创新实践的科学总结，是中国特色社会主义政治发展经验的制度固化，从一开始就显示出鲜明的中国特色，在发展过程中越来越显示出自己的独特优势。

三 中国特色社会主义的经济基础和上层建筑相互作用

（一）上层建筑通过管理整个社会生活发挥作用

在中国特色社会主义条件下，社会上层建筑的作用和功能已经不是传统意义上简单的被决定和反作用于经济基础的问题，上层建筑的作用和功能必须通过科学合理地管理整个社会生活来实现，这是现实生活社会化程度日益扩大的情况下，对社会上层建筑提出的客观要求。没有现代意义上的科学合理的管理意识和先进科学的思想作为上层建筑的灵魂，没有相应政策和措施的有效实施，就不可能有真正意义上的现代化的社会生活，更不可能有社会的持续顺利发展。在社会化程度越来越高的情况下，社会上层建筑的重要作用也越来越得以凸显，这是我国现代社会的重要特征。

（二）上层建筑与经济基础的混合生长

在我国社会主义条件下，上层建筑与经济基础的混合生长突出地表现为政府对经济的干预能力增强。在我国政府的组织结构中，经济部门（如对外经贸部、财政部等）占有重要的地位。在一般场合，政府及其职能部门都以较为直接地为社会尤其是社会经济的发展服务为宗旨。到目前为止，对经济的行政干预，如制定政策或改革旧的经济体制，用货币手段、价格手段和税收手段调节经济发展，已是我国政府经常采取的措施。

上层建筑与经济基础的混合生长，还表现在我国政府和国际组织的对外援助体系中，如"一带一路"。在我国对外关系中，对外援助具有独特的地位和作用。一方面，它与投资贸易一起构成了国际关系的三大领域；另一方面，它又作为经济外交的载体而与政治外交、军事外交比肩而立，构成了国际关系中不可或缺的重要部分。因此，对外援助既非单纯的国际经济现象，也非单纯的国际政治现象，而是一种典型的国际政治经济现象。

（三）上层建筑组织社会力量

在我国社会主义条件下，社会上层建筑对社会生活的管理，除了协调和促进各种社会利益的顺畅流动外，还在更高的社会层面上组织社会力量从事民间社会力量所不能及的具有社会整体性意义的社会事业，这也是社会上层建筑在社会发展中的重要作用之一。有了这样的功能和作用，社会有机体才是健康和富有生命力的。所以，公正、平等、正义、民主是现代社会高度的社会化趋势对社会上层建筑提出的必然要求，更应该说是人类生活的社会化与普遍联系赋予上层建筑的本质特征。

第三节　社会主义核心价值观与经济基础和上层建筑辩证关系原理的契合

社会主义核心价值内在于社会主义上层建筑之中，社会主义核心价值观与经济基础和上层建筑辩证关系原理的契合体现了社会主义核心价值观与中国特色社会主义的核心契合，契合形式为：民主：社会主义始终高扬的旗帜；文明：社会主义的重要特征；和谐：中国特色社会主义的本质属性；自由：社会主义的价值理想；公正：社会主义的本质体现；法治：现代社会治理的基本方式。

一　民主：社会主义始终高扬的旗帜

（一）民主的内涵与特点

1. 民主的内涵

民主是人类普遍追求的一种价值理念。在马克思主义政治思想中，民主更是一种核心价值理念。民主是中国特色社会主义的本质要求，没有民主就没有中国特色社会主义。中国特色社会主义民主既是一个价值目标，更是一种政治实践。

2. 民主的特点

第一，民主是人类共同的政治理想。马克思主义认为，"国家是文明社会的概括"，人类进入文明社会的标志，就是国家这一政治组织的形成。国家一经产生，处于这一政治共同体中的人们就开始追问一个问题：国家的主人是谁？人民在国家中居于何种地位？

在人类政治的发展演进中，不论是古代寻求的"民之主"，还是近代以来的"民选主"，乃至现在和将来希望的"民自主"，民主都是人类一以贯之的共同理想，虽然在各个不同时期人们对民主的含义和实现方式有不同的理解。

第二，对民主政治的追求是中华民族的一种政治传统。中国长期实行封建制度，一方面它是一种专制，君主拥有很大的权力；另一方面，它也包含着丰富的民本政治思想。近代以来，中国人民对民主的追求也曾受到西方民主思想的影响。例如，在 20 世纪初的新文化运动中，为了反对专制，先进的中国人举起了西方的"德先生"（民主）和"赛先生"（科学）两面旗帜。这表明，中国人民和世界各国人民一样，一直追求着民主政治。

第三，民主具有普遍性，但又是历史的、相对的。民主作为政治理想和价值理念，具有普遍性特点。但在人类历史发展中，民主往往表现为一种政治实践和政治制度，它又是历史的、具体的、相对的。世界上从来就没有抽象的、绝对的民主，没有一成不变的民主发展道路和民主模式。一个国家选择什么样的政治发展道路和民主模式，是由这个国家的历史文化传统、经济社会发展水平决定的。由于历史传统、具体国情和发展阶段的不同，各个国家的民主道路和模式呈现不同的特征。比如，英国是在君主制基础上通过改良方式发展为君主立宪制；美国是在移民文化基础上通过革命形式建立起以联邦制为基础的总统共和制；而法国则是在革命和复辟的多次反复中，建立了兼具议会制和总统制特征的混合制。

（二）民主与社会主义经济基础和上层建筑辩证关系原理

民主与社会主义经济基础和上层建筑辩证关系原理密切相关，表现在它既是中国共产党人一以贯之的政治目标，同时也是社会主义现代化国家政治建设的价值目标。

1. 人民民主是中国共产党人的不懈追求

马克思主义自产生以来，就以推翻专制和剥削制度，建立人民民主的社会为己任。以马克思主义为指导思想的中国共产党自成立之日起，就为争取实现人民民主而不懈奋斗。早在新中国成立前,毛泽东就明确指出,"没有广大人民的民主,就没有人民当家作主的国家"。

新中国成立后,我们党领导全国各族人民建立了人民民主专政的国体,为人民民主的实现提供了政治前提;建立了社会主义制度和人民代表大会制度,为人民民主的实现奠定了制度基础。党的十一届三中全会以来,我们总结发展社会主义民主正反两方面的经验,开创了中国特色社会主义民主发展的新道路。新世纪、新阶段,党的十八大提出了"两个一百年"目标,中国特色社会主义民主政治展现出更加旺盛的生命力和更加辉煌灿烂的发展前景。在实现社会主义核心价值的历史征程中,每一个中国人正以前所未有的主人翁姿态,"通过各种途径和形式管理国家和社会事务、管理经济和文化事业,共同建设,共同享有,共同发展,成为国家、社会和自己命运的主人"。①

2. 社会主义民主继承了人类政治文明的积极价值,蕴含着人类民主政治的核心要义和未来发展趋势

资本主义民主是与资本主义私有制紧密联系在一起的,这就决定了资本主义民主只能是少数人享有的民主。西方的选举制度和代议民主在现实中往往受资本和金钱主导。社会主义民主是比资本主义民主更先进的民主。社会主义民主继承了人类政治文明的积极价值,代表着人类民主政治的核心要义和未来发展趋势。社会主义民主发展和维护人民的根本利益。同时从效率上讲,中国特色社会主义民主有利于发挥集中力量办大事、提高效率办成事的政治优势。

3. 社会主义民主是一个不断发展进步的过程

社会主义民主的发展不是孤立的,它要受到经济文化条件、社会环境等多种因素的制约。正如马克思所说,权利永远不能超出社会的经济结构以及由经济结构制约的社会的发展。当前,我国仍处于并将长期处于社会主义初级阶段,这就决定了中国特色社会主义民主的发展不可能一蹴而就,而是一个长期的过程。

---

① 习近平:《在首都各界纪念现行宪法公布实行 30 周年大会上的讲话》,新华网,2012 年 12 月 4 日。

（三）民主实现的经济基础和上层建筑保证

1. 通过坚定不移地走中国特色社会主义政治发展道路实现民主

道路决定未来，政治发展道路正确与否，对一个国家的民主政治建设具有决定性意义。中国特色社会主义政治发展道路，是在我国历史文化传统、经济社会条件的基础上长期发展、内生演化的结果。走中国特色社会主义政治发展道路，是历史的必然，是现实的要求。

第一，走中国特色社会主义政治发展道路，必须坚持党的领导。对中国而言，不存在多党轮流执政的政治基础和社会基础，放弃党的领导，社会主义社会的性质就会改变，人民当家作主的地位就会丧失。坚持党的领导，必须完善党的领导，要改革和完善党内民主制度，不断发展党内民主，以党内民主带动人民民主。

第二，走中国特色社会主义政治发展道路，还要健全社会主义协商民主制度。协商民主是中国特色社会主义民主的重要形式。要坚持和完善中国共产党领导的多党合作和政治协商制度，充分发挥人民政协作为协商民主重要渠道的作用，推进政治协商、参政议政制度建设，更好地汇聚力量、建言献策。要把政治协商纳入决策程序，坚持协商于决策之前和决策之中，增强民主协商的实效性。

2. 通过积极、稳妥地推进政治体制改革推进民主

深化政治体制改革是发展中国特色社会主义民主的必然要求。邓小平指出，有人说我们只搞经济体制改革，不搞政治体制改革，这不对；我们的改革是包括政治体制改革在内的全面改革。"进行政治体制改革的目的，总的来讲是要消除官僚主义，发展社会主义民主，调动人民和基层单位的积极性。"① 深化政治体制改革，必须从中国实际出发，与我国生产力和生产关系的发展相适应，与我国的历史条件、经济文化发展水平相适应。既要积极，又要稳妥；既要坚定不移，又要循序渐进。

3. 通过积极提升公民的民主素养推进民主

弘扬和践行社会主义民主观，必须提升公民的民主素养，将民主转化

---

① 《邓小平文选》第 3 卷，人民出版社，1993，第 177 页。

为每个公民的生活方式。首先，要提高每个公民的政治参与意识和能力。社会主义民主只有通过公民广泛的政治参与才能真正实现。改革开放以来，随着社会主义民主政治的发展，我国公民的民主素养不断提升，政治参与意识不断增强。但是，我国是一个有着几千年专制历史的国家，公民的民主素养和政治参与意识总体上还有待提升。要积极拓展公民政治参与的渠道，提升公民政治参与能力，最广泛地动员和组织人民依法管理国家事务和社会事务、管理经济和文化事业。

其次，要求每个公民积极培育有利于民主的各种思想意识。我们要多些规则和法治意识，少些江湖习气和圆滑世故；我们要多些人格独立和平等意识，少些等级观念甚至奴才意识；我们要多些对话意识和妥协精神，不能只想着压制甚至消灭对方；等等。只有在日常生活中积极培育这些有利于民主的思想意识，我们才能离民主政治越来越近。

最后，要体现在基层自治和社会自主治理之中。马克思主义认为，人民民主不断发展的过程，也就是实现社会自主治理的过程。当然，最终完全实现社会自主治理是一个漫长的过程。基层自治是迈向社会自主治理的重要环节和步骤。党的十八大报告指出，在城乡社区治理、基层公共事务和公益事业中实行群众自我管理、自我服务、自我教育、自我监督，是人民直接行使民主权利，实现社会主义民主的重要方式。

二 文明：社会主义的重要特征

文明是社会进步和国家发展的重要标志。在社会主义核心价值观中，"文明"集中体现着社会主义先进文化的前进方向和社会主义精神文明的价值追求。弘扬和践行社会主义文明观，必须自觉遵循文化建设规律，既要吸取古今中外一切文明成果的有益成分，更要立足于中国特色社会主义伟大实践，使文化建设与时代进步同行、与实践发展同步。

（一）文明的内涵与作用

1. 文明的内涵

在东西方文化中，"文明"一词在词源学上的含义，都与社会个体在文化和道德品行上的素质紧密相关。英文中的"文明"（civilization）一词源于拉丁文"civis"，意思是指罗马的城市公民身份，含有比非城市人生活状态优越的意思，后引申为一种先进的社会和文化发展状态。

汉语的"文明"一词，最早出自《周易》。《乾》曰："见龙在田，天下文明"，有"光明"之意。在其他典籍中，文明一词更多意指人的教养和开化。《尚书·舜典》称赞舜"浚哲文明，温恭允塞"。唐人孔颖达注解说"经天纬地曰文，照临四方曰明"，有王者修德、民风淳朴之意涵。《礼记》曰："是故情深而文明，气盛而化神，和顺积中而英华发外。"这里的文明，是个人内在德行和文化素养外显的结果，不仅个人神采奕奕，而且能让他人如沐春风。正是在文明的教化之下，中华民族在长期的历史发展中不仅物质文明昌盛，而且博得礼仪之邦的美誉。

2. 文明的作用

第一，文明是社会进步的精神动力和文化体现。在人类发展史上，文明作为一种价值追求，对社会主体的实践活动起着十分重要的价值导向作用。社会主体对文明的追求，可以提升个人素养，优化社会秩序，推动国家发展。概括地讲，人类社会史就是一部人类文明史。

第二，文明是国家发展的精神动力和文化体现。当今时代，文化软实力在综合国力竞争中的地位日益重要，文明成为国家发展的灵魂和精神动力。在国际竞争中，谁占据了文化发展的制高点，谁就能在国际竞争中掌握主动权。改革开放以来，中国的社会主义现代化建设取得了举世瞩目的成就，社会主义文明也取得了长足发展。但不可否认的是，相对于物质文明建设所取得的成就而言，我们在精神文明建设方面还存在诸多问题。人类文明进步的历史充分表明，"没有先进文化的积极引领，没有人民精神世界的极大丰富，没有全民族创造精神的充分发挥，一个国家、一个民族不可能屹立于世界先进民族之林"。[①]

（二）文明与经济基础和上层建筑辩证关系原理

文明与经济基础和上层建筑辩证关系原理密切相关，体现在如下方面。

---

① 《十六大以来重要文献选编》下卷，中央文献出版社，2008，第752页。

1. 文明是中国共产党人始终不变的价值诉求

建设文明国家，是中国共产党始终不变的价值诉求。在革命战争年代，建设文明国家就是共产党领导人民进行革命的目标之一。毛泽东指出，我们"不但要把一个政治上受压迫、经济上受剥削的中国，变为一个政治上自由和经济上繁荣的中国，而且要把一个被旧文化统治因而愚昧落后的中国，变为一个被新文化统治因而文明先进的中国"。[①]

在社会主义建设和改革开放新时期，我们党一再强调，不仅要建设高度发展的物质文明，还要建设高度发展的精神文明，二者都是社会主义建设的重要内容，相互支撑，不可偏废。"社会主义的优越性不仅表现在经济政治方面，表现在能够创造出高度的物质文明上，而且表现在思想文化方面，表现在能够创造出高度的精神文明上。贫穷不是社会主义；精神生活空虚，社会风气败坏也不是社会主义。……必须充分认识到，两个文明建设缺少任何一个方面的发展，都不成其为有中国特色的社会主义。"[②]

在新世纪、新时期，我们党将社会主义文明上升到兴国之魂的高度。习近平指出，中国共产党人要领导中国人民实现民族复兴的"中国梦"，就必须弘扬凝聚社会主义核心价值体系精髓的中国精神。"实现'社会主义核心价值'必须弘扬中国精神，这就是以爱国主义为核心的民族精神，以改革创新为核心的时代精神，这种精神是凝心聚力的兴国之魂、强国之魂。"

2. 社会主义文明是迄今为止最先进的文明形态

马克思主义认为，随着社会生产力的不断发展，人类文明不断由低级向高级发展，社会主义文明是人类社会发展迄今为止最先进的文明形态。这是因为社会主义文明以最广大劳动人民为服务对象，以最终实现人的自由全面发展为最高价值目标。人的解放、人的自由全面发展始终是社会主义文明发展的主题和目标。在从社会主义到共产主义的发展链条中，社会主义文明将为未来的"每个人的自由全面发展"的共产主义阶段准备条件、提供基础。[③]

---

① 《毛泽东选集》第2卷，人民出版社，1991，第663页。
② 中共中央文献研究室编《社会主义精神文明建设文献选编》，中央文献出版社，1996，第473～474页。
③ 《毛泽东书信选集》，中央文献出版社，2003，第199页。

（三）文明实现的经济基础和上层建筑保证

1. 通过积极培育和践行社会主义文明观保证文明的实现

社会主义文明作为人类文明发展史上一种新型的文明，是社会主义核心价值观的重要组成部分。培育和践行社会主义文明价值观，既要自觉遵循社会主义文化建设的规律，还要把文化建设和中国特色社会主义的各项建设结合起来，使社会主义文明与时代进步同行、与实践发展同步。为此要遵循文化发展规律，把传承和发扬中华民族的优秀文化传统同借鉴人类文明的一切积极成果有机结合起来。①

2. 把精神文明建设和中国特色社会主义建设的各项事业结合保证文明的实现

物质生产是一切历史发展的基本条件，社会主义精神文明建设，必须以社会主义物质文明建设为基础并与之相适应。也就是说，培育和践行社会主义文明观，必须融入社会主义物质文明、政治文明、社会文明和生态文明的宏大系统，这是社会主义文明发展的内在要求。

3. 通过提升公民文明素养保证文明的实现

人民群众是历史的创造者，也是社会文明的创造者。社会主义文明之所以是人类迄今为止最先进的文明形态，就在于它以最广大劳动人民为服务对象，以最终实现人的自由全面发展为最高价值目标。培育和践行社会主义文明观，必须以人为本，尊重人民群众的主体地位。要用社会主义文明观塑造广大人民的精神世界和价值观念，保证社会主义文明的实现。

三 和谐：中国特色社会主义的本质属性

自人类社会产生以来，对和谐社会的追求就成为一种重要的价值取向。在中国，和谐自古以来就是中华文明遵循的核心价值理念。在西方，法国的空想社会主义者在 18 世纪就提出了建立"和谐社会"的构想。马克思主义批判地吸收了空想社会主义理论中的合理成分，科学地描绘了未来理想

---

① 《毛泽东选集》第 2 卷，人民出版社，1991。

社会的蓝图。中国特色社会主义和谐社会建设，正是实现这一价值目标的伟大实践。

（一）和谐的内涵与作用

1. 和谐的内涵

和谐是世界万物存在的一种方式。唯物辩证法认为，万事万物都是矛盾的统一体，和谐是矛盾的一种表现形式，是在承认事物多样性、差异性存在的前提下，矛盾双方相互依存、互为条件、协调发展的状态。

和谐作为世界的一种本质，还是事物存在的根据和发展的动因。在古代中国，和谐同样被视为万事万物存在的根据和发展的动因。"和"即不同、差异，是万物生存、发展的基础；"同"即简单的同一，不能产生任何新的东西。所以，《荀子》说："万物各得其和以生，各得其养以成。"可见，"和"既是万物"生"的根据，也是万物"成"的"达道"。

在中国传统文化中，和谐还是构建理想社会的价值根据。《礼运·大同篇》描绘了古人心中梦想的"大同之世"："大道之行也，天下为公，选贤与能，讲信修睦，故人不独亲其亲，不独子其子，使老有所终，壮有所用，幼有所长，矜、寡、孤、独、废疾者皆有所养；男有分，女有归，……是谓大同。"很明显，大同社会就是一个完美调节老幼、男女等自然差别和贤愚、公私等社会区别的和谐世界。

（二）和谐与经济基础和上层建筑辩证关系原理

和谐与社会主义经济基础和上层建筑辩证关系原理密切相关，体现在如下几个方面。

1. 和谐是中国特色社会主义的本质属性

胡锦涛指出，"我们所要建设的社会主义和谐社会，应该是民主法治、公平正义、诚信友爱、充满活力、安定有序、人与自然和谐相处的社会"。[1] 由此说明和谐也是社会主义本质。社会主义的和谐是广义的，主要

---

[1]　胡锦涛：《在省部级主要领导干部提高构建社会主义和谐社会能力专题研讨班上的讲话》，人民出版社，2005，第14页。

包括经济和谐、政治和谐、环境和谐等，其特点也是由社会主义生产力特点决定的。

社会主义生产力具有人本性的特点，决定了其既能够使整个社会经济总量提高，还能够使每个人的收入增加，也能够调整过程中收入差距，防止两极分化。所以社会主义生产力功能的发挥为实现经济和谐创造了条件。此外，还能够使政治矛盾不断得以缓和，国家不内乱、不分裂，在缓和基础上有序推进政治体制改革，社会主义生产力功能的发挥为实现政治和谐创造了条件。社会主义生产力还具有信息性的特点，能够避免环境恶化，解决资源的高消耗、环境的高污染、效益低下、资源破坏严重、人与自然的矛盾恶化问题，为实现环境和谐创造条件。

2. 构建和谐社会是中国共产党执政兴国的一贯诉求

2004 年党的十六届四中全会首次明确提出"和谐社会"的概念。2006 年党的十六届六中全会通过了《中共中央关于构建社会主义和谐社会若干重大问题的决定》，指出要切实把构建社会主义和谐社会作为贯穿中国特色社会主义建设全过程的长期历史任务和全面建设小康社会的重大现实课题抓紧抓好。2012 年党的十八大报告提出"两个一百年"奋斗目标，并把"必须坚持促进社会和谐"作为在新的历史条件下，夺取中国特色社会主义新胜利必须牢牢把握的八个基本要求之一。

今天，中国共产党人正带领中国人民行进在全面建成小康社会，实现中华民族伟大复兴的历史征程上。一方面，经过改革开放 30 多年的发展，我们经济建设取得重大发展，社会变革日新月异。另一方面，我们也面临诸多社会矛盾，城乡、贫富、区域差距拉大，教育、医疗、社会保障等方面矛盾突出，人与自然关系紧张，等等。这些问题，迫切要求我们党把构建社会主义和谐社会摆在更加突出的地位，最大限度激发社会活力，最大限度增加和谐因素，最大限度减少不和谐因素。

（三）和谐实现的经济基础和上层建筑保证

1. 通过人与人的和谐保证和谐的实现

人与人的和谐，即社会关系的和谐。人是社会关系的产物，"人的本质不是单个人所固有的抽象物，在其现实性上，它是一切社会关系的总和"。① 作为社会关系的产物，人的全面发展必然蕴含着正确处理个体与个体、个体与社会的关系。马克思主义认为，人的发展取决于社会关系的发展。社会关系实际上决定着一个人能够发展到什么程度。在资本主义条件下，由于私有制和旧的分工的存在，人的各种社会关系是异化、颠倒的。要实现人的自由全面发展，就必须把各种异化的社会关系颠倒过来，必须推翻那些使人成为被侮辱、被奴役、被遗弃和被蔑视的东西的一切关系，使人的世界和人的关系回归于人自身。② 所以，要实现人与人关系的和谐，就必须推翻资本主义私有制和旧的社会分工，建立社会主义的生产关系和政治制度。

2. 通过人与自然的和谐保证和谐的实现

人是自然的一部分，自然界"是我们人类（本身就是自然界的产物）赖以生长的基础"。③ 马克思主义认为，人的解放面临两大基本问题，即如何处理人与自然以及人与人之间的矛盾，"我们这个世界面临的两大变革，即人同自然的和解以及人同本身的和解"。④ 在资本主义制度下，私有制刺激人们不断追求个体利益最大化，人也以自然界征服者的身份出现。恩格斯对资本主义造成的生态失衡问题提出了严肃警告："我们不要过分陶醉于我们人类对自然界的胜利。对于每一次这样的胜利，自然界都对我们进行报复。"⑤ 人类要实现与自然的"和解"，需要对我们迄今存在过的生产方式以及和这种生产方式结合在一起的我们今天整个社会制度进行完全的变革。⑥ 对于在资本主义制度内发展起来的对自然环境的破坏力，需要有"联合起来的生产者的控制"才能够加以克服。因此，人与自然的和谐，只有在社会主义制度中才能真正实现，"社会化的人，联合起来的生产者，将合理地调节他们和自然之间的物质变换，把它置于他们的共同控

---

① 《马克思恩格斯选集》第 1 卷，人民出版社，1995，第 56 页。
② 《马克思恩格斯全集》第 3 卷，人民出版社，2002。
③ 《马克思恩格斯选集》第 4 卷，人民出版社，1995，第 222 页。
④ 《马克思恩格斯全集》第 1 卷，人民出版社，1956，第 603 页。
⑤ 《马克思恩格斯选集》第 4 卷，人民出版社，1995，第 383 页。
⑥ 恩格斯：《自然辩证法》，人民出版社，1984。

制之下"。①

3. 通过国际关系的和谐保证和谐的实现

和谐作为中国特色社会主义的本质属性，不仅是我们国内建设遵循的价值准则，也是我们积极倡导的处理国际关系的价值准则。中国对内提出构建和谐社会，对外则主张共建和谐世界。和谐世界的构想是和谐社会构想在国际上的延伸，二者在价值追求与行为逻辑上是一致的。社会主义和谐世界的理念主张，面对族群矛盾、国家冲突、文明差异等问题，应以开放的态度包容差异，以对话的方式解决冲突，以合作的方式谋求共赢。社会主义和谐价值观所蕴含的和谐世界观，代表着人类世界的普遍要求和未来方向，是社会主义和谐观的世界历史意义的现实体现，反映了人类世界的共同价值诉求。

4. 通过培育和弘扬社会主义和谐价值观保证和谐的实现

今天，我国社会主义现代化国家的社会建设取得了积极进展，但也存在价值诉求多元、利益纷争突出、矛盾冲突多发等影响社会和谐的问题。培育、践行与弘扬社会主义和谐价值观，任重而道远。一方面，我们要善于继承发扬中华民族优秀文化传统中蕴含的和谐价值理念；另一方面，我们要遵循培育核心价值观的一般规律，做到内化于心、外化于行。此外，还要将培育和弘扬社会主义和谐价值观和构建和谐社会的实践结合起来。

四 自由：社会主义的价值理想

自由是马克思主义的终极追求，也是社会主义的内在逻辑。自由是改革和发展的源头活水，是完善社会主义市场经济体制的必然要求。倡导自由和促进自由的实现，对于推进中国特色社会主义事业有着重要意义。

（一）自由的内涵与意义

自由是一个内涵丰富的概念。在人们的日常认知中，自由与约束和限制相对，是一种摆脱束缚、无拘无束的自在状态。马克思主义哲学用实践

---

① 《马克思恩格斯全集》第25卷，人民出版社，1974，第926页。

的观点看待自由，把自由看作基于对必然性认识之上的对客观世界的改造。而在政治哲学传统中，自由又是一个与权利相联系的范畴，意味着国家赋予公民各种各样的权利。

自由是马克思主义的终极追求。马克思曾在《1857～1858年经济学手稿》中提出过人类发展的三个阶段和形态，而这三个阶段正是以自由作为首要衡量指标。最初，在生产力还不发达的自然经济社会，人或者盲目受自然规律限制，或者屈从于他人的压制和束缚之下，既没有独立性，也没有自由，只有"人的依赖关系"。而在第二个发展阶段，即资本主义社会，人虽然获得了形式上的独立，但在私有制和商品经济体系中沦为资本、金钱、商品的奴隶，全面地依赖于物。只有到了最高的发展阶段，即共产主义社会——那里生产力高度发达，人们共同分享社会生产能力和社会财富，才能实现人的全面发展和自由个性，才能实现真正的自由。根据马克思、恩格斯的描绘，在共产主义社会中，人类超越了仅仅为生存、为外在目的而进行活动的不自由状态，每个个体都可以根据自身的兴趣、爱好、需求、能力自由地从事活动。像马克思、恩格斯所说的那样，上午打猎、下午捕鱼，傍晚从事畜牧，晚饭后进行批判，自由而全面地发展自身的个性和能力。这种以人的全面发展为内容的自由是马克思主义的终极价值目标。

（二）自由与经济基础和上层建筑辩证关系原理

自由与社会主义经济基础和上层建筑辩证关系原理密切相关，体现在如下几方面。

1. 自由是社会主义的内在逻辑

个体能否实现自由、实现何种程度的自由，在根本上取决于其所处社会的性质。在资本主义条件下，人的自由受到多重因素的限制。首先，生产资料私有制使工人受到资本家的剥削和压迫；其次，精细的现代分工体系使人片面化发展，人的各种本质、需要和能力由于狭隘的职业限制而遭到压抑；最后，资本主义商品拜物教使人成为商品和金钱的奴隶，所有人都处于异化、不自由的状态。社会主义社会最初正是在对资本主义社会普遍存在的压迫、片面化、异化等不自由现象的反抗中诞生的，并以共产主义的自由理想为前进方向，因此自由是社会主义内在固有的本质和要求。

如同恩格斯所说，"我们的目的是要建立社会主义制度，这种制度将给所有的人提供健康而有益的工作，给所有的人提供充裕的物质生活和闲暇时间，给所有的人提供真正的充分的自由"。① 社会主义不仅要消灭一切不自由的制度根源——生产资料私有制，而且要充分保证人们发展自由个性的物质和时间前提，为最终实现人的自由全面发展的共产主义做好准备。

2. 自由是中国特色社会主义的基本要义

自由是中国特色社会主义的基本要义，是"社会主义核心价值"的核心意蕴。中国特色社会主义事业的出发点和落脚点都是为了实现广大人民群众的根本利益。人民的利益不仅是物质生活的改善，更重要的是保证人民能够充分享有发展自我、实现自我的条件和自由，每个人都能够自由全面地发展，都能享有"人生出彩"、"梦想成真"的机会。十八大明确把"促进人的全面发展"纳入中国特色社会主义道路的内涵。促进人的全面发展，既需要保障人们所拥有的言论等基本权利和自由不受干涉，又需要提供给人们自由发展的资源和条件。党的十八大和十八届三中全会所制定的政治、经济、文化等各领域的各项改革措施，都是为了扩大人民的自由，使每个人都能有更多的权利、机会和更大的能力并且在更完善的社会条件下来实现自己美好生活的梦想。

（三）自由实现的经济基础和上层建筑保证

马克思说过，"权利决不能超出社会的经济结构以及由经济结构制约的社会的文化发展"。② 实现以人的自由全面发展为核心内容的马克思主义自由目标，是一项长期而艰巨的任务，不能脱离实际盲目求快，而要依据当前发展阶段的社会经济文化条件制定相应的权利和自由清单，逐步实现自由的终极目标。

1. 解放和发展社会生产力保证自由的实现

解放和发展社会生产力是实现自由的实践基础。社会生产力的发展为人的自由全面发展提供现实条件。只有生产力发展了，才能满足人们多方

---

① 《马克思恩格斯全集》第 21 卷，人民出版社，1965，第 570 页。
② 《马克思恩格斯选集》第 3 卷，人民出版社，1995，第 305 页。

面的需要，培养和挖掘人多方面的能力和才干，形成普遍的交往体系，为人自由丰富的个性和全面自由的关系的发展提供物质条件。因此，要实现自由必须以解放和发展生产力为前提。只有不断发展生产力，扩大生产交往，让集体的一切财富充分涌流，自由的实现领域和实现程度才能得到拓宽和加深。

2. 通过改革和发展保证自由的实现

自由是改革和发展的源头活水，是完善社会主义市场经济体制的必然要求。改革需要创新，需要解放思想。只有倡导思想自由，才能破除思想上的种种禁锢，从一切不合时宜的观念、做法和体制的束缚中解放出来，从教条主义和主观主义的桎梏中解放出来，真正做到与时俱进，不断推进和深化改革。自由是解放和发展生产力、激发和增强社会活力的基本前提。只有让人们自由地享有发展的机会和权利，自由地发挥自身的能力和特长，让一切劳动、知识、技术、管理、资本的活力竞相迸发，才能让一切创造社会财富的源泉充分涌流，才能实现社会的进步发展。自由也是健全社会主义市场经济体制的必然要求。十八届三中全会提出，要形成企业自主经营、公平竞争，消费者自由选择、自主消费，商品和要素自由流动的现代市场体系。只有确保市场各方有充分的、正当的自由，才能形成健康活泼的市场经济体系，才能使各种生产要素充分发挥作用，社会主义市场经济才有源源不断的内在动力。

首先，要大力推进社会主义政治体制改革，保证人民享有广泛的权利和自由。政治权利和自由不仅关系到人民的主体地位，而且影响公民其他方面权利和自由的享有，因此要扩大人民民主，并实现公民各项权利得到保障和不断发展基础上的民主。其次，要推进社会主义法治建设，坚持依法执政、依法行政、依法办事，使宪法规定的公民权利和自由得到保障。还要加强公民意识教育和宣传，树立社会主义权利、自由、民主和法治观念，既保证公民的自由和权利得到尊重和保护，又保证公民自觉依法行使权利。

五 公正：社会主义的本质体现

公正是社会主义的本质体现，是构建和谐社会和实现科学发展的必要前提。促进社会公正，是全面深化改革的出发点和落脚点，也是中国特色社会主义的内在要求。

（一）公正的内涵与作用

1. 公正的内涵

公正，英语对应词是 justice，在当代中国语境里，公正的同义语是"公平正义"。古往今来，公正在不同时期不同群体的诠释中呈现各式各样的形态和内涵。马克思主义认为，公正观念总是一定社会集团的公正观念，不存在永恒的、普适的公正，而一定集团的公正观念又是该集团现存经济关系的体现。公正作为一种社会价值，是衡量一个社会的制度安排是否正当合理的重要标准。一个社会的公正，应当体现在经济、政治、法律等社会生活的各个领域、各个层次和各个方面。公正的核心是分配公正。

2. 公正的意义

首先，公正是和谐社会的必然要求，社会的和谐，离不开公平正义。任何社会都是矛盾的统一体，社会不同群体和个人之间的差异、矛盾和冲突是不可避免的。构建和谐社会，就是要使各种矛盾因素趋于平衡和协调，使社会良性运行。成员之间的和谐并不能依靠强制来实现，强硬的戒律也许能让人们互不侵犯，但无法使人与人天然地产生彼此信任、相互包容、互助互利的和谐关系。一个社会如果不公正，受损的人将心理失衡，得益的人则提心吊胆，人与人之间互相嫉妒、防范、猜忌、钩心斗角，矛盾和冲突加剧，整个社会将如同霍布斯所说，"陷入一切人对一切人的战争"。只有建立公正的社会秩序，在人们产生利益分化和冲突时有据可循，使社会利益得到正当合理的分配，才能协调好人们之间的关系。公平正义比太阳还有光辉，当公平正义的阳光洒向社会的每一个角落，就将形成光明、积极的社会秩序和社会氛围。一个崇尚公正的社会，人们各得其所、安居乐业，整个社会也将在团结和谐的氛围中良好运行。

其次，公正能为社会发展进步提供有力保证。社会的发展进步，要依靠人民群众的智慧和力量，依靠人民群众齐心协力的奋斗和努力。一个社会集体，如果不公正的现象随处可见，人民对集体的认同感就会降低，社会就会失去凝聚力，就不可能有人民群众的各尽其能、各得其所。

没有人民投身建设和发展的积极性，社会发展就会像无源之水，最终失去前进的动力。只有在公正的社会环境中，人民的利益才能得到有效保证，人民的心情才能舒畅，各方面的社会关系才能和谐，人民群众的积极性、主动性、创造性才能充分发挥出来，不断激发社会活力，把社会推向前进。

最后，公正是国家稳定的基本前提。水能载舟，亦能覆舟。国家的稳定，政权的牢固，离不开人民的拥护和支持。失公正则失民心，社会任何方面的公正缺失都会直接伤及人民的利益，从而损伤民心，损害人民对国家、对党和政府的信任。公正是社会安定、国家繁荣昌盛的基础。历史无数次证明，任何制度和形态的国家，如果特权横行、腐败当道，公平正义得不到维护，国家就会像大厦失去根基一样，走向崩塌。只有坚决维护社会公正，切实保障人民的利益，才能使人民对党和政府充满信心，社会才能安定团结，国家才能长治久安。

（二）公正与经济基础和上层建筑辩证关系原理

公正与社会主义经济基础和上层建筑辩证关系原理密切相关，体现在如下方面。

1. 公正是社会主义的本质体现

社会主义优越于资本主义的重要特征就在于它以消灭两极分化、实现共同富裕为根本要旨。以往一切阶级社会的发展都以某个集团的利益为目的，以某个集团的意志作为公正的尺度。只有社会主义代表最广大人民群众的利益和意志。让人民能够平等地享有社会发展的成果，是社会主义分配公正理念的集中体现。

2. 实现社会公平是中国共产党人的一贯主张

党的十七大报告明确指出，"实现社会公平正义是中国共产党人的一贯主张，是发展中国特色社会主义的重大任务"。党的十八大提出，"公平正义是中国特色社会主义的内在要求"。十八届三中全会也强调，全面深化改革，"必须以促进社会公平正义、增进人民福祉为出发点和落脚点"。这表明，公平正义是社会主义须臾不可分离的特征和要求。一个社会福利总量的增长，并不意味着每个社会成员的福利都能得到相应增长。如果社会不公正，即便社会福利总量翻了几番，也可能出现小部分人垄断福利而大部分人没有受益的情况。中国特色社会主义以坚持维护公平正义为原则，不仅要把蛋糕做大，还要把蛋糕分好，推动发展成果更多更公平地惠及全体人民。

3. 社会主义的公正理念是以人为本的公正理念

社会主义的公正理念是以人为本的公正理念。依据这种理念，社会主义社会的各项制度安排总是将最广大人民群众的根本利益作为出发点与目的，并在社会发展的过程中不断实现人民的愿望、满足人民的需要、维护人民的根本利益。社会主义公正和资本主义公正相比更具有广泛性和现实性。邓小平同志说过，"我们为社会主义奋斗，不但是因为社会主义有条件比资本主义更快地发展生产力，而且因为只有社会主义才能消除资本主义和其他剥削制度所必然产生的种种贪婪、腐败和不公正现象"。[①] 正是在这种意义上，公平正义是社会主义区别于资本主义的重要特征，也是社会主义核心价值观中最为核心的价值。

（三）公正实现的经济基础和上层建筑保证

1. 通过坚持发展实现公平

始终坚持发展是实现社会公正的关键。公平正义并非抽象的口号，需要现实的社会经济条件来保证。恩格斯告诉我们，"社会的公平或不公平，只能用一种科学来断定，那就是研究生产和交换的物质事实的科学——政治经济学"。[②] 也就是说，要解决公平正义问题，不能仅仅停留在道德层面的呼吁，而要遵循"现代社会生存和发展的规律"，即政治经济学规律。历史证明，脱离生产力发展水平的社会公正只能是空中楼阁。只有大力发展生产力，集中精力搞经济建设，不断增加社会财富和改善人民生活，才能为社会公正的最终实现提供经济基础和物质条件。

2. 通过坚持制度建设实现公平

加紧建设对保障社会公平正义具有重大作用的制度，逐步建立以

---

① 《邓小平文选》第 3 卷，人民出版社，1993，第 143 页。
② 《马克思恩格斯全集》第 19 卷，人民出版社，1963，第 273 页。

权利公平、机会公平、规则公平为主要内容的社会公平保障体系，努力营造公平的社会环境，保证人民平等参与、平等发展权利。进一步深化经济、政治和社会体制改革，缩小不同地区、不同行业、不同居民在收入、教育、就业、医疗、社会保障等权利和资源上的差距。推进城乡一体化发展，健全体制机制，形成以工促农、以城带乡、工农互惠、城乡一体的新型工农城乡关系，让广大农民平等参与现代化进程，共同分享现代化成果。严厉打击腐败、特权等不公正现象，敢于啃硬骨头，敢于涉险滩，突破利益固化的樊篱，破除各方面体制机制的弊端。拿出逢山开路、遇水架桥的改革决心和勇气，推进有利于社会公正的各项改革。

3. 通过深化收入分配制度改革实现公平

深化收入分配制度改革，建立合理有序的收入分配格局。消除当前收入分配制度中的不合理因素，规范收入分配秩序，完善收入分配调控体制机制和政策体系，建立个人收入和财产信息系统，保护合法收入，调节过高收入，清理规范隐性收入，取缔非法收入，增加低收入者收入，扩大中等收入者比重，努力缩小城乡、区域、行业收入分配差距，逐步形成橄榄形分配格局。必须指出的是，收入分配改革，必须遵循经济规律，依生产力发展水平而定，不能盲目求快。马克思主义认为，一定的分配关系只是历史规定的生产关系的表现。某一时期、某一社会的分配关系反映着该时期、该社会的生产关系，并最终取决于社会生产力的发展水平。因此，必须立足于我国长期处于社会主义初级阶段这个最大实际，根据现阶段的生产力水平来制定收入分配改革的具体方案，兼顾公平和效率，在发展经济的基础上，实现共同富裕。

4. 通过完善和健全社会保障制度和体系实现公平

要继续完善和健全社会保障制度和体系。健全的社会保障体系对于促进社会公平正义有着重要的积极作用，它不仅能使社会弱势群体享受生活和发展的基本权益，而且促进社会福利为广大人民共同享有。建立公平可持续的社会保障制度，不断扩大社会保障的范围，使我国社会保障建设向着使全国人民学有所教、劳有所得、病有所医、老有所养、住有所居的方向前进。

六　法治：现代社会治理的基本方式

法治是治国理政的基本方式，是实现自由平等、公平正义的可靠保障。党的十八大报告提出，要全面推进依法治国，加快建设社会主义法治国家。倡导和推进法治建设，对发展中国特色社会主义事业有重要意义。

（一）法治的内涵与作用

1. 法治的内涵

"法治"是一种治国理念或治国方略，强调法律的权威性和普遍适用性，其基本内涵在于，将法律作为治理国家和社会的最高准则，任何人和机构都不得凌驾于法律之上。"法治"与"人治"相对。"人治"是指依人而治，依靠的是掌权者的智慧和权威，强调掌权者的绝对权力。而"法治"是指依法而治，依靠的是法律的理性和权威，强调法律在国家和社会治理中的至上地位。[①]

法治是人类政治文明发展到一定历史阶段的标志。不同社会的法治理念具有不同内容。社会主义法治理念包括依法治国、执法为民、公平正义、服务大局、党的领导五项内容。依法治国是社会主义法治的核心内容，执法为民是社会主义法治的本质要求，公平正义是社会主义法治的价值追求，服务大局是社会主义法治的重要使命，党的领导是社会主义法治的根本保证。这五大内容相互支持、相互补充，体现了党的领导、人民当家作主和依法治国的有机统一。

2. 法治的价值与意义

法治是国家长治久安、社会安定有序、人民安居乐业的重要保障。法治是维护国家稳定、维持社会秩序的可靠手段。近年来，我国社会群体事件频发，严重干扰了社会秩序和居民生活，这与执法人员和群众的法律意识淡薄有直接关联。事实证明，没有法治，我们所追求的安定有序的社会就没有前提和基础。法治还能为社会经济发展保驾护航，只有加强经济立

---

① 〔古希腊〕亚里士多德：《政治学》，商务印书馆，1981，第 171 页。

法，禁止任何组织或个人扰乱社会经济秩序，社会主义市场经济才能良性运行和发展。

（二）法治与经济基础和上层建筑辩证关系原理

法治与社会主义经济基础和上层建筑辩证关系原理密切相关，主要体现在法治为社会主义所倡导的自由、平等、公正等核心价值提供可靠的制度基础。首先，在社会主义法治国家中，法律体现人民意志，规定和保护公民的基本自由和权利，并确保法律面前人人平等。法治也是实现社会公平正义的有效途径，司法体系是社会公正的最后一道防线。

其次，法治符合中国特色社会主义的发展要求。社会主义法治的目的在于保护人民的利益不受侵犯，确保权力的正确运用，这符合以人为本的科学发展观和中国共产党的执政理念。法治是和谐社会的基础。法治引导人民在遇到不可调解的冲突和争端时自觉诉诸法律手段解决，有助于形成清晰、和谐、有序的社会关系和社会秩序。法治有利于培育现代公民社会，使人民知法、懂法、守法，形成明确的法律意识，了解自身的权利和义务，为推进中国特色社会主义事业和实现中华民族伟大复兴奠定良好的社会秩序和公民基础。法治在促进经济社会发展、维护社会公平正义、保障人民各项权利、确保国家权力正确行使等方面都起着重要作用，是建设中国特色社会主义经济、政治、文化和构建和谐社会的必然要求。

（三）法治实现的经济基础和上层建筑保证

1. 通过依法治国方略保证法治实现

依法治国，建设社会主义法治国家已成为国家基本方略和全社会共识，社会主义法治理念逐步形成。全社会法律意识和法治观念普遍增强，自觉学法、守法、用法的社会氛围正在形成。我国在现行宪法基础上，制定并完善了一大批法律、行政法规、地方性法规、自治条例和单行条例，使法律体系日趋完善，国家经济、政治、文化和社会生活的各个方面基本实现了有法可依。法律在促进经济发展、维护社会公平正义、保障人民各项权利、确保国家权力正确行使等方面的作用不断增强。

2. 通过不断推进法治建设保证法治实现

社会主义法治建设是一个长期、复杂的系统工程，既需要法律制度的不断完善，也需要法律意识的日益增强。

全面推进社会主义法治建设必须遵循以下原则：坚持中国共产党的领导、人民当家作主、依法治国的有机统一，保证中国共产党在法治建设中始终发挥总揽全局、协调各方的领导核心作用，保障广大人民群众依照宪法和法律的规定行使当家作主的权利，保证国家各项工作都依法进行；坚持一手抓建设、一手抓法治，紧密结合经济社会发展的客观需要，不断健全和完善法律制度，使法治建设为经济社会发展和构建和谐社会服务；坚持把法治建设植根于中国社会的实际，既注意借鉴国外的有益经验，又立足于中国国情，不照搬别国的法律制度和政治体制；坚持把法治建设的基础放在制度建设和增强全社会的法治观念上，不断提高全社会法治文明水平。①

在当前阶段推进社会主义法治建设，应从完善立法、严格执法、公正司法、自觉守法等方面着手，具体途径包括：进一步完善法律体系，根据社会发展的需要制定新法律和修订旧法律，坚持科学立法、民主立法，不断提高立法质量，尽快形成更加完善的中国特色社会主义法律体系。加大宪法和法律的实施力度，在有法可依的基础上，确保有法必依、执法必严、违法必究，维护人民合法权益和社会公平正义，维护社会主义法制的统一、尊严、权威。深化司法体制改革，建设公正、高效、权威的社会主义司法制度。确保审判机关、检察机关依法独立公正行使审判权、检察权；实行司法公开，加强对司法权力的监督，打击司法腐败；提高司法能力，最大限度减少冤假错案发生。深入开展法制宣传教育，弘扬社会主义法治精神，倡导和树立社会主义法治理念，形成自觉学法、尊法、守法、用法的社会氛围。加强执法监督，健全监督机制，确保权力正确行使，让权力在阳光下运行，接受人民群众的监督，确保有权必有责、用权受监督、违法要追究。

---

① 国务院新闻办公室：《中国的法治建设》白皮书，新华社，2008年2月28日。

第五章　社会主义核心价值观与人类解放原理的内容契合

第一节　历史唯物主义人类解放原理

历史唯物主义人类解放原理的内容主要包括人从自然界中获得解放、人从社会关系中获得解放和人从自身中获得解放三个维度。人从自然界中获得解放，就是通过认识自然规律和提高驾驭自然的能力，不再受自然力的盲目摆布，在尊重"自然优先"的条件下，实现人与自然的和谐发展。人从社会关系中获得解放，就是通过认识社会发展规律和突破旧的社会条件的限制，建立新的社会关系，实现人与人的和谐发展。人从自身中获得解放，就是通过破除旧的思想观念、旧的知识结构、旧的思维方式等束缚自身发展的条件，实现人自身的身心和能力的全面发展。

一　人从自然界中获得解放

人从自然界中获得解放，就是要通过提高认识自然规律和驾驭自然的能力，摆脱自然力对人的盲目统治，在尊重自然规律的前提下，自由地改造自然，让自然为人的目的服务，实现人与自然的和谐发展。

自然环境是人类赖以生存发展的基本条件。我们要改善生态环境，发展循环经济，提高资源利用效率，为人的生存创造良好的自然环境。在人类社会不断向前推进的进程中，人的解放不仅取决于人对自然规律的认识和把握，还取决于人与自然之间关系的完善程度。人与自然和谐相处，摆正人在自然中的位置，并为人的解放与全面发展创造良好的生态环境。自然物作为一种天然存在的"自在之物"，遵循的是合自然规律的存在方式；生产力产生的制造物一个重要特征是合人的目的性。在生产力的形成过程中，不仅通过大规模的产业活动生产出满足人类需要的使用价值，而且对自然界的变化产生深刻影响。自然界是人类赖以生存和发展的基础，自然界的空气、土地、水、阳光等资源，是人类生活须臾不能离开的。马克思说："自然界是人为了不致死亡而必须与之不断交往的、人的身体。所谓人的肉体生活和精神生活同自然界相联系，也就等于说自然界同自身相联系，因为人是自然界的一部分。"① 这段话同时还表明人与自然在本体论意义上是统一的，保护自然就是保护人类自己，损害自然就是损害人类自身。人与自然的物质交换是二者不断交互作用的过程，人不仅可以作用于自然界，还受到自然界的反作用。尤其是当人类通过自身的"自然力"不恰当地作用于他身外的自然时，这种作用就会引起自然强大的反作用，恩格斯曾告诫人们，"我们不要过分陶醉于我们人类对自然界的胜利。对于每一次这样的胜利，自然界都对我们进行报复"。② 正如霍克海默和阿多诺所说的那样，人类在尝试奴役自然、打破自然的过程中接受自己的后果，陷入更深的自然束缚之中。

（一）生产力解放

人从自然界中获得解放首先表现在生产力的解放上。生产力是人们在生产实践过程中形成的改造和影响自然以使其适合社会需要的物质力量，是解决社会和自然之间矛盾的实际能力，是人的本质力量的一种展示，"正是在改造对象世界中，人才真正地证明自己是类存在物。这种生产是人的能动的类生活"。③ 生产力是人们征服自然和改造自然的能力，是人的解放的保证。马克思初步创立历史唯物主义的时候就已经注意到，人类若想实现真正的解放就必须以生产力的解放作为基本保证。马克思指出，"只有在

① 《马克思恩格斯全集》第 42 卷，人民出版社，1979，第 95 页。
② 《马克思恩格斯全集》第 4 卷，人民出版社，1995，第 383 页。
③ 《马克思恩格斯选集》第 1 卷，人民出版社，1995，第 47 页。

现实的世界中并使用现实的手段才能实现真正的解放；没有蒸汽机和珍妮走锭精纺机就不能消灭奴隶制；没有改良的农业就不能消灭农奴制；当人们还不能使自己的吃喝住穿在质和量方面得到充分保证的时候，人们就根本不能获得解放"。① "通过这种生产，自然界才表现为他的作品和他的现实。"② 生产力的解放的过程，就是人的主体性得到解放的过程。只有通过解放生产力消除来自自然界的奴役性，人类主体才能获得真正的解放。这也就是说，人要想获得解放，首要的就是使生产力这种人的内在的本质力量回到人的自身。另外，生产力解放为人的解放的实现提供了物质基础。人的解放的实现必须"以生产力的巨大增长和高度发展为前提……如果没有这种发展，那只会有贫穷、极端贫困的普遍化；而在极端贫困的情况下，必须重新开始争取必需品的斗争，全部陈腐污浊的东西又要死灰复燃"。③

生产力是人类社会与自然之间相互联系的基本环节和特有方式，要解决的根本矛盾是人与自然的矛盾，即人的物质需要与自然不能以现成形态满足人的需要的矛盾，以及人类不断增长的物质需要与自然无法满足这种需要的矛盾。生产力解放就是通过发展生产力使自然界满足人的不断增长的合理的物质需要。生产力解放是人的解放的根本前提，只有生产力获得了高度发展，人的解放才具备现实的物质基础。

要通过生产力解放使人从人与自然的关系中逐步解放出来。生产力发展的历史就是生产工具和生产工艺不断更新、改良和完善的历史，也是人从自然界不断获得解放的历史。一方面，人们要求提高驾驭自然、利用自然和改造自然的能力和水平，从自然界获取越来越大的自由度；另一方面，要求人们在解放生产力的同时积极扬弃人与自然关系的负效应，善待自然、保护自然，与自然和睦相处。

在远古时代，人类处于蒙昧状态，不能科学地认识自然界，不能利用自然和改造自然，自然界被视为一种异己的力量，这时的生产力处于未解放状态。进入文明社会后，随着科学技术的提高，人类逐步认识了大自然

---

① 《马克思恩格斯选集》第 1 卷，人民出版社，1995，第 74 页。
② 《马克思恩格斯全集》第 42 卷，人民出版社，1979，第 97 页。
③ 《马克思恩格斯选集》，人民出版社，2009，第 538 页。

的规律，具备了利用、改造和征服自然的能力，人从自然界获取越来越多的自由。但人与自然之间的关系也出现了负效应。人类无限度地改造和征服自然，虽然赢得了生产力的一时解放，却付出了生态环境极度恶化的高昂代价。正如恩格斯所说，"我们统治自然界，决不像征服者统治异族人那样，决不是像站在自然界之外的人似的，——相反地，我们连同我们的肉、血和头脑都是属于自然界和存在于自然之中的"。① 在科学技术作为生产力的集中表现的今天，面对日益恶化的自然环境和越来越突出的生态环境问题，我们要在解放生产力的同时，发展生态技术、低碳技术，赋予生产力以生态内涵，为人类的持久永续发展更好地解放生产力。

在现代社会，人口过度膨胀是人类所面临的全球性问题之一。恩格斯在《家庭、私有制和国家的起源》中关于两种生产协调发展的思想，是需要我们反思与重新认识的。恩格斯认为人类社会发展中的决定性因素，是现实生活的生产和再生产。而生产大体可分为两大类：一是人类自身的生产，即种的繁衍；二是生活资料（即衣食住等）以及为此所必需的工具的生产。由于人口的急速增长，自然资源被过度地开采与索取，这种生产实践的后果就是有限的物质资源被重复利用，同时在利用资源的过程中又产生了大量的生产与生活垃圾，有些垃圾是不可降解的，而物质交换往往具有不可逆性，这就导致了自然不能完全分解有害的人工物，这给人类的生存带来了一定的威胁。

人类社会往往受两种生产的相互作用，人类不但受劳动的发展阶段制约，也受家庭的发展阶段制约。所以，马克思主义主张要在物的生产与人的生产之间寻找一个平衡点，制约两种生产的不和谐状态，避免由此带来的生存危机。同时，认为应该调整社会结构，实现城乡一体化，进行产业结构的合理调整，使工业产业能够合理分布，只有如此才能减少人类对自然环境无休止的破坏。马克思主义强调，要防止工业产业以点的形式存在，以避免人工污染物的一次性排放而导致城市的负荷过重，工业产业要以面的形式而存在，以减少人工污染物的排放量，也可以使自然对人工污染物的降解有效进行，因此工业产业要合理布局，不但可以避免城乡差距扩大

① 《马克思恩格斯选集》第4卷，第383页，人民出版社，1995。

的问题，也可以使人工污染物得到有效的控制。

（二）人与自然的和谐

生产力解放是人从自然界解放的内在要求，人类摆脱自然界的盲目统治的首要前提就是通过生产力解放将人们从物质匮乏状态中解放出来，高度发达的生产力和经济上的富足，无疑是人从自然界解放的核心内容。但是，人从自然界解放的最终目的是实现人与自然的和谐发展。

人和自然是辩证统一的关系，一方面，人的生存和发展离不开自然界。自然界提供了人类生存及其进行生产活动所需要的一切物质条件，"没有感性的外部世界，工人什么也不能创造。它是工人的劳动得以实现、工人的劳动在其中活动、工人的劳动从中生产出和借以生产出自己的产品的材料"。① 自然界是人类生存和发展的基础，离开自然界，人类无法生存。另一方面，人类通过发挥主观能动性在实践中实现人与自然的和谐发展。人具有能动性，不仅能认识自然界的客观规律，而且能有效地利用客观规律，使自然人化，"社会化的人，联合起来的生产者，将合理地调节他们和自然之间的物质变换，把它置于他们的共同控制之下，而不让它作为盲目的力量来统治自己；靠消耗最小的力量，在最无愧于和最适合于他们的人类本性的条件下来进行这种物质变换"。② 随着生产力的解放，人逐渐摆脱了自然界的统治，但是生产力的解放是人从自然界获得解放的初级阶段，随着人类规模的不断扩大和人的物质需求的不断提高，只有尊重自然规律，树立人与自然和谐发展的理念，并在实践中秉持这一理念，避免自然界对人的报复，才能使人真正从自然界中解放。因此，要真正解决人和自然的矛盾，使自然界真正复活，就必须以共产主义制度取代由"资本的逻辑"支配的资本主义制度，马克思说，"这种共产主义，作为完成了的自然主义，等于人道主义，而作为完成了的人道主义，等于自然主义，它是人和自然界之间、人和人之间的矛盾的真正解决"。

---

① 《马克思恩格斯选集》第 1 卷，第 42 页，人民出版社，1995。
② 《马克思恩格斯全集》第 25 卷，第 926 页，人民出版社，1974。

二 从社会关系中解放

人总是在一定的社会关系中生存和发展着，"社会关系实际上决定着一个人能够发展到什么程度"。① 在马克思看来，无论在哪种社会形式下，人都得通过不同的方式结成相应的共同体才能从事物质生产活动。人从社会关系中获得解放，就要认识社会发展规律和突破旧的社会条件的限制，建立新的社会关系，实现人与人的和谐发展。

（一）劳动解放

劳动是人的最基本存在方式，正如马克思指出的，"自由自觉的活动"、"有意识的生命活动"创造了人，使人和动物区别开来，而且使人的本质力量得以确认，"第一个历史活动就是生产满足这些需要的资料"。② 人要从社会关系中获得解放，首先要实现劳动解放。劳动解放的实现意味着劳动不再只是谋生的手段，而是人的本质的确证。劳动解放为人的真正的社会联系的实现创造条件，是人从社会关系中解放的基础。不仅如此，只有获得了劳动解放，人的各方面的素质和能力才能得到均衡发展。马克思把劳动解放同人的解放联系在一起。人的解放的实现，首先要消灭雇佣劳动，用人的自由联合的劳动代替雇佣劳动。雇佣劳动是资本主义社会的异化劳动，"使人的世界和人的关系回归于人自身"③，就要实现从雇佣劳动向自由劳动的转变，使异化劳动复归为和人的本质直接同一的"自主活动、自由活动"，实现劳动解放。

（二）政治解放

马克思在《论犹太人问题》中第一次提出并阐释了"政治解放"，政治解放的限度首先就表现在即使人还没有真正摆脱某种限制，国家也可以

---

① 《马克思恩格斯全集》第 3 卷，人民出版社，1960，第 295 页
② 《马克思恩格斯选集》第 1 卷，人民出版社，2012，第 158 页。
③ 《马克思恩格斯全集》第 3 卷，人民出版社，2002，第 189 页。

摆脱这种限制。即使人还不是自由人，国家也可以成为共和国自由国家。①
马克思这里所说的政治解放是资产阶级领导的推翻封建专制统治的运动。
这种政治解放具有不彻底性，没有改变人们被奴役的状态。

对于上述资产阶级政治解放，马克思在《论犹太人问题》中表达了
两层意思：其一，资产阶级革命把人从宗教以及封建专制制度中解放出
来，人的价值和尊严得到了尊重，人的自主性和人权得到了承认，具有
巨大的进步意义。其二，在资本主义社会中，人的自主性的增强意味着
人与人之间的分离和冲突，这终将暴露出被资产阶级"天赋人权"观念
所遮蔽着的市民社会成员的利己主义动机以及资产阶级政治解放所造成
的理想与现实的矛盾。② 由此，马克思认为，政治解放只是使市民社会与
政治国家发生了分离，从政治上取消了等级和差别的存在，但在社会上并
没有取消等级和差别，它只是使政治等级变成了社会等级。政治解放本身
还是有限度的，它只能是处于资产阶级地位的人的解放，还不是彻底的人
类解放。

（三）社会关系解放

社会关系解放是从政治解放向人的解放的过渡环节。资产阶级所倡导
的政治解放是不彻底的，不可能实现真正的人的解放。只有通过社会关系
解放，消灭政治国家，在那时"公共职能将失去其政治性质，而变为维护
真正社会利益的简单的管理职能"③，才能摆脱政治国家的统治，达到人的
解放。④ 马克思在《法兰西内战》中讲到巴黎公社粉碎了资产阶级"共和
国"的最后幻想时指出，"法国所有的健康力量都承认：在法国和在欧洲，
共和国只有作为'社会共和国'才有可能存在；这种共和国应该剥夺资本
家和地主阶级手中的国家机器，而代之以公社；公社公开宣布'社会解放'
是共和国的伟大目标，从而以公社的组织来保证这种社会改造"。⑤ 这里的

---

① 《马克思恩格斯全集》第3卷，人民出版社，2002，第170页。
② 俞益民：《政治解放、社会解放与人类解放——马克思人的解放理论的逻辑与现实》，《河
　南师范大学学报》（哲学社会科学版）2007年第4期。
③ 《马克思恩格斯选集》第3卷，人民出版社，1995，第227页。
④ 《马克思恩格斯选集》第3卷，人民出版社，1995。
⑤ 《马克思恩格斯选集》第3卷，人民出版社，1995，第104页。

"社会解放"比"政治解放"更进一步，就是要通过无产阶级革命，打碎旧的国家机器，建立无产阶级专政，从而向实现真正的人的解放迈进。

三　人从自身中获得解放

人类自诞生并有了自我意识之日起，就在观察、认识外部自然世界的同时，也开始观察和追寻内在世界的自我，揭示自己的身份和来历，确认自己在自然宇宙中的地位。人从自身中获得解放，就是要从束缚自己才能和身心发展的自身条件中解放出来，打破旧的思想观念、旧的知识结构、旧的思维方式，保持身心愉快，以实现人自身的身心和能力的和谐发展，人从自身中获得解放主要是通过精神解放和个性解放两个方面实现。

（一）精神解放

马克思以人的解放和人的发展为价值旨归，提出人的任何一种解放都是把人的世界和人的关系归还给人自己，"人的世界"也包括人的精神世界，因而人的解放包含将人的精神世界"还给人自己"，即实现人的精神解放。

精神解放的实现意味着人摆脱了一切旧的思想、观念、意识的禁锢和束缚，是检验人的解放的最高尺度。人类的生产活动包括物质生产和精神生产两个方面。自从人类社会出现物质活动和精神活动的分工和私有制尤其是资本主义私有制以后，人不仅在物质生产中严重异化，而且人类的精神家园也被严重践踏。人的"精神"从一开始就受到物质的纠缠，追求人的精神解放并非仅仅是一种单纯观念的活动过程，人的精神解放因受到各种物质条件的制约而无法实现。要实现精神解放，就必须从决定社会意识的社会存在出发。只有在共产主义阶段，生产力得到高度发展、物质财富极大丰富、人民精神境界极大提高的条件下，才能实现人的精神解放。

（二）个性解放

个性解放是人获得解放的突出表现，指个人智力、潜能得到充分发挥，每个人的个性得到自由发展。人只有解放了自我，实现"自然的个人"——

"偶然的个人"—"有个性的个人"的转变，才可以说实现了人的解放。

马克思在关于人类社会发展的三个阶段理论中说，"人的依赖关系（起初完全是自然发生的），是最初的社会形态，在这种形态下，人的生产能力只是在狭窄的范围内和孤立的地点上发展着。以物的依赖性为基础的人的独立性，是第二大形态，在这种形态下，才形成普遍的社会物质变换，全面的关系，多方面的需求以及全面的能力的体系。建立在个人全面发展和他们共同的社会生产能力成为他们的社会财富这一基础上的自由个性，是第三个阶段"。① 也就是说在摆脱了自然经济条件下的对"人的依赖关系"，也摆脱了商品经济条件下的对"物的依赖性"后，人的"自由个性"才能得到解放和发展。

这就是说，在最初的社会发展阶段，人没有意识到自我的存在，与自然界是"物我不分"的关系，无所谓"个性"。随着生产力的逐步提升，出现了私有制，森严的等级制度使得处于被奴役地位的人成为没有思想的被奴役的工具。尤其是在资本主义社会，人被物所支配，劳动者丧失了独立性。因此，无产者，为了实现自己的个性，就应当消灭他们迄今面临的生存条件，消灭这个同时也是整个迄今为止的社会的生存条件。② 获得个性解放就要从根本上消除使人被奴役的旧的生产关系。

第二节　中国特色社会主义与人类解放原理的发展

2007 年召开的中国共产党十七大，首次完整概括了"中国特色社会主义道路"的内涵，即在中国共产党领导下，立足基本国情，以经济建设为中心，坚持四项基本原则，坚持改革开放，解放和发展社会生产力，巩固和完善社会主义制度，建设社会主义市场经济、社会主义民主政治、社会主义先进文化、社会主义和谐社会，建设富强、民主、文明、和谐的社会

---

① 《马克思恩格斯全集》第 46 卷（上册），人民出版社，1979，第 104 页。

② 《马克思格斯选集》第 1 卷，人民出版社，1995，第 121 页。

主义现代化国家；同时，首次将党的十一届三中全会以来的理论创新成果加以整合，完整地揭示了中国特色社会主义理论体系的科学内涵[1]，指出"中国特色社会主义理论体系，就是包括邓小平理论、'三个代表'重要思想以及科学发展观等重大战略思想在内的科学理论体系"。[2] 中国特色社会主义理论体系，科学地阐明了中国建设社会主义的思想路线、发展道路、发展阶段、根本任务、发展动力、发展战略、依靠力量、国际战略、领导力量等重大问题，在新的时代条件下系统回答了什么是社会主义、怎样建设社会主义，建设什么样的党、怎样建设党，实现什么样的发展、怎样发展等重大问题。

　　长期以来，人们对马克思主义人的解放思想存在一个误解，即把它设定为人类社会发展的终极状态，与社会主义社会毫不相干。但是，社会主义社会作为共产主义的初级阶段，离开了人的解放进程，社会主义制度的合理性和社会主义社会的优越性也将无法体现。尽管由于社会发展水平和生产力水平的限制，人的解放还无法实现，但社会主义的基本价值目标，也都最终指向人的解放。建设中国特色社会主义，既是实现社会主义现代化的过程，也是不断促进和实现人的解放的过程。江泽民同志在庆祝中国共产党成立八十周年大会上的讲话中系统阐述了"三个代表"重要思想，并将促进人的全面发展确定为社会主义的本质要求，在我们党的历史上，第一次把人的全面发展与社会主义本质联系起来。"三个代表"重要思想丰富和发展了马克思人的解放思想，开辟了人的解放思想的新境界。"三个代表"重要思想中"始终代表中国先进生产力的发展要求"，是实现人的全面发展的物质前提，生产力的充分发展是推动人的全面发展的基础；"始终代表中国先进文化的前进方向"，是实现人的全面发展的精神要求，发展先进文化的核心内容和根本任务，就是努力提高全民族的思想道德素质和科学文化素质；"始终代表中国最广大人民的根本利益"，就是最大程度和最广范围上实现人的全面发展，人民最大的根本利益就是促进和实现人的全面发展。贯彻"三个代表"重要思想，开辟了人的解放思想的新境界。

---

[1] 王宏斌：《社会主义建设道路的选择和中国特色社会主义》，《南京师大学报》（社会科学版）2008 年第 6 期。

[2] 《中国共产党第十七次全国代表大会文件汇编》，人民出版社，2007，第 14 页。

一　中国特色社会主义与人类经济解放原理的发展

人的解放首先是指人的经济解放，表现在生产力的解放，人的主体性得到解放。人要想获得解放，首要的就是使生产力这种人的内在的本质力量回到人的自身。人的解放实现必须以生产力的巨大增长和高度发展为前提。

邓小平极为重视经济发展和生产力解放，把解放和发展生产力提高到社会主义制度优越性的高度，"根据我们自己的经验，讲社会主义，首先就要使生产力发展，这是主要的。只有这样，才能表明社会主义的优越性。社会主义经济政策对不对，归根到底要看生产力是否发展，人民收入是否增加。这是压倒一切的标准"。① "社会主义的任务很多，但根本一条就是发展生产力，在发展生产力的基础上体现出优于资本主义，为实现共产主义创造物质基础。"② 为此，邓小平反复强调，在中国这样一个正处于并将长期处于社会主义初级阶段的国家，解决所有问题的关键都要靠生产力的发展，"发展才是硬道理"。他明确指出，"社会主义的本质，是解放生产力，发展生产力，消灭剥削，消除两极分化，最终达到共同富裕"。从社会主义本质的高度，揭示出解放生产力和发展生产力是人的发展和解放的根本途径，进而深刻揭示了社会主义本质与人的解放的关系。社会主义的根本任务是解放生产力和发展生产力，只有解放和发展生产力，才能实现人们的富裕，才能为"人的解放"奠定坚实的物质基础。

江泽民指出，"我们建设有中国特色社会主义的各项事业，我们进行的一切工作，既要着眼于人民现实的物质文化生活需要，同时又要着眼于促进人民素质的提高，也就是要努力促进人的全面发展。这是马克思主义关于建设社会主义新社会的本质要求"。③ 这表明我们党已经认识到：社会主义有着多方面的质的规定性，但它有一个更深刻、更根本的质，这就是人的经济解放。无论是解放和发展生产力，还是消灭剥削和消除两极分化；无论

---

① 《邓小平文选》第 2 卷，人民出版社，1994，第 314 页。
② 《邓小平文选》第 3 卷，人民出版社，1993，第 137 页。
③ 《江泽民文选》第 3 卷，人民出版社，2006，第 294 页。

是不断满足人民现实的物质文化生活需要，还是不断促进人民素质的提高，其实质都是人的经济解放这一建设社会主义新社会的本质要求和体现。

在党的几代领导人的带领下，经过艰辛的探索和实践，中国特色社会主义把发展生产力这一科学社会主义的基本原则同中国实际相结合，提出以经济建设为中心、实现现代化的"三步走"的发展战略；我们把社会主义公有制这一科学社会主义的基本原则同中国实际相结合，实行公有制为主体、多种所有制经济共同发展的基本经济制度；把按劳分配这一科学社会主义的基本原则同中国实际相结合，实行按劳分配为主体、多种分配方式并存的分配制度；我们把共同富裕这一科学社会主义基本原则同中国实际相结合，实行让一部分地区、一部分人先富起来，最终达到共同富裕的政策；中国特色社会主义道路的开辟证明社会主义在人类经济解放方面依然拥有巨大的生机和活力，社会主义将会带我们走向人类解放的美好未来。

二 中国特色社会主义与人类政治解放原理的发展

实现人的政治解放是中国特色社会主义追求的重要目的。对于中国这样一个经济文化落后、生产力不发达的国家来说，如何实现人的政治解放是中国共产党人面临的新课题。为此，中国共产党人以马克思主义人的政治解放思想为指导，立足实际，不断探索、不断总结、不断创新，开创了一条有中国特色的人的解放之路。

旧中国是一个积贫积弱的国家，而当时的首要任务是使中国人民从帝国主义、封建主义和官僚资本主义这三座大山的压迫下解放出来，成为国家的主人、社会的主人和自身的主人。新民主主义革命的任务，就是要建立一个中国人民在政治上自由、经济上繁荣、文化上先进的新中国，也就是使中国人民首先在政治上"争得民主"，即实现马克思所说的无产阶级的"政治解放"。为此，以毛泽东为核心的中国共产党带领中国人民进行了不懈的努力，取得了新民主主义革命的胜利，推翻了压在中国人头上的三座大山，人们赢得了民主，建立了新中国。新中国成立后，通过三大改造，建立起社会主义公有制，社会主义制度基本确立起来，为人的政治解放的实现创造了最基本的政治制度环境。人民成为国家的主人，消除了人与人之间的依附关系，建立了新型的人与人之间平等的、互助的关系。以毛泽东为核心的第一代中央领导人对人的解放的追求，是马克思主义人的解放思想与中国传统文化和实践相结合的产物。它既是马克思主义人的政治解放思想的进一步发展，又为中国人民寻求一条可行的、具有中国特色的人的解放道路做出了可贵的探索。

三　中国特色社会主义与人类社会解放原理的发展

中国构建社会主义和谐社会是对当下人的社会解放道路的新探索。社会主义作为共产主义的低级阶段，同时又作为资本主义向共产主义的过渡阶段，其历史生命就是在全面批判和继承资本主义创造的各种文明成果的基础上，努力消除人的异化和物化，为实现个人的自由全面发展创造条件，实现人的社会解放。然而，由于历史演变的复杂性，社会主义革命没有在西方发达资本主义国家首先爆发，而是在俄国和中国这样经济非常落后的国家爆发并取得了胜利。因此，对于中国特色社会主义来说，把人从人与人的依赖关系中解放出来，提高自己管理自己事务的民主意识和能力，增强自己解放自己的历史自觉性和主体能动性就成为重要任务。

社会主义市场经济的建立和发展，极大地促进了中国社会生产力的发展，促进了社会结构和社会面貌的变化，使得人们的思想观念发生了很大的变化，民主化的要求日益高涨，个人的自由、权利得到了空前的重视；同时中国社会改革过程中出现的失业人口保障问题、农民权益问题、弱势群体问题等迫切需要我们积极探索经济、社会、人的和谐发展的新途径和新方法，而构建以人为本的和谐社会恰恰就是以实现人的社会解放为目标，以社会主义初级阶段的基本国情为依据，以切实保障人民群众的经济、政治、文化和社会权益并让发展的成果惠及全体人民为基础的总揽全局的发展规划[1]，是对当下条件下人的社会解放道路的新探索，是实现人的社会解放的一把钥匙。

---

[1]　于桂芝、郭瑞涛：《马克思人的精神解放的理论实质及现代价值》，《学海》2008 年第 3期。

四　中国特色社会主义与人与自然关系解放原理的发展

中国特色社会主义理论一个很重要的内容是生态文明建设，其基本内涵是要扭转生态恶化趋势，改善人与自然之间的关系，建设美丽中国，实现人与自然和谐发展，为实现人与自然关系的解放营造"美丽"的环境氛围。

中国特色社会主义理论认为，实现人与自然关系的解放、建设社会主义生态文明是促进人类自由而全面发展的重要前提。在科技生产力的发展过程中，能够实现从掠夺自然向善待自然的转变。这种自然转变要求人类不仅要了解"自我"，更要了解自然，要遵循自然规律，在自然界再生能力和自然协调能力允许的范围内，利用科学与技术开发、利用、改造自然；要保证自然界的健康发展和演化，在向自然界"索取"的同时，也要考虑到"给予"，即通过人的实践活动，为自然界建立一种有益于人类的新平衡，建立起物质交换、能量流通和信息传递的良性循环。这种转变还要求人在人与自然的关系中做自觉的调控者，当人类的利益和自然的利益发生冲突的时候，人类要自觉地调节和控制自己的行为，调节的原则是：人类的生存的基本需要高于生物和自然界的利益；生物和自然界的生存高于人类的非基本需要（即过分享受和奢侈的需要）。把生态文明建设放在突出地位，融入经济建设、政治建设、文化建设、社会建设各方面和全过程，努力建设美丽中国，实现中华民族永续发展。

五　中国特色社会主义与人类精神解放原理的发展

中国特色社会主义理论以马克思关于人的精神解放思想为指导、以现实世界为依据、以人的自由全面发展为最终目标，它对于构建和谐社会和贯彻落实科学发展观具有重大的现实指导意义。

（一）强调个性解放是以毛泽东同志为核心的第一代领导人的重要特点

毛泽东同志说，"有些人怀疑中国共产党人不赞成发展个性，不赞成发展私人资本主义，不赞成保护私有财产，其实是不对的。民族压迫和封建压迫残酷地束缚着中国人民的个性发展，束缚着私人资本主义的发展和破坏着广大人民的财产。我们主张的新民主主义制度的任务，则正是解除这些束缚和停止这种破坏，保障广大人民能够自由发展其在共同生活中的个性"[1]，"被束缚的个性如不得解放，就没有民主主义，也没有社会主义"。[2]毛泽东同志认为，只有肯定和重视人民群众在社会历史发展中的主体地位，解放被旧制度束缚的个性，才能充分调动人民群众的革命积极性和创造性，去打破旧世界，建设新世界。

另外，毛泽东还积极倡导"一专多能"、"社会多面手"以促进人的全面发展。马克思主义认为，为了使个人成为具有全面素质和能力的人，必须消灭旧式分工。但在当时的条件下，消灭分工显然是不合时宜的。为此，毛泽东提出，工人"以工为主"，也要兼学军事、政治、文化，参加批判资产阶级的活动。在有条件的地方，还可以从事农副业生产，农民、学生、商业和服务行业从业人员、党政机关的工作人员、解放军战士等，凡有条件的，也要这样。毛泽东要求青年和知识分子必须积极参加社会实践，进行创造性的劳动，"拿起锤子能做工，拿起锄头犁耙能种田，拿起枪杆子就能打敌人，拿起笔杆子就能写文章"，"亦工亦农"、"亦文亦武"[3]，与工农相结合，从事多方面的锻炼，掌握多方面的本领，使人的多方面的潜能得到发挥，成为全面发展的人。

（二）强调思想解放是以邓小平为核心的第二代领导人的突出特点

由于"文化大革命"的影响，一段时期思想禁锢、迷信盛行，严重制约着国家的发展进步。邓小平指出，"一个党，一个国家，一个民族，如果一切从本本出发，思想僵化，迷信盛行，那它就不能前进，它的生机就停止了，就要亡党亡国"。他坚定地号召全党和全国人民要"解放思想，开动

---

① 《毛泽东选集》第3卷，人民出版社，1991，第1058页。
② 《毛泽东文集》第3卷，人民出版社，1996，第208页。
③ 《人民日报》1966年8月1日社论。

脑筋，实事求是，团结一致向前看"。① 把思想从个人迷信的羁绊中解放出来，从那些被实践证明是不合乎中国实际、不合乎时代进步、不合乎经济和社会发展的客观规律的条条框框中解放出来，从教条主义的禁锢中解放出来，"只有思想解放了，我们才能正确地以马列主义、毛泽东思想为指导，解决过去遗留的问题，解决新出现的一系列问题，正确地改革同生产力迅速发展不相适应的生产关系和上层建筑，根据我国的实际情况，确定实现四个现代化的具体道路、方针、方法和措施"。② 在改革开放的过程中，邓小平特别鼓励人们勇于探索、勇于创新，不断开辟社会主义建设新道路。邓小平在"南方谈话"中指出，"改革开放胆子要大一些，敢于试验，不能像小脚女人一样。看准了的，就大胆地试，大胆地闯。深圳的重要经验就是敢闯。没有一点闯的精神，没有一点'冒'的精神，没有一股气呀、劲呀，就走不出一条好路，走不出一条新路，就干不出新的事业"。③ 人的思想解放的根本性变革在于思维方式的变革，也就是突破落后的、禁锢人的头脑、影响人的行为方式的思维定式，从实际出发，不唯上、不唯书、只唯实。邓小平这一系列开创性的论断极大地解放了人们的思想，激发了中国人民投身社会主义现代化建设的积极性、主动性和创造性，最大限度地解放了人的思想。

邓小平同志还特别重视人的个性解放。由于封建遗毒根深蒂固的影响和"左"倾思想十余年的干扰，党内滋长了家长制和个人崇拜等不良风气，严重禁锢了人的个性解放。改革开放后，邓小平从我国社会主义初级阶段这个基本国情出发，鼓励个性发展，要求创造使优秀人才得以脱颖而出的社会环境。"旧中国留给我们的，封建专制传统比较多，民主法制传统很少。解放以后，我们也没有自觉地、系统地建立保障人民民主权利的各项制度，法制很不完备"，以至于一些"资本主义制度所能解决的一些问题，社会主义制度反而不能解决"。他明确提出，必须"切实改革并完善党和国家的制度，从制度上保证党和国家政治生活的民主化、

---

① 《邓小平文选》第 2 卷，人民出版社，1994，第 141 页。
② 《邓小平文选》第 2 卷，人民出版社，1994，第 141 页。
③ 《邓小平文选》第 3 卷，人民出版社，1993，第 372 页。

经济管理的民主化、整个社会生活的民主化"。① 从本质上说，改革就是改变束缚人的解放的旧体制，建立促进人的解放的新体制，大力倡导个性自由和个性解放。

（三）以人为本的科学发展观是检验人的精神解放程度的实践标准

胡锦涛同志在党的十七大报告中指出，科学发展观，第一要义是发展，核心是以人为本，基本要求是全面协调可持续，根本方法是统筹兼顾。既然科学发展观的核心是以人为本，就说明，发展不是外在于人的发展，而是内在于人的发展，科学发展观最基本的内容就是协调好经济、政治、文化、社会与人的全面发展的关系。换言之，即用人的自由全面发展和人的精神解放程度作为检验经济、政治、文化和社会发展过程的实践标准。值得一提的是，以科学发展观来检验和审视人的精神解放理论，要避免两种倾向：一是把人的精神解放看成一种取决于外在的客观条件的自由，如等、靠、要；二是把人的精神解放看成一种政府济贫助弱的福利行为。虽然它们也是一种解放，但本质上是一种消极的解放。这两种倾向的根源不仅在于离开以人为本的核心来看待人的解放，而且把人的自身解放完全悬搁起来，把人的精神解放看成一种在主体自身活动之外的解放。把科学发展观与人的精神解放理论联系起来，既要协调好经济、政治、文化、社会发展与人的精神解放的关系，更要协调好人的解放本身所包含的两个方面的关系，即不仅把人的解放看成摆脱人与物这些客体对人的束缚的自由，而且最为重要的是通过经济、政治、文化、社会发展，使每个人自身都作为解放的主体去实现积极的自由，即自由自觉的活动。可见，人既是解放的主体，也是解放的客体。人的精神解放既是个人的理想目标，也是个人的当下实践活动。不要以为自由只在遥远的将来，其实只有面对日常现实生活，从每一种实践活动中去真正体会这种活动带给我们的乐趣，我们才会真正感悟到自由自觉劳动的本质。否则，即便我们的物质生活获得很大的解放，我们也依然不能

---

① 《邓小平文选》第 2 卷，人民出版社，1994，第 332～333、336 页。

享受它带给我们的精神快乐，我们也依然只能生活在抱怨、焦虑、惶惑和矛盾之中。没有人的精神解放，人类解放就是一句空话。[①]

第三节　社会主义核心价值观与人类解放原理的契合形式

一　富强：社会主义核心价值观与人类经济解放的契合形式

国家富强是促进社会进步、人的自由全面发展的物质基础和制度保障。从国家层面倡导富强、民主、文明、和谐，并将富强列为社会主义核心价值观的首位要素，这体现了马克思主义唯物史观生产力标准的根本要求，也体现了中华民族的千年夙愿和中国共产党人的奋斗目标。富强是社会主义核心价值观与人类经济解放的契合形式。

经济解放是社会主义核心价值观的首要价值目标。为什么说富强是社会主义核心价值观的首要价值目标呢？简单地讲，对富强的追求是任何社会主体的基本需求和前进动力。自人类产生以来，摆脱物质匮乏，不断创造、积累物质财富就成为社会主体的生存所需和基本追求。社会个体如此，民族、国家也是如此。今天，中国共产党人正带领中国人民为实现中华民族伟大复兴的中国梦而奋斗，国家富强是实现这一梦想的物质基础和保障。

（一）富强是人类经济解放的永恒梦想

历史唯物主义认为，物质利益及其实现是任何社会主体活动的主要动因，也是推动社会进步和人的全面自由发展的物质保障。富强是人类经济解放的永恒梦想。只有在生产力高度发展、社会财富充分涌流的前提下，

[①]　于桂芝、郭瑞涛：《马克思人的精神解放的理论实质及现代价值》，《学海》2008 年第 3 期。

才有可能消除旧式分工，克服人的片面发展，最终实现人的自由全面发展。所以，富强作为一种价值目标，不仅反映了不同社会主体的生存需要，也是推动社会主体发展的主要动因。在人类历史的不同阶段，人类或以狩猎为生，力图生存；或以农牧为本，追求温饱；或以工业强国，追求强盛……虽然凭借的手段不同，达到的境界不一，但对富强的追求，则是一以贯之的人类解放的永恒主题。

（二）积极弘扬和践行社会主义富强观

当代中国，比历史上任何时期都更接近中华民族伟大复兴的目标。但是，"行百里者半九十"，越是接近国家富强、民族复兴的历史目标，我们越应该保持清醒的头脑，正视我们存在的问题和与其他国家的差距。中国是世界最大发展中国家的国际地位没有变。建设社会主义富强国家，必须深刻认识我们身处的新形势，把握新机遇，全面认识我们面对的新任务、新课题，科学分析我们面临的新矛盾、新挑战，真正把社会主义富强观内化于心、外化于行。为此要：

1. 把富强观的宣教融入社会主义核心价值观的宣教

核心价值观的三个层面是一个有机体系，富强不仅与国家层面的其他价值目标有直接联系，而且与社会层面的价值取向和公民层面的价值准则有密切联系。要把富强观的宣教融入社会主义核心价值观的宣教，把富强观的培育同社会和公民等层面的价值取向和价值准则结合起来。

尤其要注意的是，"富强"虽是国家层面的价值目标，但也是与每一个中国人息息相关的目标。国家富强、民族振兴、人民幸福的"中国梦"体现了中华民族整体利益与每个中国人个人利益的有机统一。"中国梦"是民族的梦，也是每个中国人的梦。"中国梦"归根到底是人民的梦，必须紧紧依靠人民来实现。"功崇惟志，业广惟勤。"实现国家富强、人民富裕的价值目标，需要我们每一个人付出辛勤劳动和艰苦努力。我们必须破除国家富强是党和政府事情的错误心态，增强建设富强国家的使命感和责任意识，把实现个人理想和实现国家富强的"中国梦"结合起来，自觉地把个人奋斗融入国家发展的历史潮流。

2. 把国家富强的目标与推进国家治理体系和治理能力现代化的事业结合起来

价值理念必须付诸主体实践，才能发挥现实作用。富强的社会主义国家价值目标，必须渗透于国家行为和国家制度安排中，才能真正有助于实现国家富强、民族复兴的"中国梦"。弘扬和践行社会主义富强观，不能停留于口头和观念上，必须把国家富强的价值目标和当前全面深化改革的伟大事业结合起来。党的十八届三中全会指出，全面深化改革的总目标是完善和发展中国特色社会主义制度，推进国家治理体系和治理能力现代化。从国家层面来说，培育和践行社会主义核心价值观，就是要在推进国家治理体系和治理能力现代化的过程中实现富强、民主、文明、和谐的价值目标。空谈误国，实干兴邦。我们要把实现国家富强的目标同科学发展结合起来。我们的党员特别是领导干部，要把发展作为执政兴国的第一要务，切实落实党的十八大和十八届三中全会制定的各项战略部署和任务，为实现"两个一百年"目标而不懈努力、艰苦奋斗。

（三）正确处理富强和社会主义核心价值观的关系

领导中国人民探索国家富强的道路，实现民族伟大复兴的责任，历史地落在了中国共产党人的肩上。自中国共产党成立以来，国家富强的目标就写进了不同时期的党的大会报告或党章中。改革开放以来，中国共产党带领中国人民进入了建设富强国家的新时期。贫穷不是社会主义，更不是共产主义。生产发展、国家强大、人民富裕，被纳入社会主义的本质内涵。在这种情况下，要特别注意正确处理富强和社会主义核心价值观的关系，特别要正确认识以下几对概念的辩证关系。

1. 国强和民富的关系

"富强"的含义，笼统地讲就是民富国强。若进一步细分，"富强"包含着两大主体的价值诉求：一是人民的富裕，二是国家的强盛。"富强"首先在于富民，即人民富裕。民富国强，没有民富就没有国强。中华民族自古以来就有"凡治国之道，必先富民"之说。马克思主义也认为，无论是社会生产力的发展，还是国家财富的创造，其根本目的都在于丰富人民的物质生活和精神生活，进而促进人的自由全面发展。其次，"富强"还在于强国，即国家强盛。富强除了体现为富民之外，也体现为国家拥有巨大的经济财富和强大的综合国力，能对他国和国际秩序产生强大的影响力。

人民富裕，国家强盛，这二者从根本上讲是统一的。在中国传统文化中，家国一体，国家不分。国是放大的家，家是缩小的国。在现代西方政治理念中，国家也是人们生存于其中的最重要社会组织形式。在此意义上讲，国家强盛和人民富裕互为条件，相辅相成。在社会主义国家，由于国家利益和个人利益是根本一致的，所以人民富裕和国家富强是有机统一的。一方面，国家的富强是为民造福的重要前提；另一方面，实现富强的最终目的是增进人民的自由和幸福。

当然，人民富裕和国家强盛也存在不一致的时候。在人类历史上，存在过国弱民富或国强民贫的极端状态。历史上的一些国家，由于国家力量弱小，即便民众富裕，在外部压力下也难以富强。比如北宋时期的中国，虽然民间财富充裕，但崇文抑武的治国理念使得国势软弱，在其他政权的压力下迁徙辗转，终至灭国。历史上也有一些国家，片面强调国家的强大，忽视人民需求和幸福。这种强盛是虚幻的，且不可持续。比如，美苏全球争霸时的苏联，貌似强大，却罔顾民生，终至解体崩溃。可见，国家不强盛，人民的富裕得不到保障；人民不富裕，国家的强盛不可能持续。

2. 先富和共富的关系

富强作为国家层面的首要价值目标，还体现了中国特色社会主义的本质。"什么是社会主义？"这是建设中国特色社会主义必须回答的首要问题。首先，"贫穷不是社会主义"，"社会主义必须摆脱贫穷"。社会主义的优越性之一就是利用更先进的生产力，创造出更多的物质财富。其次，"两极分化也不是社会主义"。社会主义社会的富裕，不是资本主义社会的少部分人的富裕，而是全体人民的共同富裕。"如果走资本主义道路，可以使中国百分之几的人富裕起来，但是绝对解决不了百分之九十几的人生活富裕的问题。"[1]

什么才是社会主义的本质呢？那就是"解放生产力，发展生产力，消灭剥削，消除两极分化，最终达到共同富裕"。这一本质概括，既包含生产

---

[1] 《邓小平文选》第3卷，人民出版社，1993，第64页。

力发展标准，也包含共同富裕的价值目标。生产力标准要求大力发展生产力，做大社会物质财富这一蛋糕；共同富裕的价值标准则要求公平合理地分配蛋糕，最大限度地实现全体人民的共同富裕。

生产力标准更多强调的是效率优先。共同富裕并不等于同步富裕、同等富裕，必须允许一部分人、一部分地区先富起来，先富带动后富，最终达到共同富裕。先富不是目的，而是实现共同富裕的途径和手段。

共同富裕的价值标准则更多强调公正为本。实现富强的要义是人民的共同富裕。社会主义制度在本质上不同于以往剥削阶级占统治地位的社会制度，不是追求少数人的富裕，而是努力实现最大多数人的富裕。

社会主义的富强观，兼顾生产力标准的效率原则和共同富裕价值标准的公正诉求。在此意义上，它超越了中国传统的平均主义的富强观和西方资本主义两极分化的富强观。中国传统文化中有深厚的平均主义思想，"不患寡而患不均"的理念，既包含重视公平的积极思想元素，也暴露出自给自足小农经济忽视财富积累的局限。而西方资本主义国家鼓励发展生产、开拓市场、积累财富。但是，资本主义私有制决定了资本主义的财富观从根本上只能满足少数人的致富梦想。社会主义富强观既吸收了中国传统价值观中重视公平和西方价值观中重视生产和物质财富的积极因素，也摒弃了中国传统中阻碍生产发展和西方资本主义国家无视多数人利益的错误做法。

二　民主：社会主义核心价值观与人类政治解放的契合形式

民主是人类普遍追求的一种价值理念。在马克思主义政治思想中，民主更是一种核心价值理念。民主是中国特色社会主义的本质要求，没有民主就没有中国特色社会主义。中国特色社会主义民主既是一个价值目标，更是一种政治实践，是社会主义核心价值观与人类政治解放的契合形式。中国特色社会主义民主建设不可能一蹴而就，而是一个不断发展的过程。

（一）民主是人类政治解放的重要形式

1. 民主是人类共同的政治理想

为什么说民主是人类政治解放的重要形式？其原因就在于，民主是人类共同的政治理想。人类进入文明社会的标志，就是国家这一政治组织的形成。国家一经产生，处于这一政治共同体中的人们就开始追问一个问题：国家的主人是谁，人民在国家中居于何种地位？

在人类历史的不同阶段，人们给出了不同答案。古代封建专制条件下，在君权神授等意识形态的氛围中，人民期盼能够出现明主贤君来为自己做主；近现代以来，尤其是经过英国资产阶级革命和法国大革命之后，西方资本主义国家力图通过选举政治和代议制度选出自己熟悉的、能体现自身利益诉求的人来代表自己行使权力，管理国家；当然，选举政治和代议制度只是民主的一种重要形式，并不是民主的理想状态。就民主的本义和人民的理想诉求而言，人们更期望能够实现民众自主管理、自主治理。在人类政治的发展演进中，不论是古代寻求的"民之主"，还是近代以来的"民选主"，乃至现在和将来希望的"民自主"，民主都是人类一以贯之的共同理想。

2. 人民民主是中国特色社会主义的不懈追求

以马克思主义为指导思想的中国共产党自成立之日起，就为争取实现人民民主而不懈奋斗。早在新中国成立前，毛泽东就明确指出，没有广大人民的民主，就没有人民当家作主的国家。新中国成立后，我们党领导全国各族人民建立了人民民主专政的国体，为人民民主的实现提供了政治前提；建立了社会主义制度和人民代表大会制度，为人民民主的实现奠定了制度基础。党的十一届三中全会以来，我们总结发展社会主义民主正反两方面的经验，开创了中国特色社会主义民主发展的新道路。新世纪、新阶段，党的十八大提出了"两个一百年"目标，中国特色社会主义民主政治展现出更加旺盛的生命力和更加辉煌灿烂的发展前景。在实现社会主义核心价值的历史征程中，每一个中国人正以前所未有的主人翁姿态，"通过各种途径和形式管理国家和社会事务、管理经济和文化事业，共同建设，共同享有，共同发展，成为国家、社会和自己命运的主人"。

（二）积极弘扬和践行社会主义民主观

要正确理解民主尤其是社会主义民主观的含义，需要注意：民主既是一种价值理念，又是一种政治实践和制度安排；民主既带有普遍性，又是具体的、相对的；民主既是永恒的政治理想，又是历史的发展形态。

1. 在中国和西方的民主具有差异性

何谓民主？在中国和西方，人们对民主的阐释既有相通之处，也有明显差异。在中国传统文化中，民主的意思是为民做主。在《说文解字》中，"民"的解释是"众萌也"，意为众多之数；"主"的解释是"灯中火主也"，意为指明方向的人。

近现代意义上的民主制度源于西方，英文的"democracy"源于古希腊文 demokratia，由 demos（平民）及 kratia（权力或治理）两个词组合而成，意为"平民的治理"。两千多年前的古希腊实行公民直接治理国家的模式，被誉为西方民主的起源。古希腊雅典时期的伯里克利说："我们的制度之所以被称为民主政治，因为政权在全体公民手里。"近现代意义上的民主制度，直至18、19世纪才在英美诸国确立。到了20世纪，民主制度逐步成为西方发达国家的普遍政治制度。

2. 民主具有普遍性和特殊性

民主作为政治理想和价值理念，具有普遍性特点。但在人类历史发展中，民主往往表现为一种政治实践和政治制度，它又是历史的、具体的、相对的。世界上从来就没有抽象的、绝对的民主，没有一成不变的民主发展道路和民主模式。一个国家选择什么样的政治发展道路和民主模式，是由这个国家的历史文化传统、经济社会发展水平决定的。由于历史传统、具体国情和发展阶段的不同，各个国家的民主道路和模式呈现不同的特征。比如，英国是在君主制基础上通过改良方式发展为君主立宪制；美国是在移民文化基础上通过革命形式建立起以联邦制为基础的总统共和制；而法国则在革命和复辟的多次反复中，建立了兼具议会制和总统制特征的混合制。世界上没有放之四海而皆准的民主发展道路和民主模式，我们不能以某种所谓的普遍的民主模式为标准来评判其他国家的民主实践和道路选择。

3. 社会主义民主是更高的民主

资本主义民主相比于封建等级和世袭制度，具有历史进步性和一定的世界历史意义。但资本主义民主是与资本主义私有制紧密联系在一起的，这就决定了资本主义民主只能是少数人享有的民主。西方的选举制度和代议民主在现实中往往受资本和金钱主导。当代西方资本主义社会在不断的发展演进中，人民表面上获得越来越多的政治权利，但这并没有改变资本主义民主的实质。

只有社会主义才能"建立更高的民主制"，社会主义是比资本主义民主更先进的民主。社会主义民主继承了人类政治文明史积累的积极价值，代表着人类民主政治的核心要义和未来发展趋势。首先，从所有权意义上说，社会主义民主意味着人民做主，即人民是国家的主人。其次，从利益角度而言，社会主义民主要求发展和维护人民的根本利益。国家服务人民，是社会主义民主的内在要求；维护绝大多数人民的利益，是社会主义民主的根本职责。最后，从效率上讲，中国特色社会主义民主有利于发挥集中力量办大事、提高效率办成事的政治优势。我国的人民代表大会作为国家权力机关统一行使国家权力，国家行政机关、审判机关、检察机关都由人大产生，对人大负责。这就保证了各国家机关协调一致、高效运转。相比于西方资本主义国家的三权分立和相互掣肘而言，这是我们的一大政治优势。

（三）正确处理民主和社会主义核心价值观的政治解放的关系

当前，我国仍处于并将长期处于社会主义初级阶段，这就决定了中国特色社会主义民主的发展不可能一蹴而就，而是一个长期的过程，在这个过程中，必须处理好民主和社会主义核心价值观的政治解放的关系，为此要：

1. 坚定不移走中国特色社会主义政治发展道路

道路决定未来。政治发展道路正确与否，对一个国家的民主政治建设具有决定性意义。中国特色社会主义政治发展道路，是在我国历史文化传统、经济社会条件的基础上长期发展、内生演化的结果。走中国特色社会主义政治发展道路，是历史的必然，是现实的要求。为此必须坚持党的领导。对中国而言，不存在多党轮流执政的政治基础和社会基础。邓小平深刻指出，在中国这样一个大国，"我们人民的团结，社会的安定，民主的发展，国家的统一，都要靠党的领导"，没有共产党的领导，必然四分五裂，一事无成。一些社会主义国家亡党亡国的历史教训告诉我们，放弃党的领导，社会主义社会的性质就会改变，人民当家作主的地位就会丧失。坚持党的领导，必须完善党的领导。要改革和完善党内民主制度，不断发展党内民主，以党内民主带动人民民主。

走中国特色社会主义政治发展道路，还要健全社会主义协商民主制度。协商民主是中国特色社会主义民主的重要形式。要坚持和完善中国共产党领导的多党合作和政治协商制度，充分发挥人民政协作为协商民主重要渠道的作用，推进政治协商、参政议政制度建设，更好地汇聚力量、建言献策。要把政治协商纳入决策程序，坚持协商于决策之前和决策之中，增强民主协商的实效性。

2. 积极、稳妥地推进政治体制改革

深化政治体制改革是发展中国特色社会主义民主的必然要求。但深化政治体制改革，必须从中国实际出发，与我国生产力和生产关系的发展相适应，与我国的历史条件、经济文化发展水平相适应。既要积极，又要稳妥；既要坚定不移，又要循序渐进。从历史来看，中国特色社会主义民主的实践只有几十年时间，在民主的具体实现形式和运作机制等方面还不够成熟，有待完善。西方资本主义民主虽然有其根本局限，但经过几百年的发展，在具体实现形式和运作机制方面积累了不少积极成果。这些积极成果可以为社会主义民主建设所用。

3. 将民主转化为每个公民的生活方式

弘扬和践行社会主义民主观，必须提升公民的民主素养，将民主转化为每个公民的生活方式。首先，要提高每个公民的政治参与意识和能力。社会主义民主只有通过公民广泛的政治参与才能真正实现。改革开放以来，随着社会主义民主政治的发展，我国公民的民主素养不断提升，政治参与意识不断增强。但是，我国是一个有着几千年专制历史的国家，公民的民主素养和政治参与意识总体上还有待提升。要积极拓展公民政治参与的渠道，提升公民政治参与能力，最广泛地动员和组织人民依法管理国家事务和社会事务，管理经济和文化事业。

要把民主转化为日常生活，还体现在基层自治和社会自主治理之中。马克思主义认为，人民民主不断发展的过程，也就是实现社会自主治理的过程。当然，最终完全实现社会自主治理是一个漫长的过程。基层自治是迈向社会自主治理的重要环节和步骤。党的十八大报告指出，在城乡社区治理、基层公共事务和公益事业中实行群众自我管理、自我服务、自我教育、自我监督，是人民直接行使民主权利，实现社会主义民主的重要方式。

三　平等：社会主义核心价值观与人类社会解放的契合形式

平等是社会主义的本质要求。大力倡导平等价值，促进平等目标的实现，对于推进社会主义核心价值观与人类社会解放的契合有着重要意义。

（一）平等是人类社会解放的重要形式

1. 平等的内涵

平等是现代社会的基本特征，是衡量人类文明进步的重要标准，也是人类向往的理想价值。人们向往和追求平等，首先要明确平等的内在意涵。平等是什么？平等是一种社会价值，是一种关于社会应当如何对待其成员的规范性价值。具体而言，一个社会中的全部成员在特征、个性、能力、需求等方面肯定是千差万别的，但他们在作为人、作为社会主体的意义上是平等的。社会应将每个人作为平等的社会成员来对待，确保每个人生存和发展的需求都受到同等程度的尊重和照顾。因此平等是人类社会解放的重要形式。

2. 平等对于人类社会解放的价值与意义

倡导并促进平等的实现，对于推进中国特色社会主义人类社会解放的实现有着重要的价值和意义。

平等是中国特色社会主义人类社会解放原理的本质要求。首先，马克思主义创始人告诉我们，社会主义运动的根本目标在于消灭阶级，消灭剥削，使社会摆脱和超越资本主义制度造成的人压迫人、人剥削人的现象，让人民共同占有生产资料、共同支配国家权力。因此，科学社会主义在诞生之始就将平等作为社会主义的本质要求。在中国特色社会主义建设过程中，邓小平再次强调社会主义的本质是解放生产力，发展生产力，消灭剥削，消除两极分化，最终实现共同富裕。党的十八大提出，"努力营造公平的社会环境，保证人民平等参与、平等发展权利"。这表明，平等同样都已经内在地成为中国特色社会主义的本质要求。

其次，平等是保证人民当家作主的基本条件。马克思主义认为，历史活动是群众的事业，人民是推动社会发展的决定性力量。人民当家作主是社会主义民主政治的本质和核心。党的十八大强调要坚持人民主体地位，并指出中国特色社会主义是亿万人民自己的事业。要实现人民民主，就必须消灭阶级，使广大人民拥有平等的政治权利和社会地位，否则，中国特色社会主义人类社会解放便成为空谈。

平等是完善社会主义市场经济体制的前提条件。市场经济以身份平等和规则公平为基本前提。不平等和特权只会造成弱肉强食、恶性竞争的市场风气，最终破坏经济秩序，影响市场经济的良性运行。只有确保市场主体享有平等的权利、机会和地位，引入公平的竞争机制，才能形成健康良好的市场环境，激发人们的积极性和创造性，才能为中国特色社会主义人类社会解放提供源源不断的动力。

只有实现平等，才能真正做到以人为本。以人为本是科学发展观的核心，是中国共产党的根本宗旨和执政理念的集中体现。十八大报告强调，要"始终把实现好、维护好、发展好最广大人民根本利益作为党和国家一切工作的出发点和落脚点"。如果只有一部分人享受了社会发展所取得的成果，那还算不上符合最广大人民的根本利益。只有实现平等，确保人人都从改革和发展中受益，才能切实增进人民福祉，才是真正的中国特色社会主义人类社会解放和以人为本。

（二）积极弘扬和践行社会主义平等观

1. 在社会主义平等和共产主义平等是全面的平等

"平等"这一价值追求虽然自古有之，但平等的内涵不是永恒不变的。恩格斯告诉我们，平等的含义随历史发展而不断变化着，不同社会、不同阶级有不同的平等观念。在最原始的、自然形成的公社中，平等只限于公社成员之间的平等。在希腊和罗马的奴隶制时期，产生了自由民私人之间的平等，但希腊人和野蛮人、自由民和奴隶都处于不平等的地位。而到了信奉基督教的封建社会，一切人的平等只意味着承认一切人在原罪上的平等，除此便只有封建社会森严的等级秩序。在反对封建专制制度的过程中，现代资产阶级提出了现代意义上的平等要求，"一个国家的一切公民，或一个社会的一切成员，都应当有平等的政治地位和社会地位"。① 这一现代意义上的平等观念经过了几千年才成为某种自然而然、不言而喻的东西。

社会主义核心价值观所倡导的平等是社会主义的平等，它不同于近代启蒙意义上的资产阶级平等，其内涵在于消灭一切剥削和阶级，实现生产资料公有制，使人民当家作主。社会主义平等既包括政治平等、经济平等、社会平等等不同层面，也包括权利平等、机会平等、身份平等、资源平等等不同内容。

在社会主义的平等目标之上，马克思还向我们描绘了更高层面的平等追求，即共产主义的平等目标。共产主义不仅消灭一切由阶级和剥削造成的不平等，而且还要能照顾到不同的人在天赋、能力和需求方面的不同，根据每个人的个性和需求进行分配，使每个人都能拥有最适合自己全面发展的资源和机会。当然，共产主义平等理想的实现需要长期的发展和积累，如同马克思所说，"在随着个人的全面发展，他们的生产力也增长起来，而集体财富的一切源泉都充分涌流之后，——只有在那个时候，……社会才能在自己的旗帜上写上：各尽所能，按需分配！"② 可见，平等是马克思主义和社会主义的基本价值追求。

2. 社会主义平等并不是绝对的平均

平等与平均是两个内涵不同的概念。平均与差异相对，强调在分配时每个人得到均等的份额；而平等则强调每个人拥有平等的权利和机会，并且在分配时用平等的尺度进行衡量。比如社会主义按劳分配制度就是平等的集中体现，它以劳动作为统一的尺度来衡量收入分配。社会主义倡导平等，并不表示要消除一切差别。差别可以是正当的，当且仅当造成差别的

---

① 《马克思恩格斯选集》第3卷，人民出版社，1995，第444页。
② 《马克思恩格斯选集》第3卷，人民出版社，1995，第305页。

因素是正当的。比如勤奋工作的人比消极怠工的人收入高，或者贡献突出的人比无所作为的人得到更多奖励，等等。这类差别是正当的，因为它并非由不正当的特权等因素造成，而是因人们不同等的付出和贡献而产生的正当差别。

（三）正确处理平等和社会主义核心价值观的社会解放的关系

平等不仅是当今中国人民群众的迫切要求，也是中国特色社会主义的本质要求。平等的实现，既需要平等理念的弘扬，也需要社会改革的促进，需要党和人民的共同努力，在这个过程中，党和国家在平等目标上表现出坚定的决心，但实现平等的道路注定是漫长的。在这个过程中，需要消除我国当前社会中仍然存在的各种各样的不平等现象，比如城乡不平等、居民收入不平等、教育机会不平等，特别要正确处理平等和社会主义核心价值观的社会解放的关系。为此要：

1. 大力发展生产力，解决贫穷和低效的问题

平等的实现，首先需要生产力的发展来保证。贫穷不是社会主义，只有大力发展生产力，才能夯实共同富裕的物质基础。我国仍然处于社会主义初级阶段，必须坚持发展仍是解决我国所有问题的关键这个重大战略判断，以经济建设为中心，不遗余力地发展生产力。只有把蛋糕做好做大，才能使最广大人民群众都能分到蛋糕，并且使每个人分到的蛋糕更多更大。

中国处于并将长期处于社会主义初级阶段的基本国情决定了，要想真正实现平等，必须首先解决贫穷和低效的问题，就必须以经济建设为中心，坚持效率优先、兼顾公平，允许一部分地区、一部分人先富起来，带动和帮助后富，逐步实现共同富裕。这种效率优先的思路极大地解放了生产力，使我国经济水平大幅度提高，为平等的实现奠定了物质基础。

2. 防止盲目追求过度的平等和平均化

需要指出的是，社会主义平等的实现不能一蹴而就，要遵循社会发展的客观规律，根据实际情况分阶段、分步骤地予以实现。当前我国仍长期处于社会主义初级阶段，为了更好地发展社会主义市场经济，建立良性激励机制，应允许存在一定范围一定程度的收入差距。在生产力还未达到条件允许的情况下盲目追求过度的平等和平均化，只会使人们丧失劳动积极性，使社会主义市场经济发展失去原动力，阻碍生产力的发展，反而使平等更加难以实现。正如马克思所说，如果没有以生产力的发展为前提，就只会造成"贫穷、极端贫困的普遍化；而在极端贫困的情况下，必须重新开始争取必需品的斗争，全部陈腐污浊的东西又要死灰复燃"。① 这一点在早期社会主义实践中有过经验教训。如果脱离社会发展的实际情况和客观规律盲目追求平等，平等就将成为空想。要克服"不患寡而患不均"的观念，坚持发展仍是解决我国所有问题的关键这一重大战略判断，做到既尽力而为又量力而行，才能最大限度地消除差距，实现平等。

3. 特别注意消除由不合理、不正当的因素造成的不平等

虽然平等已成为现代社会的基本共识，但在现实生活中我国社会仍然存在广泛的不平等现象。这些不平等有的是由历史和社会因素造成的，比如家庭背景、教育机会、阶级、阶层等，有的是由自然、个人甚至难以描述的因素造成的，比如天赋、才能、勤奋程度、运气等。倡导和促进平等，就是要对社会中存在的不平等特别是由不合理、不正当的因素造成的不平等予以矫正和补偿，缩小人们在权利、机会、财富、生活前景等方面的差距。

4. 缩小收入差距是实现平等的关键

要根据十八大提出的"两个同步"、"两个比重"、"两个公平"，逐步建立公平合理的分配制度。通过税收等再分配手段有效地调控收入差距，调节过高收入，增加低收入者收入，扩大中等收入者比重，努力缩小城乡、区域、行业收入分配差距，逐步形成橄榄形分配格局。根除因非法收入而造成的不平等现象，规范收入分配秩序。既保证人们合法的劳动所得不被剥夺克扣，又规避和清除由特权、违纪违法所得的非法收入。建立个人收入和财产信息系统，保护合法收入，清理规范隐性收入，取缔非法收入。不断完善以社会保险、社会救助、社会福利为基础，以基本养老、基本医疗、最低生活保障制度为重点，以慈善事业、商业保险为补充的

---

① 《马克思恩格斯选集》第 1 卷，人民出版社，1995，第 86 页。

社会保障体系。

5. 积极推进教育平等

教育不仅在很大程度上决定着一个人未来的收入水平和生活前景，而且决定着一个人的眼界和情怀，是人们实现美好生活的重要基石。只有使每个公民，无论其家庭收入、地域、民族、身份、性别，都能平等地拥有受教育的机会，平等地使用教育资源，才能使每个人真正拥有人生出彩的机会，才能实实在在地促进人与人之间平等。

四 公正：社会主义核心价值观与人类精神解放的契合形式

从制度来看，制度无非就是规范化、固定化的社会关系。人追求正义就是要按照正义的标准去改造社会制度和社会关系，从而为自身的发展创造条件。因此，公正是社会主义核心价值观与人类精神解放的制度契合。人追求正义、创新制度都是为了人性的完善或实现人的自由全面发展。人创造正义制度的过程就是通过完善社会借以完善自身的过程。这就提出了怎样认识人以及人与社会的关系的问题。马克思曾使用"人的全面发展"、"人的自由发展"、"自由人联合体"等来描述共产主义社会，并把人的自由全面发展理解为未来理想社会的基本特征。①

从我国现阶段的实际出发，为促进社会公正观念的确立应遵循一些基本原则，这也是当前实现社会公正的核心点。它主要包括以下几方面。一是保证基本权利原则。在现代社会和市场经济条件下，社会成员进入社会生活时应当有一个基本的平等起点，亦即每一个社会成员都应当具有平等的基本权利，包括平等的生存权利、平等的工作权利、平等的社会保障权利以及平等的受教育权利等。一个社会对于社会成员基本权利予以有效的保护，这是促进社会公正的内在要求，也是实现社会和谐的基本立足点。二是机会公正原则。要保障社会成员的基本权利，必然要求保障他们享有

---

① 胡锦涛：《坚定不移沿着中国特色社会主义道路前进 为全面建成小康社会而奋斗》，《人民日报》2012 年 11 月 18 日第 1 版。

平等的发展权利，也就是要从总体上保证每个社会成员享有大致相同的平等发展机会，具有大致相同潜能和相同意愿的社会成员应当有着大致相同的发展机会和发展前景。在参与社会财富等社会资源分配之前，机会公正的原则要求摒弃先赋性因素（比如身份、家庭出身、性别等）的影响，保证每一个社会成员能够有一个平等竞争的条件，能够得到公正的对待，从而最大限度地发挥每一个社会成员的能力。它是促进社会公正的前提条件，也是实现社会和谐的必然要求。三是规则公正原则。为了实现社会成员机会公正，必然要求制定由社会政策、制度、机制、运行等方面因素所构成的社会规则，这些社会规则不仅要符合社会发展的规律，也要符合最大多数社会成员的要求和愿望。它是促进社会公正的关键环节，也是实现社会和谐的重要支撑点。四是按贡献分配原则。为了保障社会公正，应根据每一个社会成员的具体贡献进行有差别的分配，也就是要把每个人的具体贡献同自身的切身利益紧密结合起来。同时通过正确的机制，达到统筹社会各阶层利益、维护社会整体利益的目的。这是促进社会公正的基本要求，也是实现社会和谐的根本保证。

五　自由：社会主义核心价值观与人类精神解放的契合形式

（一）自由是人类精神解放的重要形式

对于人的自由来说，外在的制约具有客观必然性。规律作为一种客观必然性，对人的活动具有强制性，客观世界的规律同时也是支配人自身的规律。因此，自由与人类精神解放的关系贯穿人类历史的始终，并成为人类存在和发展的永恒矛盾。

1. 自由与人类精神解放的矛盾

自由与人类精神解放的矛盾之所以成为人类存在和发展的永恒矛盾，是由人所特有的存在方式决定的。人的存在首先是人的生命存在，但人的生命存在并不仅仅是自然肉体的存在，更重要的是生命意义的存在，即人要不断追求自身的发展与完善。从某种意义上说，后者更深刻地体现了人的生命存在的真正内涵。与动物不同，人总是在维持自然生存的基础上追求自由和实现人生价值，从而使自己的生命存在超越自然性的存在。① 人是自然存在物和社会存在物的双重统一体，因此，人的活动受制于自然必然性和社会必然性。作为超越性的存在，人不会满足现有的生存条件，不会完全屈从于现有自然条件和社会条件的限制，不愿受自然必然性和社会必然性的摆布。相反，人们力求获得思想和行动的自由。人既不能脱离自然和社会，又不能没有自我追求和自我实现，这就不能不产生自由与必然的矛盾。只要有人类存在，这一矛盾就存在。这就是说，自由与人类精神解放的矛盾并不会随人类活动水平的提高而消除，只能随着人的活动的发展而不断产生新的矛盾形式。随着人的实践活动和认识活动的发展，人们会在更大程度和更高水平上获得新的自由，与此同时，人们也会在更大范围和更新领域遇到新的人类精神解放的限制和挑战。该矛盾是与人的实践活动紧紧地交织在一起的。人的自由全面发展是马克思人类精神解放理论的精髓，它寄托了人类的不懈追求与美好理想，人的自由全面发展在真善美统一的高度与深度上，构成了人类解放的最终目标和必然归宿。

2. 意志自由是借助于对事物的认识来作出决定的能力

从根本上说，人的自由存在于改造世界的实践活动中。人的自由不是消极的纯主观的自由。"自由不在于幻想中摆脱自然规律而独立，而在于认识这些规律，从而能够有计划地使自然规律为一定的目的服务。这无论对外部自然的规律，或对支配人本身的肉体存在和精神存在的规律来说，都是一样的。"②

无论是支配外部世界的规律，还是支配人自身的规律，作为必然性对人的存在和活动都具有强制性。人不能摆脱必然性的制约，不能超出必然性所规定的范围去寻找自由，这就是人的自由的限度。然而，必然性所规定的可能性范围是相当广阔的，必然性实现的具体形式和途径是多种多样的。因此，人们的活动便有了选择的空间，从而也就有了自由的空间。这是人的自由的客观根据。这就是说，尽管人的存在和活动受到必然性的限

---

① 陈先达、杨耕：《马克思主义哲学原理》，中国人民大学出版社，2010，第247页。
② 《马克思恩格斯选集》第3卷，人民出版社，1995，第455～456页。

定，但人在必然性所规定的可能性范围内仍能根据自己的需要作出选择，并通过实践把选定的可能变为现实，从而获得自由。

3. 自由发展是人的自主性发展

自由发展是从自主性上谈人的发展，是指人自觉自愿地发展自己的能力，施展自己的力量。在一定意义上，人的全面发展包含着自由发展和充分发展。

人的全面发展离不开社会实践。在实践活动中，人的本质力量对象化于外部世界。这种对象化活动是一种创造性活动，是人的能力得到显现和发展的基本方式。在这个对象化的过程中，人的能力有的"苏醒"过来，有的发展起来，有的产生出来。人的发展的全面性，归根到底取决于实践本身的发展。实践规模越大，实践对象越多样，实践过程越复杂，对人的素质和能力要求就越高、越全面，从而造就出全面发展的个人。①

4. 人的自由发展需要充分的自由时间

人的自由而全面发展需要充分的自由时间，并且人们能够支配这种自由时间。正因为如此，马克思主义哲学强调"时间是人的积极存在"，即时间对人的存在的意义和价值，明确提出时间是人的生命尺度和发展空间。②正因为时间以人的活动的形式存在，所以，伴随着实践活动的发展和自由时间的增多，必然是人的活动空间的扩大。人的发展空间的大小与自由时间的多少直接相关。自由时间的多少直接决定着人的发展空间的大小，而自由时间在量上又直接取决于剩余劳动时间。"剩余劳动一方面是社会的自由时间的基础，从而另一方面是整个社会发展和全部文化的物质基础。"③发展生产力，提高劳动生产率，实际上就是缩短必要劳动时间，增加自由时间，扩大人的发展空间。对个人来说，自由时间的扩大实际上是提供了一个新的活动舞台，舞台越大，发展的可能性也就越大；就人类而言，整个人类的发展无非对自由时间的运用，有了更多的自由时间，才有整个社会的更大进步，才有人类能力的更大发展。所以，"时间是人的积极存在"。

---

① 陈先达、杨耕：《马克思主义哲学原理》，中国人民大学出版社，2010，第250~251页。
② 《马克思恩格斯全集》第47卷，人民出版社，1979，第532页。
③ 《马克思恩格斯全集》第47卷，人民出版社，1979，第257页。

（二）积极弘扬和践行社会主义自由观

1. 人的自由而全面发展需要逐步得到实现

促进人的全面发展是马克思主义关于建设社会主义新社会的本质要求。我们要在发展社会主义社会物质文明、精神文明和政治文明的基础上，不断推进人的全面发展。中国共产党提出的以人为本为核心的科学发展观及其实践，为实现人的全面发展开辟了广阔的社会空间，展示了美好的远景。

2. 共产主义社会是"自由人联合体"

在共产主义社会里，任何人都没有特殊的活动范围，每个人都可以在任何部门内发展，社会调节着整个生产，因而使我们有可能随自己的心愿今天干这事，明天干那事，上午打猎，下午捕鱼，傍晚从事畜牧，晚饭后从事批判，这样就不会使我老是一个猎人、渔夫、牧人或批判者。① 在共产主义社会中人的活动是自由的，这样，"有个性的个人"逐步代替了"偶然的个人"。"偶然的个人"是与社会关系、交往条件不相适应，对社会关系没有自主性，处于被奴役地位的个人；"有个性的个人"就是与社会关系、交往条件相适应，对社会关系有自主性的个人。共产主义社会是"建立在个人全面发展和他们共同的社会生产能力成为他们的社会财富这一基础上的自由个性"。② 人可以腾出更多的时间从事自己喜欢的工作，享受艺术、科学的熏陶，自由自觉地掌握自己的命运，创造性地发挥自己的能力和特长，个性也会得到解放。

在共产主义社会里，社会化的人在"自由人联合体"的形式下，将按照合理的方式来调节人类和自然之间的物质交换，把物质生产放置在共同的管理之下，由社会调节整个生产，从而实现最小的消耗和最适合人性的生产。在以人的"自由个性"形成为标志的共产主义社会形态里，生产力高度发达，在社会交往中，人们摆脱了私有观念、传统意识形态和旧文化、旧习俗的束缚和影响，人的道德素养也极大地提高，展示着自己独立而自

---

① 《马克思恩格斯选集》第1卷，人民出版社，1995，第85页。
② 《马克思恩格斯全集》第46卷（上册），人民出版社，1979，第104页。

由的个性，具有高度的共产主义思想觉悟，实现了精神上的彻底解放。在此状况下，最终能够实现人的自由个性的全面发展。

（三）正确处理自由和社会主义核心价值观的精神解放的关系

自由是马克思主义的终极追求，也是社会主义的内在逻辑。自由是改革和发展的源头活水，是完善社会主义市场经济体制的必然要求。倡导和促进自由的实现，对于正确处理自由和社会主义核心价值观的精神解放的关系，推进中国特色社会主义事业有着重要意义。

1. 自由是社会主义核心价值的核心意蕴

自由是中国特色社会主义的基本要义，是社会主义核心价值的核心意蕴。中国特色社会主义事业的出发点和落脚点都是为了实现广大人民群众的根本利益。人民的利益不仅是物质生活的改善，更重要的是保证人民能够充分享有发展自我、实现自我的条件和自由，每个人都能够自由全面地发展，都能享有"人生出彩"、"梦想成真"的机会。十八大明确把"促进人的全面发展"纳入中国特色社会主义道路的内涵。促进人的全面发展，既需要保障人们所拥有的言论等基本权利和自由不受干涉，又需要提供给人们自由发展的资源和条件。党的十八大和十八届三中全会所制定的政治、经济、文化等各领域的各项改革措施，都是为了扩大人民的自由，使每个人都能有更多的权利、机会和更强的能力并且在更完善的社会条件下来实现自己美好生活的梦想。

2. 自由是改革和发展的必然要求

改革需要创新，需要解放思想。只有倡导思想自由，才能破除思想上的种种禁锢，从一切不合时宜的观念、做法和体制的束缚中解放出来，从教条主义和主观主义的桎梏中解放出来，真正做到与时俱进，不断推进和深化改革。自由是解放和发展生产力、激发和增强社会活力的基本前提。只有让人们自由地享有发展的机会和权利，自由地发挥自身的能力和特长，让一切劳动、知识、技术、管理、资本的活力竞相迸发，才能让一切创造社会财富的源泉充分涌流，才能实现社会的进步发展。自由也是健全社会主义市场经济体制的必然要求。十八届三中全会提出，要形成企业自主经营、公平竞争，消费者自由选择、自主消费，商品和要素自由流动的现代市场体系。只有确保市场各方有充分的、正当的自由，才能形成健康活泼的市场经济体系，才能使各种生产要素充分发挥作用，社会主义市场经济才有源源不断的内在动力。

3. 自由的实现需要多方面条件保障

马克思说过，"权利决不能超出社会的经济结构以及由经济结构制约的社会的文化发展"。① 实现以人的自由全面发展为核心内容的马克思主义自由目标，是一项长期而艰巨的任务，不能脱离实际盲目求快，而要依据当前发展阶段的社会经济文化条件制定相应的权利和自由清单，逐步实现自由的终极目标。

首先，解放和发展社会生产力是实现自由的实践基础。社会生产力的发展为人的自由全面发展提供现实条件。只有生产力发展了，才能满足人们多方面的需要，培养和挖掘人多方面的能力和才干，形成普遍的交往体系，为人自由丰富的个性和全面自由的关系的发展提供物质条件。因此，要实现自由必须以解放和发展生产力为前提。只有不断发展生产力，扩大生产交往，让集体的一切财富源泉充分涌流，自由的实现领域和实现程度才能得到拓宽和加深。

其次，自由的实现必须由制度来保障。第一，要推进社会主义政治体制改革，保证人民享有广泛的权利和自由。政治权利和自由不仅关系到人民的主体地位，而且影响公民其他方面权利和自由的享有，因此要扩大人民民主，并实现公民各项权利得到保障和不断发展基础上的民主。第二，要推进社会主义法治建设，坚持依法执政、依法行政、依法办事，使宪法规定的公民权利和自由得到保障。第三，要加强公民意识教育和宣传，树立社会主义权利、自由、民主和法治观念。既保证公民的自由和权利得到尊重和保护，又保证公民自觉依法行使权利。

---

① 《马克思恩格斯选集》第 3 卷，人民出版社，1995，第 305 页。

第六章 社会主义核心价值观与中国特色社会主义理论的发展契合

第一节 "四个全面"与社会主义核心价值观的发展契合

党的十八大以来，以习近平为总书记的党中央在新的历史条件下，提出"四个全面"，即全面建成小康社会、全面深化改革、全面依法治国、全面从严治党。"四个全面"对于坚持和完善中国特色社会主义理论体系具有重大现实意义和深远历史意义。

"四个全面"是中国特色社会主义理论的新发展。"四个全面"赋予了马克思主义新的时代内涵，升华了对社会主义发展规律、改革开放和现代化建设规律、马克思主义执政党建设规律的认识，是我们在新的历史起点上坚持和发展中国特色社会主义，实现"两个一百年"奋斗目标和中华民族伟大复兴"中国梦"的行动指南。

"四个全面"的提出，从坚持和发展中国特色社会主义全局出发，在新的历史起点上，深刻地回答了如何坚持和发展中国特色社会主义的重大课题。在"四个全面"的基础上，可以把中国特色社会主义建设比作一只展翅高飞的雄鹰，其躯干部分是全面建成小康社会，其两翼部分分别是全面深化改革和全面依法治国，其头脑部分是全面从严治党。其中全面建成小康社会是中国特色社会主义建设初级阶段的实现过程，核心是解放和发展社会主义的生产力；而全面深化改革与全面依法治国，是大鹏之两翼，共同推动全面建成中国特色社会主义的生产关系和上层建筑建设；全面从严治党部分则是中国特色社会主义建设的根本方向保证。

一 全面建成小康社会与社会主义核心价值观的契合

习近平总书记指出，"党的十八大描绘了全面建成小康社会，加快推进社会主义现代化的宏伟蓝图"，发出了向实现"两个一百年"奋斗目标进军的时代号召，即到 2020 年国内生产总值和城乡居民人均收入在 2010 年基础上翻一番，全面建成小康社会。党中央立足于辉煌成就与"三个自信"，准确判定中国发展所处历史方位，把全面建成小康社会定位为"实现中华民族伟大复兴中国梦的关键一步"，全面建成小康社会作为战略目标，是"四个全面"的灵魂和统帅。

（一）全面建成小康社会的内涵与特点

全面建成小康社会是党的十八大提出的总目标，全面建成小康社会是承上启下、基本实现社会主义现代化的决定性措施，也是实现民族复兴伟业的关键一步。全面建成小康社会把现实任务与长远目标结合起来，是民族复兴的牢固基石。

全面建成小康社会的特点：无论是全面深化改革、全面依法治国，还是全面从严治党，都要有一个统一的奋斗目标来统领，这个奋斗目标就是全面建成小康社会。全面深化改革和全面依法治国都是全面建成小康社会的重要内容；同时，全面建成小康社会又是全面深化改革、全面依法治国和全面从严治党的重要目标。无论是全面深化改革、全面依法治国，还是全面从严治党，其目的都是实现全面建成小康社会和富强、民主、文明、和谐的社会主义现代化国家这一战略目标。

（二）全面建成小康社会与中国特色社会主义理论发展

全面建成小康社会的确立就是对中国特色社会主义发展空间布局的确定，全面建成小康社会是中国特色社会主义的实现过程和发展，表现在如下几个方面。

1. 全面建成小康社会与社会主义生产力发展和完善过程

全面建成小康社会，从根本上说是发展问题。在发展进入新阶段、经济进入新常态的今天，习近平总书记关于全面建成小康社会的论述，抓住发展中存在的突出矛盾，瞄准的是经济、社会和人的素质的全面提升。发展是当今世界潮流，发展是当今中国的主题。无论是"工业化、信息化、城镇化、农业现代化同步发展"，还是"坚持发展是硬道理的战略思想"，全面建成小康社会的战略目标，体现的正是中国特色社会主义的根本属性和必然要求。习近平总书记指出，全面建成小康社会，实现社会主义现代化，实现中华民族伟大复兴，最根本、最紧迫的任务还是进一步解放和发展社会生产力，继续充分释放全社会创造活力。在生产力方面，全面建成小康社会就是把我国的生产力基础由机器大工业转移到现代科技生产力，打好社会主义的生产力基础。李克强总理在政府工作报告中指出，必须坚持发展是硬道理的战略思想，推动大众创业、万众创新。《人民日报》评论员指出，创新是根本，转方式、调结构，需要切实转换经济发展动力，依靠创新支持，突出创新驱动。社会主义生产力论研究构成中国特色社会主义存在的条件和主线。

2. 全面建成小康社会是社会主义初级阶段的主要任务

社会主义初级阶段与全面建成小康社会高度契合。党的十八大报告指出，必须坚持解放和发展社会生产力。解放和发展社会生产力是中国特色社会主义的根本任务，发展仍是解决我国所有问题的关键。在生产力方面，全面建成小康社会就是把我国的生产力基础由机器大工业转移到现代科技生产力，为此必须坚持发展是硬道理的战略思想，决不能有丝毫动摇。[①] 根据我国经济社会发展实际，要在十六大、十七大确立的全面建设小康社会目标的基础上努力实现新的目标，实现国内生产总值和城乡居民人均收入比 2010 年翻一番；科技进步对经济增长的贡献率大幅上升，我国进入创新型国家行列，确保到 2020 年实现全面建成小康社会宏伟目标。

社会主义初级阶段论研究构成中国特色社会主义存在的现实和出发点。我国是世界上最大的发展中国家，仍处于并将长期处于社会主义初级阶段，

---

① 《胡锦涛在庆祝中国共产党成立 90 周年大会上的讲话》，新华社，2011 年 7 月 1 日。

发展是硬道理，是解决一切问题的基础和关键。社会主义初级阶段生产力具有二重性特点：生产力既包括机器大工业等传统生产力，又包括现代科技生产力。由于生产力的发展具有连续性，建立在机器大工业基础上的传统生产力是社会主义国家不可逾越的。这为全面建成小康社会提供了起点并为构建社会主义理论体系提供了逻辑进路。

（三）全面建成小康社会与社会主义核心价值观

1. 全面建成小康社会为社会主义核心价值观的实现提供生产力保证

全面建成小康社会是党的十八大提出的总目标。从时间维度来看，中国特色社会主义的初级阶段和全面建成小康社会高度契合。社会主义初级阶段，是指我国生产力落后，商品经济不发达条件下建设社会主义必然要经历的特定阶段。[①] 社会主义初级阶段的最重要的任务是大力发展社会主义生产力，这对中国特色社会主义建设具有重要意义。只有在社会主义初级阶段大力发展社会主义生产力，才能够充分显示出社会主义制度的优越性，同时也只有大力发展社会主义生产力，才能体现社会主义的本质，才能对社会主义基本经济制度和政治制度的完善、改革开放和全面依法治国、"中国梦"的实现等提供物质基础。

2. 全面建成小康社会为社会主义核心价值观的实现提供外部环境保障

"四个全面"决定了中国特色对外关系特点。要研究在科学技术成为第一生产力的情况下，可以充分发挥信息资源可共享、具有非稀缺性等优势，从而打破为争夺资源和市场而战的传统的非和平崛起方式。中国社会主义初级阶段的生产力包括机器大工业，其生产力要素主要是以物的形式体现，在资源的总量一定的情况下，也存在对资源的争夺和占有，因而也存在非和平发展的可能性。因此，我国现代科技生产力决定了中国和平崛起的现实性。在当前情况下，我国要充分发挥科技生产力的信息性和符号性特点，以消耗较少的资源来实现经济增长，在自主的基础上，在国际国内资源可以承受的范围内，发展循环经济，节省资源，把和平崛起由可能性变为现

---

① 本书编写组：《毛泽东思想和中国特色社会主义理论体系概论》（2013修订版），高等教育出版社，2014，第114页。

实性。可见，全面建成小康社会可以为社会主义核心价值观的实现提供外部环境保障。

二　全面深化改革与社会主义核心价值观

（一）全面深化改革的内涵与特点

党的十八届三中全会审议通过了《中共中央关于全面深化改革若干重大问题的决定》，提出"全面深化改革的总目标是完善和发展中国特色社会主义制度，推进国家治理体系和治理能力现代化"，并对经济体制改革、政治体制改革、文化体制改革、社会体制改革、生态文明体制改革和党的建设制度改革进行了全面部署。

改革开放是党和人民事业大踏步赶上时代的重要法宝，也是发展中国特色社会主义、实现中华民族伟大复兴的必由之路。改革开放为社会主义现代化建设提供了强大动力和有力保障。在新的历史条件下，只有全面深化改革，才能进一步解放和发展社会生产力，激发和增强社会活力，努力开拓中国特色社会主义事业更加广阔的前景；只有全面深化改革，才能坚决破除束缚全面推进依法治国的体制机制障碍，彻底解决法治领域的突出问题；只有全面深化改革，才能进一步加强和改善党的领导，在发展中国特色社会主义伟大实践中全面推进从严治党。改革开放是决定当代中国命运的关键抉择，也是全面建成小康社会、全面推进依法治国和从严治党的强大动力。

（二）全面深化改革与中国社会主义理论发展

1. 对生产力与生产关系原理的发展

党的十一届三中全会以后，邓小平同志在总结历史经验教训的基础上，对社会主义初级阶段的生产力与生产关系的矛盾、经济基础和上层建筑的矛盾等进行了深入思考。根据国内外建设社会主义的历史经验，邓小平同志认为，判断一种生产关系和生产力是否相适应，不能从抽象的教条出发，而必须具体问题具体分析，其标准主要是看生产关系是否适应其当地当时生产力的要求，推动生产力发展。实践证明，在社会主义初级阶段，社会主义性质的生产关系一旦超越了社会主义初级阶段的生产力水平，同样会阻碍生产力的发展。而一些即使就其性质来说不是社会主义的生产关系，只要与社会主义初级阶段的生产力水平相适应，同样能够推动生产力的发展，在社会主义初级阶段应当允许其存在和发展。

2. 对改革理论的发展

从经济发展史来看，市场经济是和手工业生产力、大机器生产力以及科技生产力等多种生产力相适应的生产关系形式。我国现阶段的社会生产力具有多种形式，其经济调节方式和计划经济发生错位，需要通过改革建立和完善市场经济加以解决。因此，必须坚持改革的中国特色社会主义市场经济取向，使市场在资源配置中起决定性作用。

改革关键在于"全面"与"深化"。"全面"，一是在方法论上要全面，要讲究系统思维、协同思维、辩证思维；二是改革对象与范围上的全面，正如习近平总书记所说的"容易的、皆大欢喜的改革已经完成了，好吃的肉都吃掉了，剩下的都是难啃的硬骨头"，为此，三中全会决定从经济、政治、文化、社会、生态文明和党的建设等 15 个领域制定了 330 多项较大的改革举措。"深化"，一是指中国改革已进入深水区、攻坚期；二是指要以重要领域和关键环节作为突破口，在牵一发而动全身的关键点上精准发力、集中发力，使改革有效向纵深发展；三是指"深化"是"全面"的必然要求。这一横一纵的结合，推动"中国梦"实现的动力系统完成升级换代。

（三）全面深化改革与社会主义核心价值观的契合

1. 为社会主义核心价值观的实现提供改革开放保证

当前我国正处于社会主义初级阶段，和世界发达国家相比，我国机器大工业生产力落后，造成我国生产力和生产关系的两种不适应：一种是生产关系落后于生产力所形成的不适应，特别是我国封建社会和小生产关系的残余与机器大工业生产力的不适应；另一种是生产关系超越于生产力所形成的不适应，其主要原因是我国用社会主义高级阶段的生产关系来施加现在的生产力，这两种不适应要通过加快我国改革开放进程加以解决。因此，在我国社会主义初级阶段必须解决生产关系和生产力不适应问题，解放和发展社会生产力。改革开放是决定当代中国命运的关键抉择，更是为社会主义核心价值观的实现提供改革开放保证。①

2. 为社会主义核心价值观的实现提供科技生产关系保证

科技生产关系是指适合科技生产力特点的生产关系，它与一般生产关系一样也由三部分构成，即科技劳动资料的所有制形式、科技劳动者的活动形式、科技劳动成果的分配形式。为了和科技生产力相适应，必须通过改革打造新的科技生产关系，其主要途径是通过强化知识产权制度，打造科技生产关系的所有制形式；通过鼓励产学研合作以及技术创新和知识创新的协同，打造科技生产关系的活动形式；通过实行按知分配，打造科技生产关系的分配形式等，最终建立科技生产关系。因此，改革开放为社会主义核心价值观的实现提供了科技生产关系保证。

三　全面依法治国与社会主义核心价值观

（一）全面依法治国的内涵与作用

习近平强调，依法治国，首先是依宪治国；依法执政，关键是依宪执政。全面推进依法治国是党中央治国理政的基本方略。依法治国是解决党和国家事业发展面临的一系列重大问题，确保全面深化改革和从严治党顺利进行，不断激发和增强社会活力、促进社会公平正义、维护社会和谐稳定、确保党和国家长治久安的根本要求。全面依法治国是实现"中国梦"战略总布局的有力保障。全面依法治国，与全面深化改革如同"车之双轮"、"鸟之两翼"，贯穿于全面建成小康社会的进程中，推动中国特色社会主义事业滚滚向前，为实现中华民族伟大复兴"中国梦"提供有力法律保障。

（二）全面依法治国与中国社会主义理论的发展

1. 全面依法治国是中国特色社会主义建设的重大创造

从过去重视以政治手段治理和管理社会，到以法律手段治理社会是中

---

① 《习近平在广东考察时强调"增强改革的系统性整体性协同性做到改革不停顿开放不止步"》，《人民日报》2013 年 12 月 12 日。

国社会治理方式的重要转变。同时，全面依法治国标志着以法治来治理社会取得重要进展，因为中国历史上虽然也讲过依法治国，但是都是人治下的法治，现在讲全面的法治，这是历史的很大进步。① 全面依法治国是社会文明进步的显著标志，是国家长治久安的重要保障，是社会主义民主政治的基本要求，也是建设中国特色社会主义经济、政治、文化，构建和谐社会的必然要求。

2. 依法治国是中国共产党执政方式的重大转变

依法治国同坚持和改善党的领导是完全一致的。江泽民指出，依法治国，有利于从法律上制度上保证党的基本路线和基本方针的贯彻落实，保证党始终发挥总揽全局、协调各方的核心作用。

3. 依法治国是发展社会主义民主、实现人民当家作主的根本保证

民主与法治相互依赖、相互促进，密不可分。社会主义民主是社会主义法治的基础，社会主义法治是社会主义民主的保障。只有人民掌握政权，实行社会主义民主，才能把自己的意志上升为国家法律，建立起自己的法律制度。同时，人民的民主权利和公民的基本权利，国家经济、政治、文化和社会生活各个方面的民主制度、民主结构、民主形式和民主程序，都需要由法律加以确认、规范，并通过国家的强制力来保证实施。

4. 依法治国是发展社会主义市场经济和扩大对外开放的客观需要

一个比较成熟的市场经济，必然要求具有比较完备的法制。市场经营活动的运行，市场秩序的维系，国家对经济活动的宏观调控和管理，以及生产、交换、分配、消费等各个环节，都需要法律的引导和规范。在国际经济交往中，也需要按国际惯例和国与国之间约定的规则办事，这些都是市场经济的内在要求。实行依法治国，是适应社会主义市场经济发展的要求，适应我国加入世贸组织、发展开放型经济的需要。

5. 依法治国是社会主义国家长治久安的重要保障

社会稳定、安定团结是我们各项事业顺利发展的前提。要保持社会稳定，就必须依靠法治来协调社会关系，化解社会矛盾。同时，还要依法严

---

① 《理解习近平"全面依法治国"重点把握四个关键》，人民网－中国共产党新闻网，2015年3月19日。

厉打击各种犯罪活动，加强社会治安综合治理，创造良好的社会治安环境。依法执政非常关键，从严治党才能保证依法执政，从严治党治好了，依法执政搞好了，依法治国才能实现。

（三）社会主义核心价值与全面依法治国的契合

1. 全面依法治国为社会主义核心价值建设提供法律保障

法制是依法治国的前提和基础。经济的发展，社会的进步，都离不开法制的健全。推进依法治国进程，建设社会主义法治国家，必须大力加强社会主义法制建设。加强社会主义法制建设的基本要求，可以用 16 个字来概括，即"有法可依、有法必依、执法必严、违法必究"。这四个方面相互联系、相互制约，有法可依是前提，有法必依是核心，执法必严是关键，违法必究是保障。

从我国的国情出发，当前及今后相当长一段时间，加强法制建设的主要任务如下。要坚持科学立法、民主立法，完善中国特色社会主义法律体系。加强宪法和法律实施，坚持公民在法律面前一律平等，维护社会公平正义，维护社会主义法制的统一、尊严、权威。推进依法行政，深化司法体制改革，优化司法职权配置，规范司法行为，建设公正、高效、权威的社会主义司法制度，保证审判机关、检察机关依法独立公正地行使审判权、检察权。加强政法队伍建设，做到严格、公正、文明执法。深入开展法制宣传教育，弘扬法治精神，形成自觉学法、守法、用法的社会氛围。① 总之，全面依法治国为社会主义核心价值建设提供有效法律保障。

2. 全面依法治国为社会主义核心价值建设提供制度保障

全面依法治国能够为社会主义核心价值建设提供有效制度保障。首先，全面依法治国与社会主义民主建设相互促进，密不可分。人民的民主权利、公民的基本权利、国家的民主制度等，都需要由法律加以确认、规范和实施，所以全面依法治国是社会主义民主的保障，同时社会主义民主一定能促进全面依法治国，进而促进中国特色社会主义政治上层建筑建构。其次，

---

① 本书编写组：《毛泽东思想和中国特色社会主义理论体系概论》，高等教育出版社，2010，第 239 页。

通过治理公权力实施全面依法治国。依法治国重在治理公权力，这是全面依法治国需要把握的关键所在。通过治理公权力，保证领导干部能做到位高不擅权、权重不谋私，任何人行使权力都必须为人民服务、对人民负责并自觉接受人民监督，这样能科学有效地防治腐败，提高反腐败法律制度执行力，让法律制度刚性运行。社会主义核心价值观的核心在于公平与正义，而公平与正义离不开法治。在一定意义上说，全面依法治国是全面深化改革的题中应有之义，全面依法治国能够为社会主义核心价值建设提供有效制度保障。

（四）社会主义核心价值与全面从严治党

1. 全面从严治党的内涵

从严治党的含义非常丰富。从规范党员行为的角度来看，它要求每一个党员都必须严格依照规矩办事，严明党的纪律，自觉服从党的指挥，在工作中不搞山头主义，以国家和党的大局为重，随时听从党的召唤，为党和国家的利益献出一切。从规范党组织的角度来看，它要求各级党组织必须严格依照党章的要求，切实履行自己的职责，在工作中严格规范组织行为，禁止滥用权力，严禁以党组织的名义损害国家利益和人民的利益。从规范党的各项方针政策来看，要求党的改革开放政策路线必须符合宪法和法律的规定，方针政策的实施必须符合法定程序，不得以党代法，不能以改革的名义破坏国家法律制度体系。从规范党员领导干部的角度来看，要求每一个党员领导干部都必须自觉接受党和人民的监督，服从党的组织原则和宣传纪律，正确处理个人利益与党和国家利益之间的关系，自觉接受人民监督，在工作和生活中起模范带头作用。

2. 全面从严治党的特点

习近平提出的"全面从严治党"新在哪里呢？新就新在它强调了全面从严治党的立足点在于"全"，"全"构成了全面从严治党的特质。"全"首先是全覆盖。中国共产党上上下下的所有组织，没有任何的特殊和例外，都要贯彻实施全面从严治党，实现全覆盖。党的各级组织必须把全面从严治党列入党建工作议程。全面从严治党的全覆盖，目前的重点和难点在于基层组织，主要是农村的乡镇、村（居），城市的街道、社区里的党组织，还有非公企业和新社会组织中的党组织。为了不使这些党组织被遗漏，一些地方党委成立了非公经济组织和新社会组织党建工作协调领导小组，建立了非公经济组织和新社会组织党建工作联席会议制度，明确了相关部门的职责和工作任务，形成了在党委统一领导下，全面从严治党，各负其责、各尽其力、密切配合、齐抓共管的工作格局。这样的格局要继续推广和发展。

"全"，其次是全方位。党的十八大报告对党的建设作出了总体部署，即全面加强党的思想建设、组织建设、作风建设、反腐倡廉建设、制度建设，由此形成了"五位一体"的全方位的党建格局。全面从严治党，要求我们切实把握好五个方面的全方位建设。推进五个方面的全方位建设，要求我们不能只注意某一方面而忽视某一方面，只强调某一方面而舍弃某一方面。例如，目前一些党组织尤其是基层的一些党组织，比较容易放松思想建设方面的从严治党，应该予以纠正克服。当然，各级党组织全面从严治党，应从实际出发，针对自身情况，突出其重点，着力解决现实存在的问题。但在整体上，则必须坚持全面从严治党的全方位推进。

"全"，再次是全过程。全面从严治党的每一项工作，都要重在细节、重在过程，必须防止前热后冷、前紧后松，出现兴头败尾、半途而废的现象。当全面从严治党的工作作了部署之后，就要按照它的进程，扎扎实实地走完每一个步骤、每一个程序。全过程要求全面从严治党的每一项工作，一定要善始善终，不图形式，不走过场。这需要一种精神，就是习近平提倡的"钉钉子精神"，就是做事情、干事业，锲而不舍、始终如一，全程紧盯、全程紧逼。全过程，体现了我们党在推进全面从严治党这项党建重点工作时，注意办好每一件事，注重每一个细节、每一个流程的认真态度和细腻风格。

"全"，最后是全周期。全面从严治党这项党建重点工作，将是长期的，无止境的。只要中国特色社会主义事业没有结束，我们党的历史使命没有完结，全面从严治党就只有进行时，没有完成时。一些党组织和党员、干部，总以为全面从严治党也不过是一个短时期的活动，搞个三年五载就差不多了。必须认识到，全面从严治党的全周期，固然也会表现为一个三年五载的短时期、阶段性的发展，但一个阶段的发展和结束，只是标志着全面从严治党的拓展和深化，并不意味着全面从严治党整个工作的结束。全面从严治党有多个发展阶段，必须持之以恒，搞好阶段与阶段之间的衔接，坚持长期发展、持续推进。

再一个关键就是"从严"。习近平总书记一再强调治党必须从严，因为这本身也是由我们党的性质、由党在当前新形势下所肩负的历史任务决定的，也是由党目前自身所面临的问题决定的。事实告诉我们，如果治党不能从严要求、狠抓制度落实，那么有些问题很难得到根本解决。现在提出来要"全面从严治党"，这是在新条件下党的建设的一个必然要求。

3. 全面从严治党与中国社会主义理论的发展

中国共产党是先进生产力的代表，只有全面从严治党，才能改善和加强马克思主义政党正确的政治领导。只有全面从严治党，才能坚持改革的社会主义方向。只有全面从严治党，才能始终保持党同人民群众的血肉联系，始终保持党的先进性和纯洁性。只有全面从严治党，才能坚持和发扬社会主义民主，保证中国特色社会主义事业始终具有蓬勃生机和旺盛活力。总之，只有坚持全面从严治党，才能为中国特色社会主义建设提供政治方向保证。[①] 为此要：

第一，通过全面从严治党使党始终代表中国先进生产力的发展要求，保证社会主义本质的实现。中国共产党是中国工人阶级的先锋队，是中国先进生产力的代表。要通过全面从严治党使党始终代表中国先进生产力的发展要求，实现党的宗旨，确保社会主义本质的实现。

通过全面从严治党使党始终代表中国先进生产力的发展要求，就必须坚定领导改革，不断完善社会主义的生产关系和上层建筑，同时还必须大力推进创新驱动，始终注意把发挥我国社会主义制度的优越性和科技生产力先进性紧密地结合起来，努力实现我国生产力的跨越发展，承担党代表中国先进生产力发展要求必须履行的历史责任。

第二，全面从严治党确保党的事业不偏离社会主义根本方向。中国共

---

① 《习近平四个全面战略布局的现实、逻辑与实现脉络》，人民网－时政新闻，2014 年 4 月 10 日。

产党是先进生产力的代表，要更好地把中国特色与社会主义伟大事业紧密联系起来、统一起来，真正确保党的事业不偏离社会主义根本方向。这样全面从严治党能够为全面建成小康社会提供政治方向保证并为社会主义理论体系建设提供方向基础。全面从严治党既是执政党加强自身建设的必然要求，更是当下防止在大的问题上出现颠覆性错误的战略举措。

第三，全面从严治党确保党同人民保持血肉联系，国家就繁荣稳定，人民就幸福安康。形势的发展、事业的开拓、人民的期待，都要求我们以改革创新精神全面推进党的建设新的伟大工程，全面提高党的建设科学化水平。治国必先治党，治党务必从严。要深刻认识党面临的执政考验、改革开放考验、市场经济考验、外部环境考验的长期性和复杂性，深刻认识党面临的精神懈怠危险、能力不足危险、脱离群众危险、消极腐败危险的尖锐性和严峻性，深刻认识增强自我净化、自我完善、自我革新、自我提高能力的重要性和紧迫性，坚持底线思维，做到居安思危。要教育引导全党同志特别是各级领导干部务必明白只有全面从严治党才能确保党同人民的血肉联系。

4. 全面从严治党与社会主义核心价值观的契合

第一，全面从严治党为社会主义核心价值观建设提供理想信念保障。全面从严治党与当代中国社会主义核心价值观的契合具有根本性和整体性意义。能否有效推进全面从严治党，关系到党自身和社会主义事业的前途和命运，关系到人民群众对社会主义的感情和态度。如果不能有效推进全面从严治党，党的领导就会受到削弱和动摇，人民群众对社会主义事业就会产生怀疑和动摇，在这种情况下，就失去了社会主义核心价值观建设的群众基础。党的领导、社会主义基本制度和社会主义核心价值观是三位一体的命运共同体，这三个方面任何一方都不能被削弱和动摇，任何一方的削弱和动摇都将威胁到其他两个方面的存在和发展。党的十八大以来，习近平多次强调要加强全党的思想建设、组织建设、制度建设、作风建设和党风廉政建设，提出了全面从严治党的指导思想、主要内容和实践路径，这将有效提高党的执政能力和领导水平，有效提高广大人民群众对党的信任和对社会主义的信仰，从而不断巩固社会主义意识形态建设的群众基础。共产党员特别是党的领导干部，通过全面从严治党，能够坚定理想信念，因为理想信念是共产党人的精神之"钙"，它能有效地为社会主义核心价值观建设提供理想信念保障。

第二，全面从严治党为社会主义核心价值观建设提供制度保障。制度问题更带有根本性、全局性、稳定性、长期性。通过全面从严治党，能够健全权力运行制约和监督体系，让人民监督权力，让权力在阳光下运行，把权力关进制度的笼子里。要更加科学有效地防治腐败，全面推进惩治和预防腐败体系建设，提高反腐败法律制度执行力，让法律制度刚性运行。要加强对典型案例的剖析，深化腐败问题多发领域和环节的改革，最大限度减少体制缺陷和制度漏洞，通过深化改革不断铲除腐败现象滋生蔓延的土壤。把权力关进制度的笼子里，形成不敢腐的惩戒机制、不能腐的防范机制、不易腐的保障机制。各级领导干部都要牢记，任何人都没有法律之外的绝对权力，任何人行使权力都必须为人民服务、对人民负责并自觉接受人民监督。要加强对一把手的监督，认真执行民主集中制，健全施政行为公开制度，保证领导干部做到位高不擅权、权重不谋私。因此，通过全面从严治党可以为社会主义核心价值观建设提供制度保障。

第三，全面从严治党为社会主义核心价值观建设提供作风保障。全面从严治党，能够有效加强作风建设，使各级领导干部树立和发扬好的作风，既严以修身、严以用权、严以律己，又谋事要实、创业要实、做人要实。特别是当个人感情同党性原则、私人关系同人民利益相抵触时，必须毫不犹豫站稳党性立场，坚定不移地维护人民的利益。要下决心减少应酬，保持健康的工作方式和生活方式，多学习充电、消化政策，多下基层调查研究、掌握第一手情况，多系统思考和解决存在的突出问题，自觉远离那些庸俗的东西。

通过全面从严治党，还能够把守纪律、讲规矩摆在更加重要的位置，努力在全党营造守纪律、讲规矩的浓厚氛围，保证全党统一意志、统一行动、统一步调、令行禁止，将我们的事业不断推向前进。人不以规矩则废，党不以规矩则乱。通过全面从严治党，还能够有效解决"为官不为"问题，做到为官有为。由此，全面从严治党能够为社会主义核心价值观建设提供作风保障。

第二节　"中国梦"与社会主义核心价值观的发展契合

通过对"中国梦"与中国社会主义核心价值的解读，能够在保持中国特色社会主义精神实质与科学价值的同时，从话语体系上对其进行创造性转换，给当代中国社会和中国人指明一个既能有憧憬、有超越，又能看得见、摸得着的目标，为坚持和发展中国特色社会主义注入强大正能量，对加速"中国梦"的实现起到有力的促进作用。

一　"中国梦"的内涵

在第十二届全国人大一次会议上，习近平总书记对"中国梦"作了全面阐述，"实现中华民族伟大复兴的中国梦，就是要实现国家富强、民族振兴、人民幸福"。"中国梦"成为学界热议的话题。实现中华民族的伟大复兴的"中国梦"，是近代以来中国各族人民的伟大梦想，是中国共产党人的不懈追求与历史使命，是梦想变成现实的先决条件之一，是正确的道路选择。

关于"中国梦"的含义，最为普遍性的观点就是"中国梦"即中国人的现代化之梦。具体来说，"中国梦"通过富民梦、强国梦和复兴梦三个向度得以展示。它们既相互区别又相互联系。没有富民梦，强国梦、复兴梦的实现势必是无本之木、无源之水；没有强国梦，即便是实现了富民梦的中华民族也必然一盘散沙，不可能巍然屹立于世界民族之林；没有复兴梦，富民梦、强国梦必然缺少前行的灯塔，摆脱不了形而下的物质属性。富民梦是基石，强国梦是关键，复兴梦是目标，三者唇齿相依，缺一不可。只有三个梦全都实现，"中国梦"才算完整、完美。

"中国梦"是中国人的现代化追求，其最深刻的内涵和要求，就是我们在 21 世纪上半叶，在与当代社会各种文明的交汇之中，在不断弘扬民族精神和自主创新的过程中，实现中国现代化。在这个意义上，可以说"中国梦"就是要用文明的理念、文明的方式、文明的形象去实现中华文明的现代复兴。

二　"中国梦"与中国特色社会主义的发展

"中国梦"科学构建了中国特色社会主义话语体系。阐释"中国梦"，对提升中国的政治影响力、经济竞争力、执政党形象亲和力和道义感召力，具有重要意义。"中国梦"科学构建了中国特色社会主义话语体系，为此要实现下面三个转化。一是把中国各方面取得的成就转化为我们的影响力和优势地位。外国人在关注中国快速崛起的同时，特别关注中国说什么，将以什么方式对国际话语体系产生影响。英国剑桥大学学者斯蒂芬·哈尔珀对此指出，中国崛起的方式以及速度之快，对本地区、西方以及西方的观念产生了深远影响，其中最值得重视的是中国话语权的建立及如何建立。我们要抓住当前国外特别是广大发展中国家称羡中国改革开放成就和经济快速稳定发展的机会，用外国人听得懂、听得进的语言，大力介绍和宣传中国在经济、社会、文化建设方面所取得的巨大成就，特别是中国在民主、法治和人权领域的成就，同时对自己的不足也要有合理的解释，从而促使他国对中国形成正确客观的评价。

二是把传统文化中的积极因素转化为我们的话语优势。没有文化底蕴和价值诉求的梦想，不易被世界理解。中国的形象古老而文明，中华几千年文明史中有许多理念至今仍闪烁着智慧的光芒。中国儒家学说讲德治，重礼仪教化、文明进步、和谐有道，强调"己所不欲，勿施于人"、"和而不同"的生活原则和思想原则，"天人合一"的宇宙观，天下为公的政治理想等，这些都充满了中国智慧，流传至今。在中国命运日益同世界命运紧密联系的今天，弘扬中国传统文化中的精、气、神，总结和概括出合乎当今世界潮流的价值理念，不失为提升中国软实力，建立中国话语权的重要内容之一。

三是把"中国梦"理念转化为对外交往的政策主张。在当今世界大变革、大调整时期，国际舞台上意识形态、价值观念和发展模式的斗争不仅没有减弱，而且日益激烈。世界多极化并非只意味着新兴大国的力量提升，更意味着新兴大国的发展路径多样化。中国发展道路和模式越来越受到广大发展中国家的青睐。在建立中国话语体系中，应善用中国因素，特别是要善用"中国梦"这一理念，努力将其转化为创新中国国际形象的重要工具。要在坚持和平发展道路，宣传和谐世界理念，不断推进构建和谐世界进程中，鲜明地提出反映时代前进方向的新的世界观和治理理念，并将其凝聚为有感召力的时代精神，不断强化中国话语权。[①] 具体体现在如下几个方面。

（一）"中国梦"与社会主义生产力论

"中国梦"的实现必须依靠社会主义生产力基础，马克思主义认为，生产力决定生产关系，经济基础决定上层建筑，有什么样的生产力就会有什么样的生产关系，有什么样的经济基础，就会有什么样的上层建筑，生产力基础始终是根本。常言道，巧妇难为无米之炊，再美好的理想，如果没有物质基础作为强大支撑，最后也只能沦为空想。大力发展生产力是中国经济社会发展的根本保障，离开了大力发展社会主义生产力，就不会有30多年来的发展成就；只有不断解放和发展社会主义生产力，才能有效解决前进道路上的各种问题，推动我国经济社会持续健康发展，实现民族伟大复兴的中国梦。中国梦的实现首先需要坚实的物质基础，而这种物质基础的积淀，需要以经济建设为中心，把发展作为执政兴国的第一要务，咬定"发展"不放松。只有走科学发展之路，才能够切实维护广大人民的根本利益，才能有效地为"中国梦"的实现奠定坚实的物质基础。因此，"中国梦"发展了社会主义生产力论。

（二）中国梦与社会主义生产关系论

邓小平指出："没有贫穷的社会主义。社会主义的特点不是穷，而是富，但这种富是人民共同富裕。"党的十八大以来，习近平总书记反复强调，实现中华民族伟大复兴的中国梦，是中国经济社会全面发展的长期战略目标。坚持和完善以公有制为主体、多种所有制经济共同发展的基本经

[①]　陈向阳、陈金阳：《在中国梦和美国梦的比较中坚定信念》，《红旗文稿》2013 年第 10 期。

济制度，是巩固和发展中国特色社会主义制度的重要内容。

"中国梦"发展了社会主义生产关系论，其原因是共同富裕是中国特色社会主义的根本原则，也是托起"中国梦"的最重要根基。贫穷不是社会主义，贫富两极分化也不是社会主义，只有共同富裕才是社会主义的本质特征和根本价值目标，也是"中国梦"的标志性内容。实现"中国梦"要求我们坚持和完善社会主义基本经济制度和分配制度，调整国民收入分配格局，着力解决收入分配差距较大问题，使全体人民更多更公平地分享发展成果，朝着共同富裕方向稳步前进。

（三）"中国梦"与社会主义上层建筑论

中国特色社会主义制度能够充分发挥我国社会主义制度优越性，积极借鉴人类政治文明有益成果，一方面能够降低政府成本，使政府高效率地集中在政治管理和宏观决策方面，另一方面也能发挥社会自身的积极作用，把社会管理得更好。这种管理模式就是"小政府、大社会"的管理模式，因而中国特色社会主义政治制度为"中国梦"提供上层建筑保证。实现"中国梦"，必须以中国特色社会主义制度体系作为根本制度保障。在当代中国，实现国家富强、民族振兴和人民幸福，都离不开中国特色社会主义道路、理论和制度。习近平同志在讲"中国梦"的时候强调，中国特色社会主义"凝结着实现中华民族伟大复兴这个近代以来中华民族最根本的梦想"。可以说，实现"中国梦"与建设中国特色社会主义是我们党和人民共同承担的"实现现代化"这一历史任务在现阶段两种不同表达方式。建设中国特色社会主义和实现"中国梦"，都必须以中国特色社会主义道路作为实现途径，以中国特色社会主义理论体系作为行动指南，以中国特色社会主义制度作为根本保障。[①] 因此"中国梦"发展了社会主义上层建筑论。

三 社会主义核心价值观与 "中国梦" 的发展契合

核心价值观是文化软实力的灵魂、文化软实力建设的重点。历史和现

---

① 秦宣：《准确把握"中国梦"的科学内涵和时代特征》，《思想教育研究》2013 年第 6 期。

实都表明，构建具有强大感召力的核心价值观，关系社会和谐稳定，关系国家长治久安。社会主义核心价值观能最大限度激发各利益相关者及行为主体的积极性、主动性、创造性，激励其为实现远大理想而团结奋斗，因而构成实现"中国梦"不可缺失的精神支柱。社会主义核心价值观，既坚持了马克思主义的共性，又体现了中国特色社会主义的个性，既涵盖了党的理想和国家社会发展目标，又规范了公民的价值追求和认知共识，既有深厚的中国传统文化精华，又有对西方文明的科学借鉴。24 个字的核心价值观已把我国社会主义文化软实力建设推向新阶段、新高度，为"中国梦"的梦想成真提供了强大精神动力。中国特色社会主义有着自己的核心价值体系，它是与社会主义根本性质和基本制度联系在一起的，体现了中国特色社会主义的内在精神，揭示了社会主义经济、政治、文化、社会的发展动力，反映了社会主义现代化富强、民主、文明、和谐的发展要求。

社会主义核心价值体系植根于当代中国的改革开放和现代化建设，体现了马克思主义中国化的最新成果，根源于中华民族的优秀文化传统，积淀着中华民族深层的精神追求和行为准则，体现了"中国梦"与中国特色社会主义来源契合，符合民族心理，适合民族特性，我们应当把它转化为自己的自觉追求。社会主义核心价值观与"中国梦"的契合表现在如下方面。

（一）"中国梦"为社会主义核心价值观实现提供政治统率保证

"中国梦"的实现需要坚持党的领导。中国共产党自诞生之日起，就勇敢地担当起团结带领全国各族人民实现中华民族伟大复兴的历史使命，谱写了民族复兴新篇章，使中华民族的命运同中国共产党的命运紧紧地连在一起。实现"中国梦"，不能没有党这个领导核心。90 多年苦难、辉煌的历史表明，只有中国共产党才能带领全国各族人民踏上争取民族独立、人民解放的光明道路，开启实现国家富强、人民富裕的壮丽征程。实现"中国梦"，必须坚持中国共产党的领导核心地位。这不仅是近代以来中国历史的必然选择，也是各族人民奔向美好生活的现实选择。带领人民实现"中国梦"，是党的性质和根本宗旨所决定的，是党的纲领和目标所要求的，是党的先进性在新的时代条件下的现实体现；带领人民实现"中国梦"，是全国各族人民对我们党寄托的殷切期望，是党团结凝聚全国人民的伟大旗帜和精神支柱。①

团结和带领全国人民在中国特色社会主义道路上实现中华民族伟大复兴，已经成为历史和时代赋予中国共产党人的崇高使命和重大责任。坚持中国共产党的集中统一领导，能够有效解决实现"中国梦"的政治统率问题，因此"中国梦"为社会主义核心价值观实现提供政治统率保证。

（二）"中国梦"为社会主义核心价值观实现提供改革开放保证

改革开放是实现"中国梦"的重要途径，并为"中国梦"的实现提供了源源不断的动力支持，而"中国梦"的实现过程又能够更进一步地促进改革开放。因此，深化改革开放，是实现"中国梦"的必由之路；只有毫不动摇地坚持改革开放，才能让"中国梦"更好地成为现实。中华民族伟大复兴的"中国梦"与党坚持的改革开放是紧密相连的。改革开放是决定当代中国命运的关键一招，也是实现中华民族伟大复兴的关键一招。改革开放是新时期的改革开放，是中国特色社会主义的改革开放。全面建成小康社会、加快推进社会主义现代化、实现中华民族伟大复兴的"中国梦"，必须坚定不移地推进改革开放。② 因此，中国梦为社会主义核心价值观实现提供强有力的改革开放保证。

（三）"中国梦"为社会主义核心价值观实现提供生态文明保证

习近平指出，人类追求发展的需求和地球资源的有限供给，是一对永恒的矛盾。我们必须解决好"天育物有时，地生财有限，而人之欲无极"的矛盾，达到"一松一竹真朋友，山鸟山花好兄弟"的意境。这就是东方文化的和谐平衡思想，凡事有度，不可过度。习近平提出，保护生态环境就是保护生产力，改善环境就是发展生产力。中国特色社会主义的生态文

---

① 虞云耀：《中国梦与中国共产党》，《求是》2014 年第 13 期。

② 陈胜：《改革开放：实现中国梦的必由之路》，《经济研究导刊》2013 年第 23 期。

明建设，能够实现从掠夺自然向善待自然的转变，实施循环经济发展战略，加快物质经济向信息经济的转变，把生态文明建设放在突出地位，融入经济建设、政治建设、文化建设、社会建设各方面和全过程。美丽中国是"中国梦"的重要基础，梦想是人类的共同追求，实现中华民族伟大复兴就是中华民族的伟大梦想。只有拥有了良好生态环境才能圆"中国梦"。因此，"中国梦"为社会主义核心价值观实现提供生态文明保证。

（四）"中国梦"为社会主义核心价值观实现提供和平发展保证

中国人在实现"中国梦"的时候，决不做"苏联梦"，不会像苏联那样搞冷战对抗、对外扩张，推行霸权主义；也不会做二战时的"德国和日本梦"，不会像它们那样用战争手段掠夺资源、称霸世界；同样也不会做"美国梦"，不会像美国那样大量消耗能源等各种资源。我们做的是"中国梦"，即建设中国特色社会主义，走独特的中国和平发展道路。

实现"中国梦"，不仅造福中国人民，而且造福世界人民，与世界同分享，是"中国梦"独具特色的重要内涵。从"入世惠及中国，也惠及世界"到"同一个世界，同一个梦想"，日益融入世界经济的中国，在与各国的交流合作中，始终追求良性互动、互利共赢。"中国梦"不排斥"美国梦"、"印度梦"、"欧洲梦"，中国鼓励其他国家实现各自梦想，中国不做脱离世界的狭隘民族梦。无论是开放市场、引进技术、吸引投资，实现30多年来日新月异的跨越式发展，还是积极参与全球经济治理，共同抵御亚洲金融风暴和国际金融危机，中国都着眼于取长补短、合作共赢，把世界的机遇转变为中国的机遇，把中国的机遇转变为世界的机遇。倡导不同文明开展对话、彼此包容，"中国梦"为社会主义核心价值观实现提供和平发展保证。

（五）"中国梦"实现了与个人理想的实现的契合

习近平指出，生活在我们伟大祖国和伟大时代的中国人民，共同享有人生出彩的机会，共同享有梦想成真的机会，共同享有同祖国和时代一起成长与进步的机会。全面建成小康社会的美好梦想，其根本宗旨就是实现全体人民共同富裕、共同发展、共同幸福。让人民过上更加富裕、更加健康、更加和谐、更加安全、更有尊严的生活，让每个人自由而全面地发展，是中国共产党人永远的价值追求。

马克思主义认为"每个人的自由发展是一切人的自由发展的条件"，而且强调"只有在共同体中，个人才能获得全面发展其才能的手段，也就是说，只有在共同体中才可能有个人自由"。"中国梦"的主体，从宏观而言，是整个国家和民族；从微观而言，是每一个中国人。个人梦想是国家和民族梦想的组成部分，它的实现又离不开国家和民族的整体际遇。因此，"中国梦"是中华民族的一个伟大而美丽的梦想，一个目标。作为中国人，在实现"中国梦"这条路上，没有旁观者，没有过路客，没有局外人。只要我们大家团结一心，就有力量，在实现"中国梦"这个过程中，生命的价值就有意义。

"中国梦"的实现必然为"我的梦"的实现提供机遇和条件。中国有志青年个人的梦想，将在"中国梦"的实现过程中得到实现。"中国梦"是一个"大"梦，凸显着家国天下、民族命运的宏大主题。它讲述的不是个人主义的奋斗历史，而是整个国家和民族的奋斗历史。"中国梦"既宏大高远，又真切平实，既描绘了国家、民族的宏伟蓝图，又与每一个普通人的生活息息相关。实现"中国梦"和每个中国人的前途命运紧密相连，是全体中华儿女的人生价值、社会理想、责任所在，由此，"中国梦"实现了与个人理想的实现的契合。

第三节　创新驱动与社会主义核心价值观的发展契合

一　创新驱动的内涵与特点

（一）创新驱动的内涵

创新的含义是多方面的。在哲学视域下，创新驱动包括科学创新驱动、技术创新驱动、工程创新驱动和制度创新驱动。其核心是把创新摆在国家发展全局的核心位置，把我国科技、经济、社会的各个领域转移到创新发展的轨道上，建立创新型国家。具体体现如下。

1. 科学创新驱动

科学是系统化、理论化的知识体系，同时又是获得这种知识体系的认识活动。科学创新驱动主要通过加强基础研究，特别是加强重大应用基础研究以求得创新源上的重大突破，推动基础研究成果的产业化，不断给经济发展提供新的增长动力。与创新驱动的要求相比，我国自主创新成果来源明显不足，反映科学创新驱动不足。

2. 技术创新驱动

技术是通过发明打造技术人工物的活动过程。技术创新驱动指的是通过加强应用研究，促进自主创新，使我国的自主品牌、专利和拥有核心知识产权的产品大量涌现，使我国加快由制造大国向创造大国迈进。但目前技术创新驱动不足，突出问题表现在技术创新产出不足，如我国 60% 以上大企业没有自主品牌，99% 的企业没有申请过专利，只有万分之三的企业拥有核心知识产权。[①]

3. 工程创新驱动

工程是通过造物创建"人工自然"，其本质特征是集成性。工程创新驱动就是通过大力开拓试验，加强集成创新，使科技创新成果不断形成体系进而得到应用，形成现实生产力的过程。在我国创新型国家建设过程中，工程创新驱动已经成为创新驱动的主战场，起到了极重要的枢纽作用。

4. 制度创新驱动

当代科技生产力急剧发展，迫切需要与之相适应的科技生产关系，这就是科技活动制度创新的实质。从目标上看，制度创新驱动是要创造出一个使社会成员既能分享创新发展成果，又能充分参与创新、体现自身价值的社会，从根本上解决创新动力问题。从我国创新主体情况来看，大型企业缺乏创新动力，而中小型企业缺乏创新能力。

创新驱动通过上述创新过程的衔接，体现了原始创新、集成创新和引

---

① 陈清泰：《企业自主创新的几个政策性问题》，《企业科协》2007 年第 9 期。

进消化吸收再创新与协同创新的统一。其中，科学创新是原始创新，在创新方法系统中，原始创新是最根本的创新，可以进行颠覆性的变革；工程创新是集成创新，它是原始创新的发展，是指对现有的产品或知识进行重组和整合而形成新的产品或事物，形成新的功能；技术创新是引进消化吸收再创新，这是一种常见的创新方法；制度创新是协同创新，协同创新打破了前面三种模式的主体壁垒，高度汇聚了创新资源和要素，系统运作创新手段和方法，注重创建科技生产关系。

二　创新驱动与中国特色社会主义理论

创新驱动与中国特色社会主义联系密切，主要体现在如下方面。

1. 创新驱动能使主导生产要素回归民本性，增强创新动力

在人类历史上生产力发展的相当长时期，生产资料是主导生产要素，造成了生产资料和劳动者相分离，并导致劳动过程的异化。在科学技术成为第一生产力的今天，创新驱动的出现，使生产资料和劳动主体分离的趋势得以克服，同时也加快了主导生产要素向劳动者回归的进程，极大地提高了劳动者的主体功能，形成了以知为本的机制，或称知本主义。创新驱动模式能够使当代科技生产力的民本性功能充分发挥，使创新动力获得极大增强，推动大众创业、万众创新。

2. 创新驱动模式能使劳动者在劳动中获得解放和自由发展

在《共产党宣言》一书中，马克思说过，代替资产阶级社会的将是这样一个联合体，在那里，每个人的自由发展是一切人的自由发展的条件。[①]按照马克思主义的观点，人类社会的产生和发展的基础是生产方式，其中劳动起了决定性作用，因而人类的真正解放和自由将是在劳动中的解放和自由。创新驱动的主体是人，创新团队是马克思所说的"自由人联合体"的雏形，在创新驱动活动中，人类通过在劳动中的解放和自由发展，推动自然界演化和发展，进而体现了人的本质。

---

① 《马克思恩格斯文集》，人民出版社，2009，第53页。

三 创新驱动与社会主义核心价值的发展契合

（一）创新驱动鼓励自由探索，与自由观相契合

为推动创新驱动，鼓励自由探索也极为重要，即尊重和遵循自由探索和个性化的原则。中国人是聪明和勤奋的，不缺乏想象力和创造力。创新驱动和社会进步鼓励人的自由发展、心灵解放，能使人的创造潜力得以发挥、挖掘，将智慧创新和国家的创新创业有机地结合，在中华民族复兴的"中国梦"中实现每个人的理想。要解决创新动力问题，加快制度创新，促进与自由观相契合。

（二）创新驱动加快技术人工物向产业制造物的转化，与富强观相契合

克里斯·安德森在《长尾理论》一书中讲到，任何产业一定有热门产品，根据二八定律，20%的热门产品占有80%的市场。热门产品身后是众多的冷门产品，也许80%的冷门产品只占20%的市场份额，形成一条长长的细尾。① 从创新驱动的视域看，这些冷门产品实质上就是没有转化为制造物的技术人工物。现在由于互联网的广泛应用，冷门产品可以不经过产业创新转变为产业物，极大地扩展了顾客的选择空间。如顾客以前去商店买服装，可能会有几十乃至几百种流行款式，通过互联网进行网购，可能会出现几万种以上品牌供消费者选择，甚至可根据消费者的喜好定制，也就是说创新驱动利用互联网让众多以冷门产品形式存在的非营利的技术人工物有了获利空间，在小众市场上获得商业成功。创新驱动可以加快技术人工物向产业制造物的转化，通过加快产品推陈出新和更新换代来突破盈利平衡点，使产品以最小的成本制造出来，以最小的成本传播出去，形成盈利支持创新的新机制，也形成了小规模定制和大规模生产相互补充、各自赢利的新局面，促进了与富强观相契合。

---

① 杨跃承、于磊：《创客：从中国制造到中国创造》，《科技日报》2014 年 3 月 3 日。

（三）创新驱动发展创新创业平台，与平等观相契合

李克强总理在 2015 年政府工作报告中指出："全社会要厚植创业创新文化，让人们在创造财富的过程中，更好地实现精神追求和自身价值。"①当今互联网的发展和开源硬件的兴起及两者的深度融合为我国鼓励自由探索、降低创新创业门槛提供了新的实现手段和发展平台，使越来越多的人参与到创新产业链中来。"大众创业、万众创新"已经成为充分激发群众智慧和创造力的重大改革举措，让每个有创业愿望的人都拥有自主创业的空间，使创新源泉除了社会精英和政府等方面的推动外，更多地来源于以人为本的，包括企业、社会、个人的自下而上的全民创新，由此促进了与平等观相契合。

（四）创新驱动发展创新创业平台，与法治观相契合

目前，《关于发展众创空间推进大众创新创业的指导意见》、《关于大力推进大众创业万众创新若干政策措施的意见》等配套性政策文件已经陆续出台，万众创新已经成为创新驱动发展战略的重要组成部分。但是由于创新创意产品基于开源硬件，如果产品很火，进行大规模量产，很容易导致山寨产品的出现，这无疑是对原有产品的打击，也会抑制创新团队的积极性。因此，需要深入实施知识产权保护专项计划，坚决打击对创新成果的侵权行为，切实保护发明创造。可设立创客创新知识产权保护专门法院，实行跨区域管辖，最大限度地保护创客创新的积极性，保护创新成果和创新收益，这些都促进了与法治观相契合。

---

① 《李克强作的政府工作报告》（摘要），《人民日报》2015 年 3 月 6 日。

参考文献

［1］《马克思恩格斯选集》第 1 卷，人民出版社，1956。

［2］《马克思恩格斯选集》第 1 卷，人民出版社，1972。

［3］《马克思恩格斯选集》第 1 卷，人民出版社，1995。

［4］《马克思恩格斯选集》第 2 卷，人民出版社，1995。

［5］《马克思恩格斯选集》第 3 卷，人民出版社，1972。

［6］《马克思恩格斯选集》第 3 卷，人民出版社，1995。

［7］《马克思恩格斯选集》第 3 卷，人民出版社，2002。

［8］《马克思恩格斯选集》第 4 卷，人民出版社，1995。

［9］《马克思恩格斯选集》第 8 卷，人民出版社，1961。

［10］《马克思恩格斯选集》第 19 卷，人民出版社，1965。

［11］《马克思恩格斯全集》第 20 卷，人民出版社，1971。

［12］《马克思恩格斯选集》第 21 卷，人民出版社，1965。

［13］《马克思恩格斯选集》第 23 卷，人民出版社，1960。

［14］《马克思恩格斯选集》第 23 卷，人民出版社，1972。

［15］《马克思恩格斯选集》第 25 卷，人民出版社，1974。

［16］《马克思恩格斯全集》第 42 卷，人民出版社，1979。

［17］《马克思恩格斯全集》第 46 卷（上册），人民出版社，1979。

［18］《马克思恩格斯全集》第 47 卷，人民出版社，1979。

［19］马克思：《1844 年经济学哲学手稿》，人民出版社，2000。

［20］恩格斯：《自然辩证法》，人民出版社，1984。

［21］马克思：《资本论》第 1 卷，人民出版社，1975。

［22］马克思：《资本论》第 3 卷，人民出版社，1975。

［23］《列宁选集》第 1 卷，人民出版社，1995。

［24］《列宁选集》第 3 卷，人民出版社，1995。

［25］《列宁选集》第 4 卷，人民出版社，1995。

［26］《列宁全集》第 28 卷，人民出版社，1990。

［27］《列宁全集》第 6 卷，人民出版社，1986。

［28］《列宁全集》第 36 卷，人民出版社，1985。

［29］《列宁全集》第 39 卷，人民出版社，1986。

［30］《斯大林选集》下卷，人民出版社，1980。

［31］《斯大林全集》第 7 卷，人民出版社，1958。

［32］《斯大林全集》第 13 卷，人民出版社，1956。

［33］《斯大林选集》上卷，人民出版社，1979。

［34］《斯大林全集》第 8 卷，人民出版社，1954。

［35］《毛泽东著作选读》下册，人民出版社，1986。

［36］《毛泽东选集》第 1 卷，人民出版社，1991。

［37］《毛泽东选集》第 2 卷，人民出版社，1991。

［38］《毛泽东选集》第 3 卷，人民出版社，1991。

［39］《毛泽东文集》第 3 卷，人民出版社，1996。

［40］《毛泽东选集》第 4 卷，人民出版社，1991。

［41］《毛泽东书信选集》，中央文献出版社，2003。

［42］《邓小平文选》第二卷，人民出版社，1994。

［43］《邓小平文选》第三卷，人民出版社，1993。

［44］《江泽民文选》第一卷，人民出版社，2006。

［45］《江泽民文选》第二卷，人民出版社，2006。

［46］《江泽民文选》第三卷，人民出版社，2006。

［47］《中国共产党第十七次全国代表大会文件汇编》，人民出版社，2007。

［48］《建国以来毛泽东文稿》第 12 册，中央文献出版社，1990。

［49］《邓小平同志在全国科技工作会议上的讲话》，1985 年 3 月 7 日。

［50］江泽民：《在庆祝中国共产党成立八十周年大会上的讲话》，人民出
版社，2001。

［51］胡锦涛：《在中国共产党第十八次全国代表大会上的报告》，2012 年

11 月 17 日。

[52] 中共中央文献研究室编《社会主义精神文明建设文献选编》，中央文献出版社，1996。

[53] 《胡锦涛在中共中央党校省部级主要领导干部提高构建社会主义和谐社会能力专题研讨班开班式上的讲话》，新华网，2005 年 2 月 19 日。

[54] 《十六大以来重要文献选编》中卷，人民出版社，2006。

[55] 《十六大以来重要文献选编》下卷，中央文献出版社，2008。

[56] 胡锦涛：《高举中国特色社会主义伟大旗帜，为夺取全面建设小康社会新胜利而奋斗》，人民出版社，2009。

[57] 胡锦涛：《坚定不移沿着中国特色社会主义道路前进 为全面建成小康社会而奋斗》，《人民日报》2012 年 11 月 18 日第 1 版。

[58] 《习近平在十八届中共中央政治局第一次集体学习时的讲话》，《人民日报》2012 年 11 月 19 日。

[59] 习近平：《在首都各界纪念现行宪法公布实行 30 周年大会上的讲话》，新华网，2012 年 12 月 4 日。

[60] 《习近平接受拉美三国媒体联合书面采访》，《人民日报》2013 年 6 月 1 日。

[61] 〔古希腊〕亚里士多德：《政治学》，商务印书馆，1981。

[62] 梅荣政：《用社会主义核心价值体系引领社会思潮的政策探索》，《毛泽东邓小平理论研究》2008 年第 10 期。

[63] 《思想理论教育导刊》编写组：关于《毛泽东思想和中国特色社会主义理论体系概论》2010 年修订情况的说明，2010。

[64] 王计永：《毛泽东社会主义核心价值观研究》，河北大学硕士学位论文，2010。

[65] 林俊风：《略论毛泽东的社会主义价值追求与实践》，《泰安教育学院学报岱宗学刊》2005 年第 1 期。

[66] 许胜利主编《马克思主义基本原理概论》（2013 年修订版），高等教育出版社，2013。

[67] 廖盖隆、孙连成、陈有进：《马克思主义百科要览》，人民日报出版社，1993。

[68] 郑文范：《社会主义初级阶段二重性特点探析》，《人民论坛》2010年第 8 期。

[69] 郑文范：《生产力要素和社会主义所有制》，《东北大学学报》1997年第 2 期。

[70] 岳影、张国政：《马克思主义视角下的资本主义命运》，《世纪桥》2009 年第 15 期。

[71] 乔旺：《关于"发展先进文化，就是建设社会主义精神文明"的思考》，《内蒙古宣传》2001 年 Z1 期。

[72] 张燕军：《自然资源、技术与中国的和平崛起》，《宜宾学院学报》2006 年第 9 期。

[73] 佘正荣、何应欢：《西方资本主义国家的改革及其启示》，《岭南学刊》1997 年第 2 期。

[74] 王根虎：《科技创新是推动先进生产力发展的关键》，《山西高等学校社会科学学报》2003 年第 3 期。

[75] 刘洋：《循环经济的科学技术支撑条件分析》，东北师范大学硕士学位论文，2002。

[76] 石明忱：《马克思社会发展观本质要求与党执政绩效探析》，哈尔滨理工大学硕士学位论文，2010。

[77] 李松龄、杜彦瑾：《和谐社会的生产力与生产关系》，《求索》2006年第 3 期。

[78] 徐建文：《马克思的公平正义观对构建社会主义和谐社会的方法论意义》，《求实》2009 年第 3 期。

[79] 何建华：《马克思与罗尔斯的公平正义观：比较及启示》，《伦理学研究》2011 年第 5 期。

[80] 杨汴南：《略论马克思主义的公平正义原则》，《学术界》1994 年第3 期。

[81] 刘国章：《经济基础与上层建筑关系问题新探》，《广西社会科学》2007 年第 9 期。

[82] 张耀影：《经济基础与上层建筑相互作用在当代的新特征》，《陕西行政学院学报》2008 年第 3 期。

［83］ 杨春风：《论中国特色社会主义政治制度的形成发展及特色优势》，《马克思主义研究》2011 年第 9 期。

［84］ 李胜：《论马克思对生产力与生产关系认识的深化》，《兰州学刊》2007 年第 8 期。

［85］ 郑文范、娄成武：《论科技型企业以知为本的发展模式》，《中国软科学》1999 年第 3 期。

［86］ 陈桂生：《"根据地干部教育史"研究旨趣》，《河北师范大学学报》（教育科学版）2006 年第 5 期。

［87］ 娄成武、郑文范：《公共事业管理学》，高等教育出版社，2002。

［88］ 李怀义：《中国和平崛起的理论分析》，《中共云南省委党校学报》2008 年第 1 期。

［89］ 张明国：《生态自然观：面向生态危机的新自然观》，2008 中国科协防灾减灾论坛，2008。

［90］ 吴晓明：《当代中国的精神建设及其思想资源》，《中国社会科学》2012 年第 5 期。

［91］ 《十八大报告提 24 字社会主义核心价值观》，《人民日报》2012 年 11 月 11 日第 1 版。

［92］ 王泽应：《社会主义核心价值观的基本特征》，《光明日报》2007 年 4 月 3 日。

［93］ 吕澄等：《党的建设七十年纪事》，中央党史出版社，1992。

［94］ 郑文范：《公有制实现形式多样性的生产力基础》，《光明日报》1999 年 3 月 22 日。

［95］ 周英姿：《"中国梦"视域下大学生民族精神教育研究》，西南大学硕士学位论文，2014。

［96］ 吕涛：《中国梦的传播途径研究》，《科技信息》2014 年第 1 期。

［97］ 吴建民：《世界需要"中国梦"》，《今日中国》（中文版）2012 年第 12 期。

［98］ 俞益民：《政治解放、社会解放与人类解放——马克思人的解放理论的逻辑与现实》，《河南师范大学学报》（哲学社会科学版）2007 年第 4 期。

[99] 王宏斌：《社会主义建设道路的选择和中国特色社会主义》，《南京师大学报》（社会科学版）2008 年第 6 期。

[100] 于桂芝、郭瑞涛：《马克思人的精神解放的理论实质及现代价值》，《学海》2008 年第 3 期。

[101] 陈先达、杨耕：《马克思主义哲学原理》，中国人民大学出版社，2010。

[102] 《胡锦涛在庆祝中国共产党成立 90 周年大会上的讲话》，新华社，2011 年 7 月 1 日。

[103] 本书编写组：《毛泽东思想和中国特色社会主义理论体系概论》（2013 修订版），高等教育出版社，2014。

[104] 《习近平在广东考察时强调"增强改革的系统性整体性协同性做到改革不停顿开放不止步"》，《人民日报》2013 年 12 月 12 日。

[105] 《理解习近平"全面依法治国"重点把握四个关键》，人民网 – 中国共产党新闻网，2015 年 3 月 19 日。

[106] 本书编写组：《毛泽东思想和中国特色社会主义理论体系概论》，高等教育出版社，2010。

[107] 《习近平四个全面战略布局的现实、逻辑与实现脉络》，人民网 – 时政新闻，2014 年 4 月 10 日。

[108] 《李克强作的政府工作报告》（摘要），《人民日报》2015 年 3 月 6 日。

[109] 陈向阳、陈金阳：《在中国梦和美国梦的比较中坚定信念》，《红旗文稿》2013 年第 10 期。

[110] 秦宣：《准确把握"中国梦"的科学内涵和时代特征》，《思想教育研究》2013 年第 6 期。

[111] 虞云耀：《中国梦与中国共产党》，《求是》2014 年第 13 期。

[112] 陈胜：《改革开放：实现中国梦的必由之路》，《经济研究导刊》2013 年第 23 期。

[113] 陈清泰：《企业自主创新的几个政策性问题》，《企业科协》2007 年第 9 期。

[114] 杨跃承、于磊：《创客：从中国制造到中国创造》，《科技日报》2014 年 3 月 3 日。

后　记

　　《五维契合：社会主义核心价值观与中国特色社会主义理论关系研究》是东北大学马克思主义学院"社会主义核心价值观培育丛书"的一部。全书的写作内容围绕社会主义核心价值观与中国特色社会主义理论展开，内容主要包括：

　　第一章是社会主义核心价值观与中国社会主义理论的契合机理探析。重点探究社会主义核心价值观的科学内涵以及内在逻辑。第二章探讨社会主义核心价值观与社会存在和社会意识辩证关系原理的形成契合，着重探讨了中国特色社会主义核心价值观的形成和确立过程。第三章探讨社会主义核心价值观与社会主义生产力和生产关系辩证关系原理的基础契合，主要研究了社会主义生产力和生产关系辩证关系原理以及社会主义核心价值观与社会主义生产力和生产关系辩证关系原理的契合形式。第四章探讨社会主义核心价值观与社会主义经济基础和上层建筑辩证关系的核心契合，主要内容有中国特色社会主义经济基础与上层建筑辩证关系原理，社会主义核心价值观与社会主义上层建筑的契合机理和契合形式等。第五章研究了社会主义核心价值观与人类解放原理的内容契合，主要探讨了社会主义核心价值观与人的经济解放一致性、社会主义核心价值观与人的精神解放一致性、社会主义核心价值观与人的社会解放一致性等。第六章研究了社会主义核心价值观与中国特色社会主义理论的发展契合，主要探讨了"四个全面"与社会主义核心价值观的发展契合，"中国梦"与社会主义核心价值观的发展契合，创新驱动与社会主义核心价值观的发展契合等。

　　本书力争体现"创新"与"精品"的时代要求，体现中国特色社会主义理论和实践方面的最新进展，实现学术上的高标准和内容上的高品位。

当然，本书还有很多不成熟的地方，需要进一步深入探讨。

该书写作过程中得到了东北大学马克思主义学院和社会科学文献出版社大力支持，在此表示衷心感谢。

参加本书编写的博士有蒋丽、刘晓宇、张瑞、曹洪滔、周彦霞、郑欣、关宝瑞，我的爱人丁丽参加了本书大量的编辑工作，这里一并表示谢意。

作　者

2015 年 11 月

图书在版编目（CIP）数据

　　五维契合：社会主义核心价值观与中国特色社会主义理论关系研究／郑文范著.—北京：社会科学文献出版社，2015.12
　　（社会主义核心价值观培育丛书）
　　ISBN 978 - 7 - 5097 - 8475 - 4

　　Ⅰ.①五…　Ⅱ.①郑…　Ⅲ.①社会主义建设 - 价值论 - 研究 - 中国　②中国特色社会主义 - 理论体系 - 理论研究　Ⅳ.①D616

　　中国版本图书馆 CIP 数据核字（2015）第 284700 号

·社会主义核心价值观培育丛书·

五维契合：社会主义核心价值观与中国特色社会主义理论关系研究

著　　者／郑文范

出 版 人／谢寿光
项目统筹／曹义恒
责任编辑／单远举

出　　版／社会科学文献出版社·社会政法分社（010）59367156
　　　　　　地址：北京市北三环中路甲 29 号院华龙大厦　邮编：100029
　　　　　　网址：www.ssap.com.cn
发　　行／市场营销中心（010）59367081　59367090
　　　　　　读者服务中心（010）59367028
印　　装／三河市尚艺印装有限公司

规　　格／开本：787mm×1092mm　1/16
　　　　　　印张：16.5　字数：260 千字
版　　次／2015 年 12 月第 1 版　2015 年 12 月第 1 次印刷
书　　号／ISBN 978 - 7 - 5097 - 8475 - 4
定　　价／69.00 元